国家重点档案专项资金资助项目

抗日战争档案汇编

抗战时期江苏和南京地区人口伤亡及财产损失档案汇编 19·其他地区卷

江苏省档案馆 编

中华书局

图书在版编目（CIP）数据

抗战时期江苏和南京地区人口伤亡及财产损失档案汇编. 其他地区卷 / 江苏省档案馆编. －北京：中华书局，2023.12
（抗日战争档案汇编）
ISBN 978-7-101-16418-3

Ⅰ. 抗… Ⅱ. 江… Ⅲ. 抗日战争－损失－历史档案－汇编－江苏 Ⅳ. K265.063

中国国家版本馆CIP数据核字(2023)第214929号

书　　名	抗战时期江苏和南京地区人口伤亡及财产损失档案汇编·其他地区卷
丛 书 名	抗日战争档案汇编
编　　者	江苏省档案馆
策划编辑	许旭虹
责任编辑	李晓燕
装帧设计	许丽娟
责任印制	管　斌
出版发行	中华书局 （北京市丰台区太平桥西里38号 100073） http://www.zhbc.com.cn E-mail:zhbc@zhbc.com.cn
图文制版	北京禾风雅艺文化发展有限公司
印　　刷	天津艺嘉印刷科技有限公司
版　　次	2023年12月第1版 2023年12月第1次印刷
规　　格	开本889×1194毫米 1/16 印张26½
国际书号	ISBN 978-7-101-16418-3
定　　价	450.00元

抗日战争档案汇编编纂出版工作组织机构

编纂出版工作领导小组

组　长　陆国强

副组长　王绍忠　付　华　魏洪涛　刘鲤生

刘玉峰　刘灿河　刘忠平　刘新华　汤俊峰　孙　敏
苏东亮　杜　梅　李宁波　李宗春　吴卫东　何素君
张　军　张明决　陈念芜　陈艳霞　卓兆水　岳文莉
郑惠姿　赵有宁　查全洁　施亚雄　祝　云　徐春阳
郭树峰　唐仁勇　唐润明　黄凤平　黄远良　黄菊艳
梅　佳　龚建海　常建宏　韩　林　程潜龙　焦东华
童　鹿　蔡纪万　谭荣鹏　黎富文

编纂委员会

主　任　陆国强

副主任　王绍忠

顾　问　杨冬权　李明华

成　员（按姓氏笔画为序排列）

于学蕴　于晓南　于晶霞　马忠魁　马俊凡　马振犊
王　放　王文铸　王建军　卢琼华　田洪文　田富祥
史晨鸣　代年云　白明标　白晓军　吉洪武　刘　钊

编纂出版工作领导小组办公室

主　任　常建宏

副主任　孙秋浦　石　勇

成　员（按姓氏笔画为序排列）

李　宁　沈　岚　贾　坤

江苏省抗日战争档案汇编编纂出版工作组织机构

编纂出版工作领导小组

组　长　顾　俊

副组长　陈万田　孙　敏　薛春刚　蔡宜军　赵　深　宫　琳

成　员（按姓氏笔画为序排列）

卜兴荣　孔爱萍　刘　峰　许思文　齐　华　陈海兵

陈永平　张曙峰　张士林　李长凯　金云江　金德海

康　岚

编纂委员会

主　任　顾　俊

副主任　薛春刚

成　员（按姓氏笔画为序排列）

王　沛　王道兴　冯晓群　朱　庆　朱　莉　陆卫东

周云峰　周建华　赵弘迈　赵志俊　贾　莉　袁　光

钱耀明　秦　岭　盛　铁　蔡世源　蔡　和　蔡炜斌

潘　莺　薛同武

编纂出版工作领导小组办公室

主　任　周云峰

副主任　朱芳芳

成　员　卢　珊　范小燕

总序

为深入贯彻落实习近平总书记「让历史说话，用史实发言，深入开展中国人民抗日战争研究」的重要指示精神，国家档案局根据《全国档案事业发展「十三五」规划纲要》和《「十三五」时期国家重点档案保护与开发工作总体规划》的有关安排，决定全面系统地整理全国各级综合档案馆馆藏抗战档案，编纂出版《抗日战争档案汇编》（以下简称《汇编》）。

中国人民抗日战争是近代以来中国反抗外敌入侵第一次取得完全胜利的民族解放战争，开辟了中华民族伟大复兴的光明前景。这一伟大胜利，也是中国人民为世界反法西斯战争胜利、维护世界和平作出的重大贡献。加强中国人民抗日战争研究，具有重要的历史意义和现实意义。

全国各级档案馆保存的抗战档案，数量众多，内容丰富，全面记录了中国人民抗日战争的艰辛历程，是研究抗战历史的珍贵史料。一直以来，全国各级档案馆十分重视抗战档案的开发利用，陆续出版公布了一大批抗战档案，对揭露日本帝国主义侵华罪行，讴歌中华儿女勠力同心、不屈不挠抗击侵略的伟大壮举，弘扬伟大的抗战精神，引导正确的历史认知，发挥了积极作用。特别是国家档案局组织有关方面共同努力和积极推动，「南京大屠杀档案」被联合国教科文组织评选为「世界记忆遗产」，列入《世界记忆名录》，捍卫了历史真相，在国际上产生了广泛而深远的影响。

全国各级档案馆馆藏抗战档案开发利用工作虽然取得了一定的成果，但是，在档案信息资源开发的系统性和深入性方面仍显不足。正如习近平总书记所指出的：「同中国人民抗日战争的历史地位和历史意义相比，同这场战争对中华民族和世界的影响相比，我们的抗战研究还远远不够，要继续进行深入系统的研究。」「抗战研究要深入，就要更多通过档案、资料、事实、当事人证词等各种人证、物证来说话。要加强资料收集和整理这一基础性工作，全面整理我国各地抗战档案、照片、资料、实物等……」

国家档案局组织编纂《汇编》，对全国各级档案馆馆藏抗战档案进行深入系统地开发，是档案部门贯彻落实习近平总书记重要指示精神，推动深入开展中国人民抗日战争研究的一项重要举措。本书的编纂力图准确把握中国人民抗日战争的历史进程、主流和本质，用详实的档案全面反映一九三一年九一八事变后十四年抗战的全过程，反映中国共产党在抗日战争中的中流砥柱作用以及中国人民抗日战争在世界反法西斯战争中的重要地位，反映国共两党「兄弟阋于墙，外御其侮」进行合作抗战、共同捍卫民族尊严的历史，反映各民族、各阶层及海外华侨共同参与抗战的壮举，展现中国人民抗日战争的伟大意义，以历史档案揭露日本侵华暴行，揭示日本军国主义反人类、反和平的实质。

编纂《汇编》是一项浩繁而艰巨的系统工程。为保证这项工作的有序推进，国家档案局制订了总体规划和详细的实施方案，明确了指导思想、工作步骤和编纂要求。为保证编纂成果的科学性、准确性和严肃性，国家档案局组织专家对选题进行全面论证，对编纂成果进行严格审核。

各级档案馆高度重视并积极参与到《汇编》工作之中，通过全面清理馆藏抗战档案，将政治、军事、外交、经济、文化、宣传、教育等多个领域涉及抗战的内容列入选材范围。入选档案包括公文、电报、传单、文告、日记、照片、图表等多种类型。在编纂过程中，坚持实事求是的原则和科学严谨的态度，对所收录的每一件档案都仔细鉴定、甄别与考证，维护档案文献的真实性，彰显档案文献的权威性。同时，以《汇编》编纂工作为契机，以项目谋发展，用实干育人才，带动国家重点档案保护与开发，夯实档案馆基础业务，提高档案人员的业务水平，促进档案馆各项事业的发展。

守护历史，传承文明，是档案部门的重要责任。我们相信，编纂出版《汇编》，对于记录抗战历史，弘扬抗战精神，发挥档案留史存鉴、资政育人的作用，更好地服务于新时代中国特色社会主义文化建设，都具有极其重要的意义。

抗日战争档案汇编编纂委员会

编辑说明

在日本帝国主义发动的侵华战争中，江苏是遭受损失最为严重的省份之一。九一八事变后，江苏就开始遭受日本帝国主义的侵害。一·二八淞沪抗战时，苏州太仓等地遭到日军炮击，造成人口伤亡和财产损失。一九三七年日军占领上海，旋即分兵两路进犯江苏，十二月十三日南京失陷，至一九四〇年整个苏北地区相继失陷，江苏境内大部分地区在日军铁蹄的蹂躏之下。日军侵占江苏期间，肆意杀戮平民，残酷蹂躏妇女，疯狂掠夺财产，毁坏侵占文物，造成江苏重大的人口伤亡和财产损失。作为手工业发祥地之一，一九三二年时就拥有四千六百余家工业企业、近十一万名产业工人的江苏，许多重要的工业设施被焚毁劫掠殆尽，商业、金融、交通、邮电、文教等均损失惨重，成为江苏历史上遭受外侮时间最长、程度最重的灾难，严重影响了江苏经济和社会的发展。

抗战期间和抗战胜利后，国民政府和江苏省、南京市等各级政府及机构，陆续开展战时损失调查与统计工作，形成的人口伤亡及财产损失调查档案直接反映了日军在江苏所犯的累累罪行。其中，人口伤亡调查档案记录了因日、伪军实施轰炸、烧、杀、强奸等各种残暴行径造成的伤亡及失踪人口情况，还记录了被俘被捕以及劳工、灾民中的伤亡和失踪人口情况。财产损失调查档案则记录了国民政府和江苏部分机关、团体、单位及各行各业、居民个人在日军侵华期间所遭受的种种公私财产损失。这些调查所形成的档案文件，其总量有多少已很难探究，但据我们排查情况来看，有为数不等的此类档案保存于江苏省各级国家综合档案馆。从这些档案中能够看出，日军的轰炸、焚烧、抢劫、掠夺等暴行给江苏人民造成了重大的人口伤亡，给江苏社会和居民财产造成了巨大的损失。根据二〇一四年江苏省抗日战争期间人口伤亡和财产损失调研工作不完全统计，日本侵略给江苏造成的可计算的财产损失总数近七百四十六亿元（一九三七年法币），之所以说这是一个不完全统计数据，很主要的原因是所依据的保存至今的档案，仅仅涵盖了全省部分地方和行业、单位，因而这个数字肯定要远远小于实际财产损失数。

为深入系统开发江苏省各级国家综合档案馆馆藏的抗战损失档案资源，充分揭露日本侵华暴行，自二〇一六年起，在国家档案局的统一领导下，江苏省档案局、档案馆组织江苏省、南京市、常州市、苏州市、南通市、镇江市等各级国家综合档案馆，甄选、整合馆藏民国时期江苏和南京地区开展战时损失调查与统计工作档案七百余组（件），编纂出版了《抗战时期江苏和南京地区人口伤亡及财产损失档案汇编》丛书。丛书共十九册，第一至五册为综合卷，第六册为南京卷，第七至十三册为常州卷，第十四册为苏州卷，第十五册为南通卷，第十六至十八册为镇江卷，第十九册为其他地区卷。

丛书所称的江苏和南京地区，涵盖了今天的江苏省全部、安徽萧县和上海部分地区。因从民国时期至今，包括江苏省在内的各地行政区划及称谓已经发生了重大变化。如，今江苏省省会南京市，在抗战时期为中华民国首都，并不属于江苏省。一九二七年国民政府定都南京后，析置江苏省江宁县设立南京特别市，直隶于国民政府行政院，直至一九五二年九月，南京与苏南、苏北行政区合并成立江苏省，十一月南京改为省辖市。同样，国民政府析置江苏省上海县、宝山县设立上海特别市，今上海地区的上海、嘉定、宝山、松江、川沙、青浦、南汇、奉贤、金山、崇明等十县仍隶属江苏省，直至一九五八年才先后划入上海市。另外，今位于苏、鲁、豫、皖四省交界处的安徽萧县，民国时期至中华人民共和国初期属于江苏省铜山专区（铜山今属徐州）分管，一九五五年四月才由江苏省划归安徽省。为了体现抗战时期民国行政区划原貌，保持江苏省各级国家综合档案馆馆藏人口伤亡及财产损失档案的完整性，并方便有关专家学者查阅参考，本丛书不仅收录了民国时期江苏地区、南京地区相关档案，还保留了民国时期属于江苏的今上海地区各县及安徽萧县相关档案，并将其编入其他地区卷。除综合卷外，各地区卷中所涉及的地市名称，以江苏省各地现行区划名称为准，如苏州卷、常州卷等。

其他地区卷一册，内容均选自江苏省档案馆馆藏，形成时间起自一九四五年十一月，迄至一九四八年三月。共分为五部分：无锡地区战时损失调查、上海地区战时损失调查、徐州地区战时损失调查、连云港地区战时损失调查和其他地区战时损失调查。

本书选用档案均为馆藏原件全文影印。档案中原标题完整或基本符合要求的使用原标题，原标题有明显缺陷的进行了修改或重拟，无标题的加拟标题。标题中机构名称使用机构全称或规范简称。档案成文时间一律采用公元纪年，以落款时间或封发时间为准。部分档案无封发时间的，以收文时间为准。档案所载时间不完整或不准确的，作了补充或订正。对于无法考订准确时间的档案，只有年份、月份而没有日期的排在该月末，只有年份的排在该年末。

本书使用规范的简化字。对标题中人名、历史地名、机构名称中出现的繁体字、错别字等，予以径改。限于篇幅，本书不作注释。

由于时间紧，档案公布量大，编者水平有限，在编辑过程中可能存在疏漏之处，欢迎斧正。

编　者

二〇二三年八月

目录

二、上海地区战时损失调查

三、徐州地区战时损失调查

四、连云港地区战时损失调查

五、其他地区战时损失调查

一、无锡地区战时损失调查

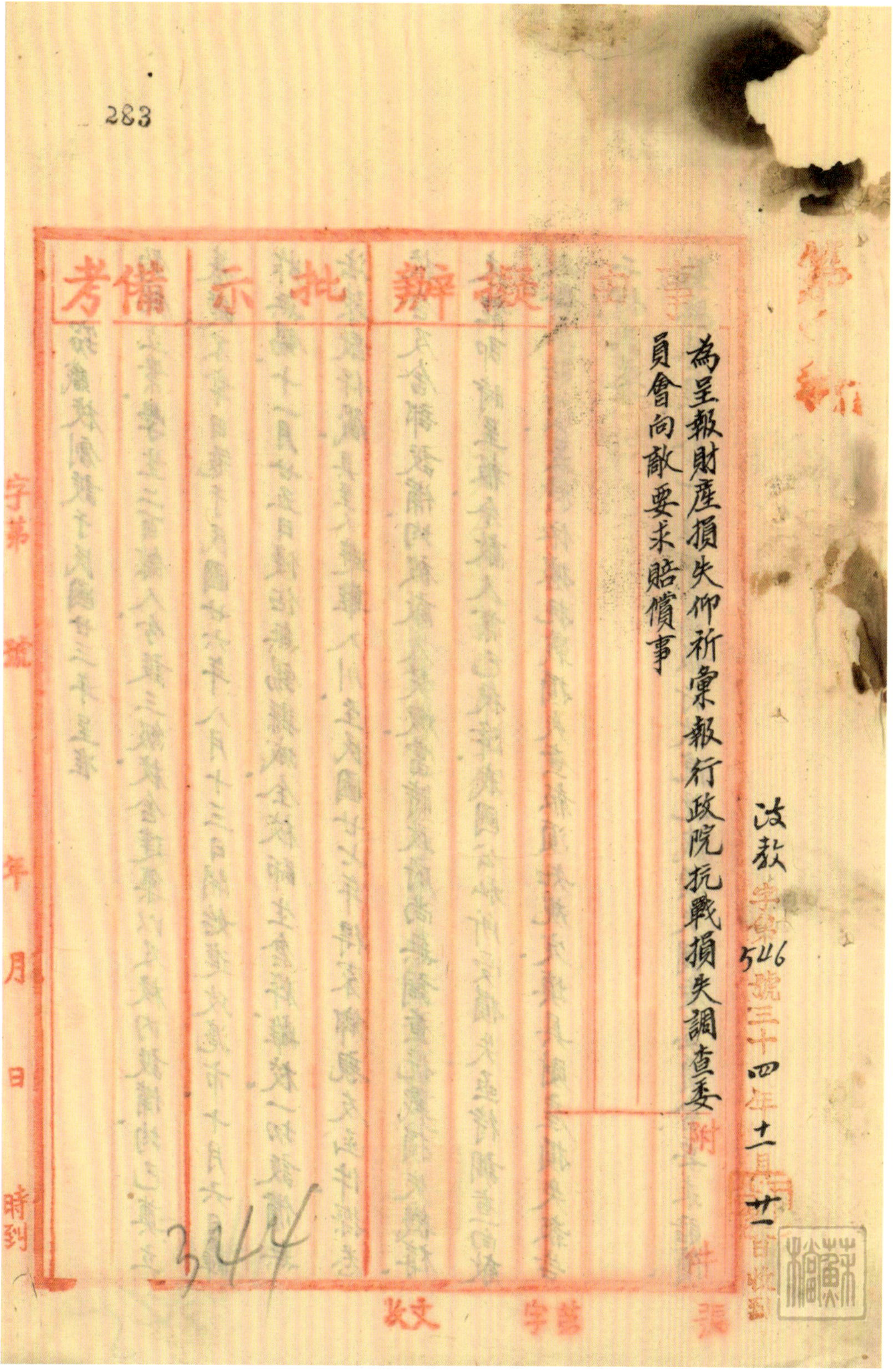
283
事由
擬辦
批示
備考
為呈報財產損失仰祈彙報行政院抗戰損失調查委員會向敵要求賠償事
附件
教字第546號 三十四年十一月廿一日收
344

江苏无锡私立锡光初级商科职业学校关于抗战期间财产损失事致江苏省教育厅的呈（一九四五年十一月二十一日收）

窃職校創設于民國廿三年呈准
鈞廳立案，學生二百餘人，分設三級，校舍建築以及校内設備均已奠立
基礎。不幸日寇于民國廿六年八月十三日開始進攻滬市，十月六日轟
炸無錫，十一月廿五日侵佔無錫縣城，全校師生倉猝離校，一切設備無
法疏散保藏。具呈人避難入川，至民國廿七年得家鄉親友函件，探悉
校舍及全部設備均被敵人焚燬。當時政府尚無調查抗戰損失機構，
未能即時呈報。今敵人業已投降，我國公私所受損失亟待調查，向敵
人要求賠償。爰特依據抗戰損失查報須知規定，填具財產損失報告
二份呈送
鈞廳鑒核，伏乞 准予彙報行政院抗戰損失調查委員會，要求賠償，

284

俾克早日復校，實甚感禱。

謹呈

江蘇省教育廳

附呈財產損失報告單二份

江蘇無錫私立錫光初級商科職業學校校長李耀春

346

中華民國三十四年十一月

附：无锡私立锡光初级商科职业学校财产损失报告单（一九四五年十月十五日）

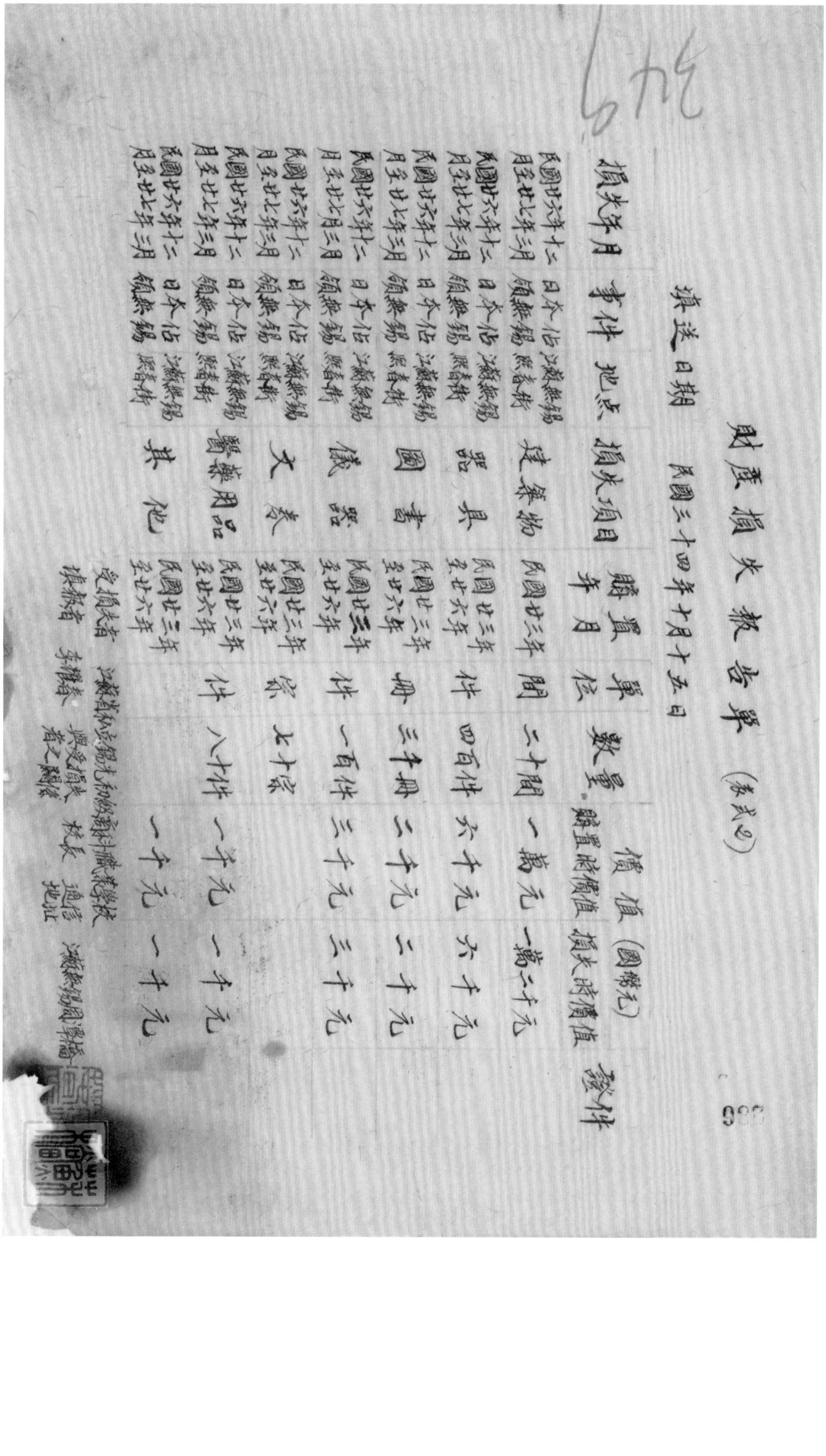

财產損失報告單（表式2）

填送日期　民國三十四年十月十五日

損失年月	事件	地点	損失項目	購置年月	單位	數量	價值（國幣元）購置時價值	價值（國幣元）損失時價值	證件
民國廿六年十二月至廿七年三月	日本佔領無錫	江蘇無錫熙春街	建築物	民國廿三年	間	二十間	一萬元	一萬二千元	
民國廿六年十二月至廿七年三月	日本佔領無錫	江蘇無錫熙春街	器具	民國廿三年至廿六年	件	四百件	六千元	六千元	
民國廿六年十二月至廿七年三月	日本佔領無錫	江蘇無錫熙春街	圖書	民國廿三年至廿六年	册	三千册	二千元	二千元	
民國廿六年十二月至廿七月三月	日本佔領無錫	江蘇無錫熙春街	儀器	民國廿三年至廿六年	件	一百件	三千元	三千元	
民國廿六年十二月至廿七年三月	日本佔領無錫	江蘇無錫熙春街	文卷	民國廿三年至廿六年	宗	七十宗			
民國廿六年十二月至廿七年三月	日本佔領無錫	江蘇無錫熙春街	醫藥用品	民國廿三年至廿六年	件	八十件	一千元	一千元	
民國廿六年十二月至廿七年三月	日本佔領無錫	江蘇無錫熙春街	其他	民國廿三年至廿六年			一千元	一千元	

受損失者　江蘇省私立錫光初級商科職業學校

填報者　李耀春　與受損失者之關係　校長　通信地址　江蘇無錫周潭橋

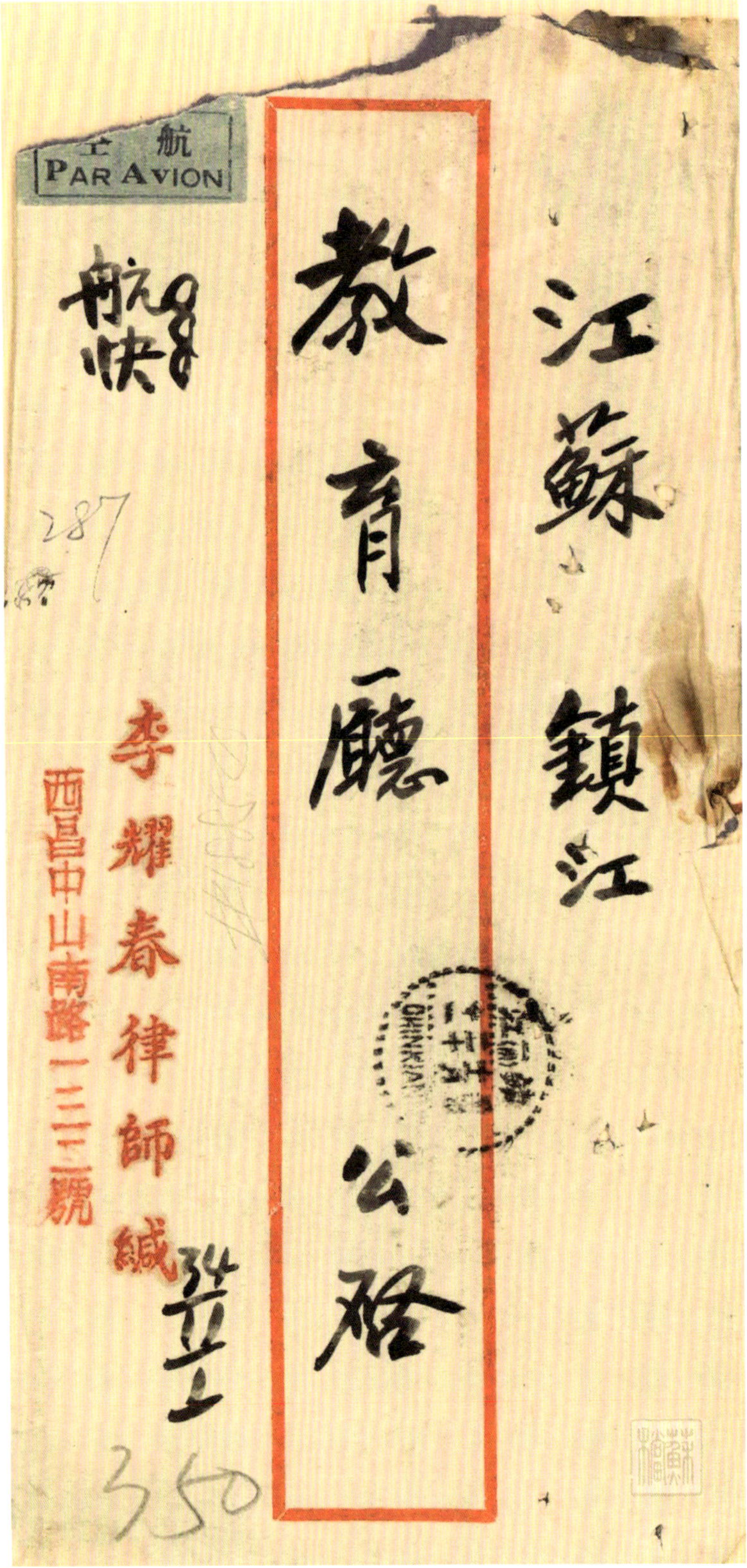
航空
PAR AVION
江蘇鎮江
教育廳公啓
航快
李耀春律師緘
西昌中山南路一三三號

无锡孙尧记营造厂孙富尧关于赶筑常熟江防公路各线工程人员死伤、财产损失事致江苏省建设厅的呈（一九四五年十二月三十日）

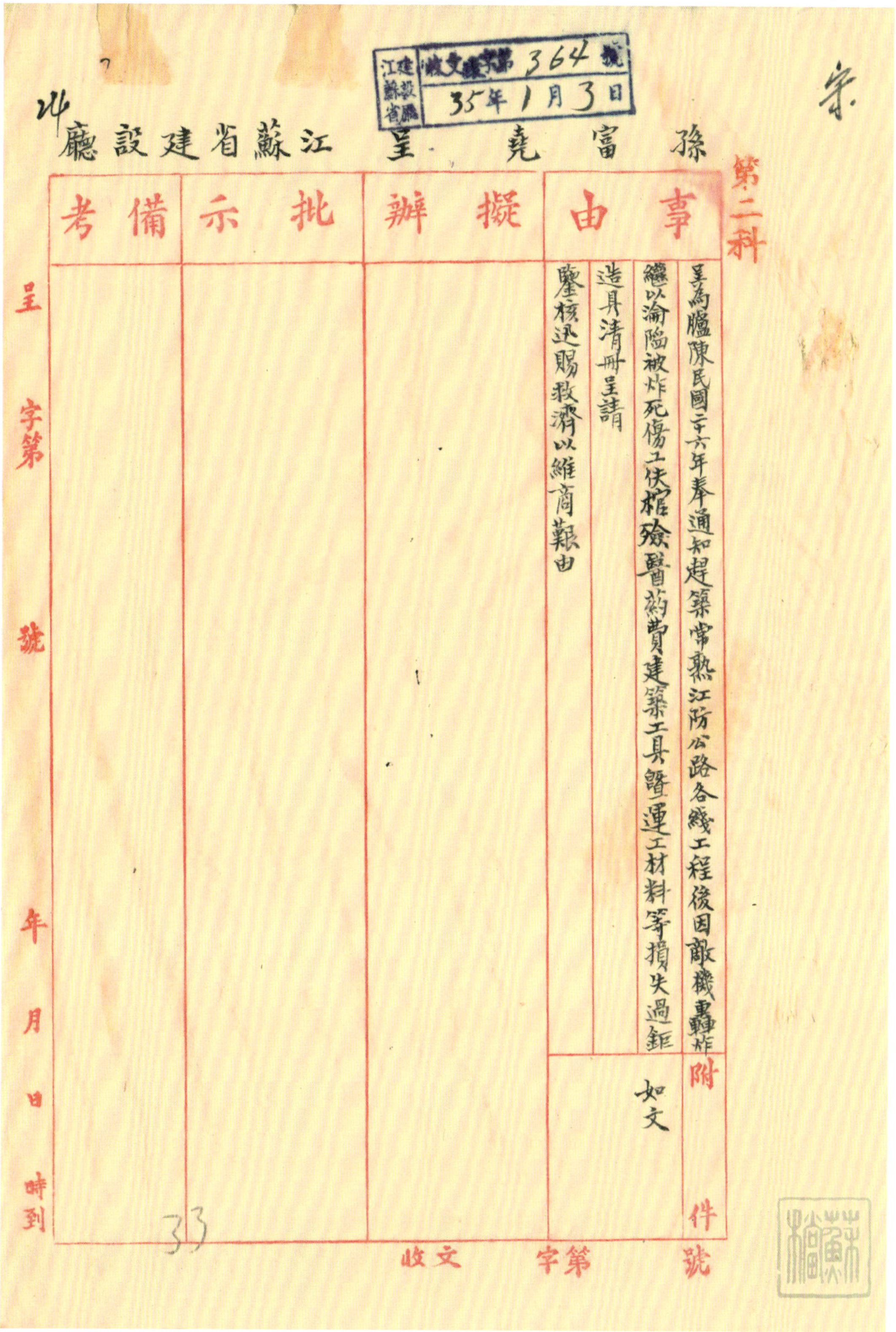

江蘇省建設廳收文建字第364號
35年1月3日

孫富堯 呈 江蘇省建設廳

第二科

事由：呈為臚陳民國二十六年奉通知趕築常熟江防公路各線工程後因敵機轟炸繼以淪陷被炸死傷工伕棺殮醫葯費建築工具暨運工材料等損失過鉅造具清冊呈請鑒核迅賜救濟以維商艱由

附件：如文

擬辦

批示

備考

呈　字第　號　年　月　日　時到

收文　字第　號

竊商素營營造事業，歷有年所，戰前曾依法申請，領有
鈞廳營業執照營業，京杭、宜錫、鎮澄、蘇崑、太瀏各綫加固橋樑，武進車庫，暨錫澄
公路橋樑等工程，皆係
鈞廳興建，由商承包建築，時值承平，均一一相繼告竣，並呈報在案。民國二十六年九月，戰
事風雲日趨緊張，是月三日奉
鈞廳第六號通知，飭商急速興工趕築江防公路，並附發「江蘇省建設廳非常時期內
包商承築軍用路暫行辦法」、「趕辦軍用公路工程緊急辦法」各一份，旋奉　召傳訓示：
「該項工程，需早日趕築完成，無庸開單比賬，係指定承築，不可怠忽」等語；商被指
定常熟境內虞岔路全部工程，謝港路土基、涵管、橋樑工程，虞三路路面工程，查商奉
派之工程，堪稱浩大，雖力所未逮，而　上峯命令之急，敦促之殷，實不容推卸，況值抗

25

抗戰工作方行展開，正當國民奮勇為國盡勞之際，又焉能趦趄不前?!商思維再四，遂毅然承築，緊急召集工伕船隻，並將商廠中所有工具如椿架鐵鏟等物，悉數運送到工，並添置工料，開始工作，未及數日，又奉

鈞廳飭加築急造、白窰二路全部工程，商雖感力竭，亦頗興奮，蓋此等工程，均係軍事國防之設備，上峯以如此緊急龐大之工作下委，使商可為國服務，幸何如之!商雖財力未及，向親友挪借，墊用尚敷週轉，彼時一切在所不顧，祇冀工程早日圓滿，完成使命!商之工程材料，因加添二路全部工程，已不够應用，經商墊資，與

鈞廳王委員同赴上海購置，計購馬牌水泥一四五〇桶，上海因戰事影響，洋松材料尺寸長短，參差不齊，祇得多為購辦，以備改剖選用，(故其數量已超出原預算)，運送到工之後，方安心監督工作，直止十一月初，虞三、虞岔、急造、謝港四路工程，已全部告竣，白

窰路工程，亦可指日而待，正慶幸歡忭之際，詎十一月中旬，日寇飛機，即來常熟上空，晝夜示虐，而其目標均在公路工程，謝家橋一帶，係十一月十三日下午轟炸，商及工人均在工作，因一無躲避，日寇盡情投彈，並以機槍掃射，致工人遭難者甚多，商倖免其難，事後據工頭告稱，計炸死陳大節等四十二名，受輕傷者六十餘名，商目睹浩劫，慘狀堪憐！當飭傷者即速醫治，並給資回籍，死者均由商個人出資備棺收殮，正擬將出事情形呈報請示，而數日之間，竟遭日寇攻陷，國軍亦全部撤退，商於日寇殘殺兇燄之下，祗得離開職守，保全生命，所有在工各項工具、工料及工程辦事處各項用物、職員行李等等，悉數犧牲，商歷年經營血本及建築工具等，亘喪失，商已全部破產，能不痛心！其家庭生活日趨艱難，更有工人不斷向商索取工資，商痛定思痛，內心如焚，惟盼早日殲滅日寇！中央早日光復，商含辛茹苦，歷七易寒暑，今幸抗戰完成，全面勝利，商雀躍之餘，用敢披瀝臚

26

陳戰前奉派築江防公路損失經過情形，並附呈清冊，仰祈

鑒核俯念商損失慘重，賜予救濟，倘

鈞廳近有興修興建工程，更乞賜予通知，俾資復業，不勝惶恐待命之至！再呈者：商承築

江防公路工程，奉有工款請款書及領款證明單計十六紙，合計工款二五四五五·七四元，未及領回（尚未領領款證明之款已無從統計）承築京杭宜錫鎮澄蘇崑太劉各線加固橋樑武進車庫暨一錫澄公路橋樑工程，亦有工款及保證金未及領回，合計一六四八二·三一元，三共肆萬壹仟玖佰叁拾捌元零伍份；查戰前與目前生活程度高低懸殊太甚，叩懇憐念商艱，酌予增加給領，以示體恤，實為德便！

謹呈

江蘇省建設廳廳長董

附呈清冊五份，抄原通知暨辦法二份（合訂一冊）

具呈人 商民 孫富堯

無錫孫堯記營造廠

富堯

37

中華民國三十四年十二月三十日

38

孫堯記營造廠通訊址：

無錫西門外迎龍橋迎德路十八號

孫富堯收

無錫孫堯記營造廠

十二、三十、

江苏宜兴地方法院关于报送本院抗战时损失调查表事致江苏高等法院的呈（一九四六年一月十一日）

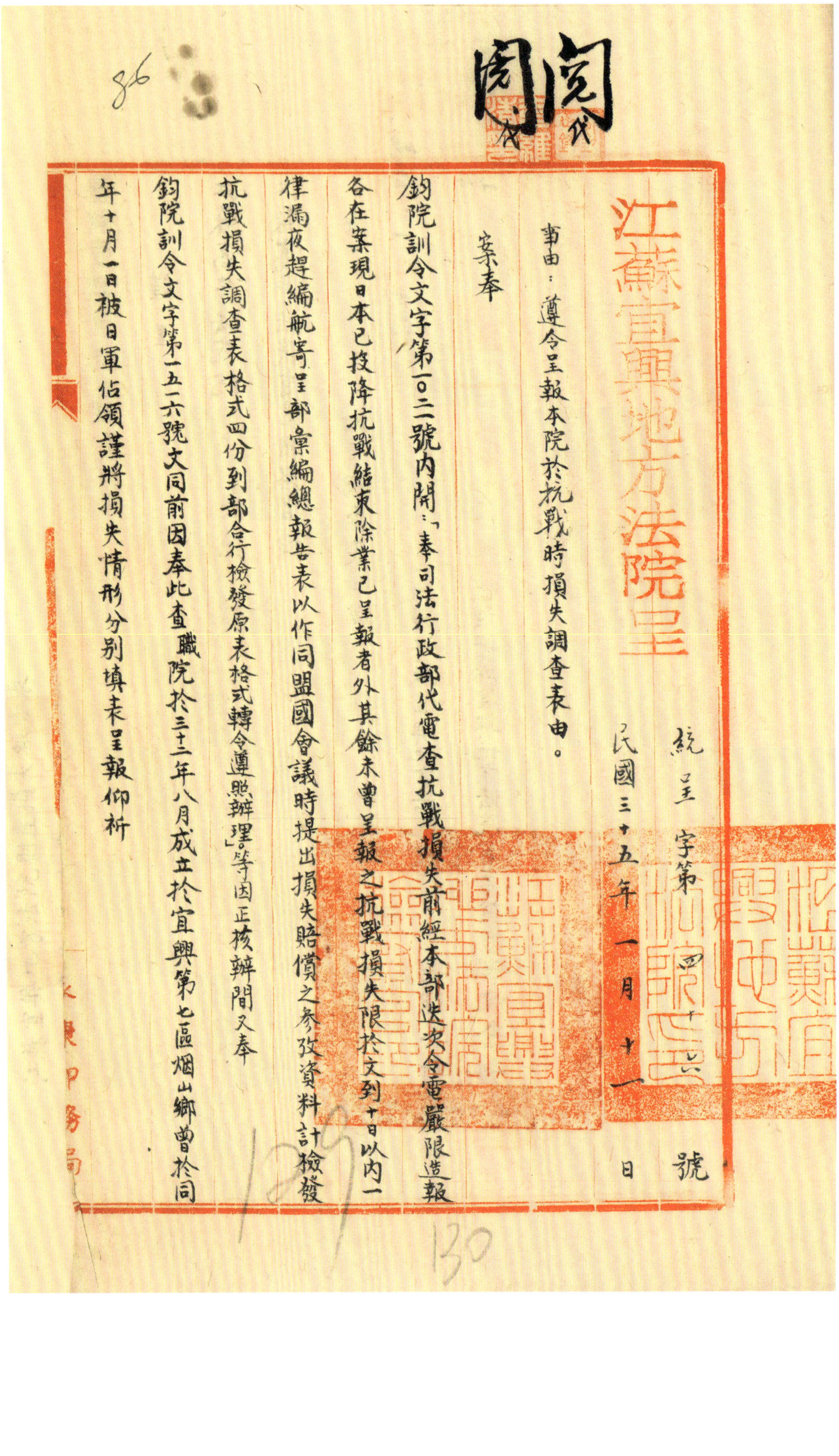
江蘇宜興地方法院呈

統呈 字第四十六號

民國三十五年一月十一日

事由：遵令呈報本院於抗戰時損失調查表由。

案奉

鈞院訓令文字第一〇二號內開：「奉司法行政部代電查抗戰損失前經本部迭次令電嚴限造報各在案現日本已投降抗戰結束除業已呈報者外其餘未曾呈報之抗戰損失限於文到十日以內一律漏夜趕編航寄呈部彙編總報告表以作同盟國會議時提出損失賠償之參攷資料計檢發抗戰損失調查表格式四份到部合行檢發原表格式轉令遵照辦理」等因正核辦間又奉

鈞院訓令文字第一五二六號文同前因奉此查職院於三十二年八月成立於宜興第七區烟山鄉曾於同年十月一日被日軍佔領謹將損失情形分別填表呈報仰祈

鑒核彙轉實爲公便

謹呈

江蘇高等法院院長孫

江蘇高等法院首席檢察官韓

附呈調查表二份

代理江蘇宜興地方法院院長陳其新

代理江蘇宜興地方法院首席檢察官沈念劬

附：江苏宜兴地方法院人口伤亡调查表及财产损失报告表

江蘇宜興地方法院人口傷亡調查表

事　件：日軍進犯烟山鄉

日　期：民國三十二年十月一日

地　點：江蘇省宜興縣第七區烟山鄉

姓名	性別	職業	年齡	最高學歷	傷或亡	費用（國幣元）醫藥	費用（國幣元）葬埋	證件
陳安高	男	本院法警	二六	小學教育	被敵用刺刀戳死	無	法幣壹萬元（當時貨值與現在不同）	
丁兵	男	本院法警	二四	小學教育	被敵用刺刀戳死	無	法幣壹萬元（當時貨值與現在不同）	

填報者：

名稱：江蘇宜興地方法院　　姓名：陳其新　　服務處所與所任職務：江蘇宜興地方法院代理院長

通信地址：江蘇宜興地方法院。

江蘇宜興地方法院財產損失報告表

填送日期民國三十五年一月　日

損失年月日	事件	地點	損失項目	購置年月	單位	數量	價值（國幣元）購置時價值	價值（國幣元）損失時價值	證件
民國三十二年十月一日	日軍進犯烟山鄉	江蘇省宜興縣第七區烟山鄉	方桌	民國三十二年八月十日	張	八	法幣叁萬二仟元（當時貨值與現在不同）	仝前（註考亦仝前）	
仝	仝	仝	方櫈	仝	張	四〇	法幣肆萬元（仝上註考）	仝	
仝	仝	仝	方椅	仝	張	十二	法幣式萬陸仟元（仝上註考）	仝	
仝	仝	仝	辦公桌	仝	張	二	法幣捌仟元（仝上註考）	仝	
仝	仝	仝	鍋	民國三十二年八月十日	只	二	法幣叁仟捌百元（仝上註考）	仝	
仝	仝	仝	鐵湯罐	仝	只	一	法幣叁百元（仝上註考）	仝	
仝	仝	仝	碗	仝	只	五〇	法幣式萬元（仝上註考）	仝	
仝	仝	仝	瓦盆	仝	只	十	法幣伍仟陸佰元（仝上註考）	仝	
仝	仝	仝	竹床	民國三十二年八月八日	張	十八	法幣一萬元（仝上註考）	仝	
仝	仝	仝	棉警服	民國三十二年八月八日	套	十六	法幣叁萬二千元（仝上註考）	仝	
仝	仝	仝	法衣	仝	件	二	法幣肆仟元（仝上註考）	仝	
仝	仝	仝	面盆	民國三十二年八月八日	只	六	法幣式仟元（仝上註考）	仝	

受損失者：

名稱：江蘇宜興地方法院　填報者：陳其新（印）　服務處所與所任職務：江蘇宜興地方法院代理院長

與受損失者之關係：主管官　通信地址：江蘇宜興地方法院。

顾召棠关于抗战财产损失事致无锡县政府的呈（一九四六年一月三十日）

秘書室

一九八號

事由：呈為呈送抗戰財產損失報告單請予彙轉賠償由

擬辦：彙報 石真 包卅五、一、卅一

批示：

附件：

文別：

字第　號

具呈人 顧召棠 住無錫城區北塘鎮十一保九甲八户

竊查抗戰財產損失調查一案業經

鈞府佈告人民遵限填報以憑彙轉清償在案具呈人向居無錫城區北塘

小泗房衖自建住宅一所於民國二十六年十一月二十日日寇進攻無錫城區時慘

中華民國三十五年一月三十日

甲

錫新字第1070號

35年1月30日收

被焚燬　具呈人幸早經避難到鄉而住宅二十五間全部損失以及衣服什物器具等

二千餘件損失佑計法幣七百五十萬元如此浩劫損失奇重一生心血盡付東流

飲恨迄今痛苦萬狀何幸天日重光寃抑獲伸茲依照財產損失報告單式

逐一填明理合備文呈送仰祈

鑒核彙轉賜予賠償實為德便

謹呈

無錫縣政府縣長　范

附呈財產損失報告單一紙

住宅繪圖并說明一紙

具呈人　顧名棠

附一：住宅绘图并说明

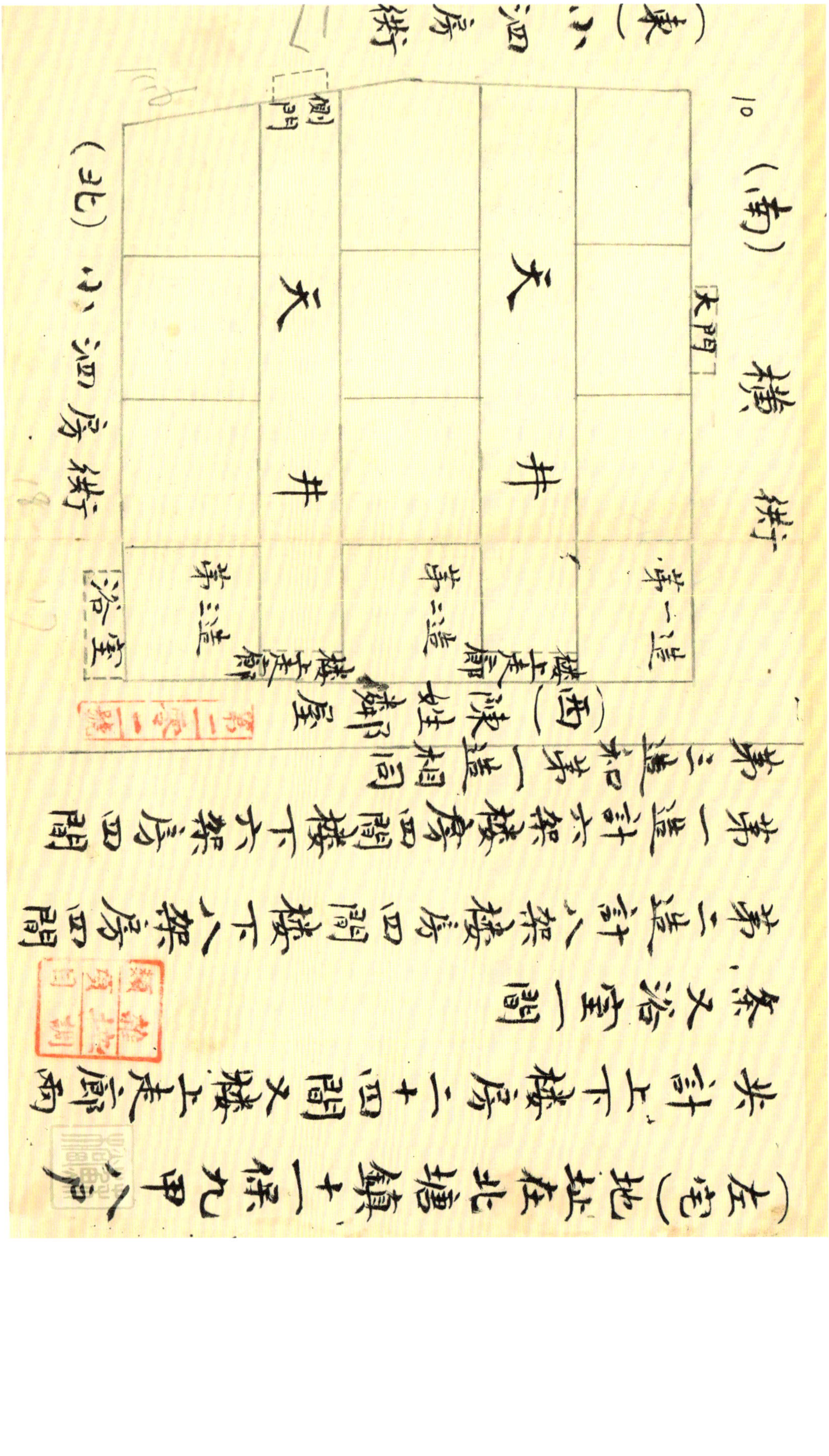
左宅地址在北塘鎮十一保九甲八戶
共計上下樓房二十四間又樓上走廊兩
東大浴室一間
第二進計八架樓房四間樓下八架房四間
第一進計六架樓房四間樓下六架房四間
第三進和第一進相同
西陳姓鄰屋
(南) 橫街
大門
天井
天井
第一進
第二進
第三進
樓上走廊
浴室
側門
(北) 小泗房街
(東) 小泗房街

附二：财产损失报告单（一九四六年一月二十三日）

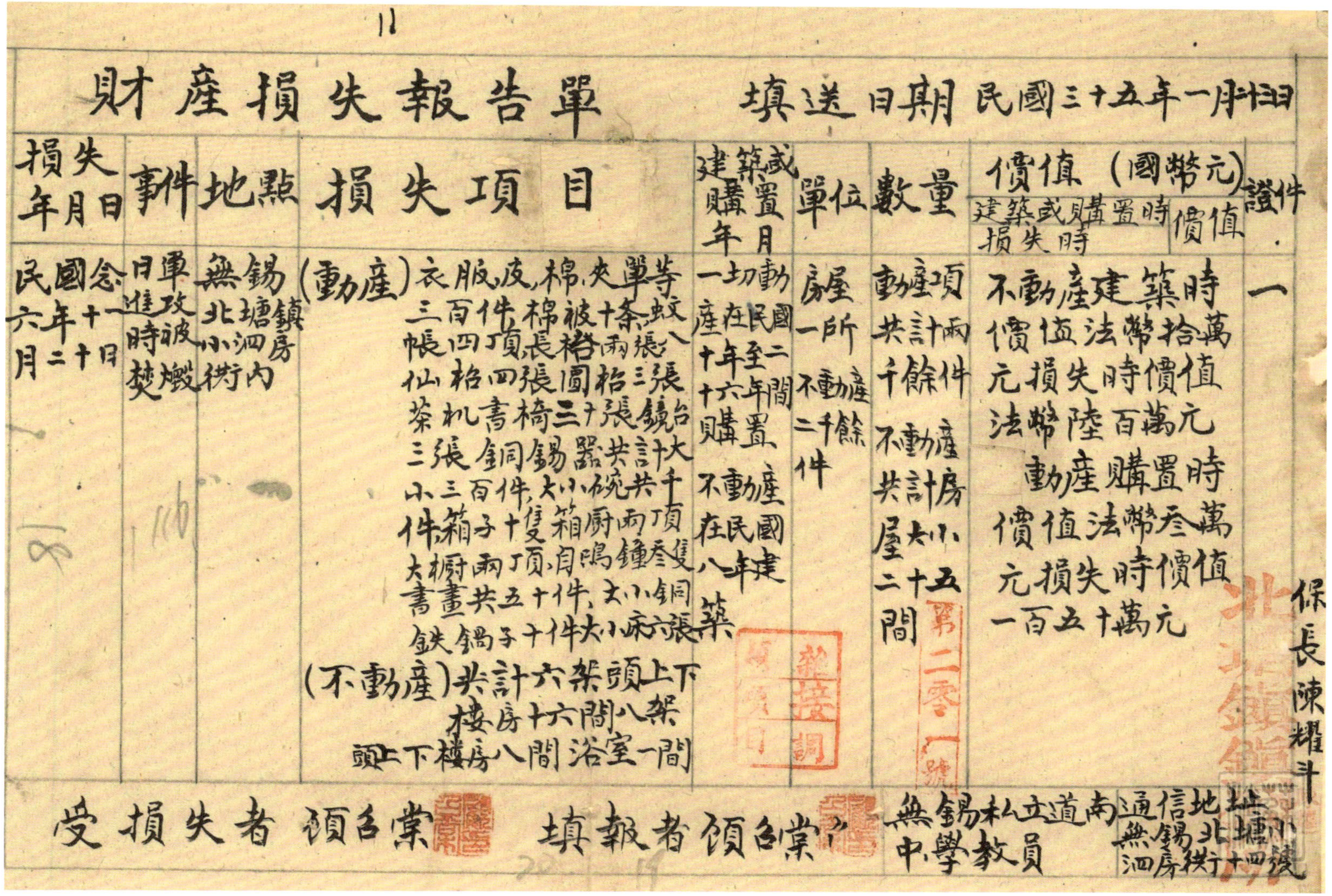

二

財產損失報告單　填送日期　民國三十五年一月廿三日

損失年月日	事件	地點	損失項目	建築或購置年月	單位	數量	價值（國幣元）建築或購置時價值／損失時價值	證件
民國念六年十一月二十日	日軍進攻時被焚燬	無錫北塘鎮小泗房街內	（動產）衣服皮、棉、夾、單等三百件，棉被十條，蚊帳四頂，長檯兩張，八仙檯四張，圓檯三張，茶机書椅三十張，鏡台三張，金銅錫器共計大小三百件，大小碗共千件，箱子十隻，箱廚兩頂，大櫥兩頂，自鳴鐘叁隻，書畫共五十件，大小銅鉄鍋子十件，大小床六張 （不動產）共計六架頭上下樓房十六間，八架頭上下樓房八間，浴室一間	一切動產在民國十年至二十六年間購置 不動產在民國八年建築	房屋一所 不動產二千餘件	動產項共計兩千餘件 不動產共計房屋大小二十五間	不動產建築時價值法幣拾萬元，損失時價值法幣陸百萬元 動產購置時價值法幣叁萬元，損失時價值一百五十萬元	一

保長陳耀斗

第二零一號

受損失者　顧名棠　填報者　顧名棠　無錫私立道南中學教員　通信地址　無錫北塘小泗房街十四號

陈鸿烈关于抗战期间财产损失事致无锡县政府的呈（一九四六年一月三十日）

第二零七號

事由：為抗战期間財產損失轉請賠償事

擬辦：彙轉 二、六

批示

備考

附件：財產損失報告單壹份

錫新字第847號
35年2月1日收

為抗战期间財產損失轉請賠償事竊 公民 祖遺坐落
本邑城内中二鎮大市桥街双閘间门面新式楼房叁進並
連歷史悠久之源通紙號屋内貨物器俱衣服全部燬於民
國二十六年十一月二十五日日軍進攻無錫時大肆放火之下 公民
經此損失殆盡闔家艱苦迄今爰遵
貴府佈告（祕字第四七〇八号） 茲依照規定格式填具財產損失報
告單壹份附 呈請求轉懇以現值估計賠償藉慰民怨
實為德便謹呈
無錫縣政府
縣長 范 公鑒

28

第二零八號

17

公民陳鴻烈謹具

通讯處：本城大市橋街壹百号

29

中華民國三十五年壹月三十日

30

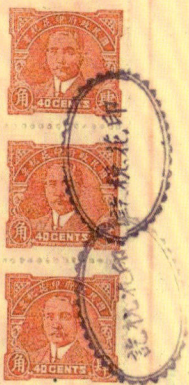

附：财产损失报告单（一九四六年一月三十日）

18

財產損失報告單

填送日期三十五年一月三十日

損失年月日	事件	地點	損失項目	建築或購置年月	單位	數量	價值（國幣元）建築或購置時價值	價值（國幣元）損失時價值	證件
民國廿六年十一月廿五日至廿七日	日寇進攻無錫入城放火	無錫縣中二鎮大市橋街	新式樓房	民國十五年	房屋	拾弍間	不詳	肆拾捌萬元	當年日寇侵華到錫後禁止民有照相機拍攝此時亦無照相館故無從拍攝照片故無證件
〃			器具什物	歷年添辦	器物	四百五十件	〃	念叁萬元	
〃			四季衣服	民國廿四廿五廿六	衣服	四百件	〃	壹拾壹萬元	
〃			洋紙類	二十六年	貨物	壹百八十八件	〃	肆拾柒萬元	
〃			本紙類	〃	貨物	弍千弍百四十件	〃	壹拾弍萬五千元	

填報機關名稱

主管長官職稱及姓名

受損失者：陳鴻烈（印）　填報者：陳鴻烈（印）　服務處所與職稱：源通紙號店主　與受損失者之關係：

通訊地址：無錫城內大市橋街壹百號

（印：雜接訓 頁項目）

（印：第二一一零號）

安定蚕种制造场关于报送抗战直接损失事致无锡县政府的函（一九四六年一月三十一日）

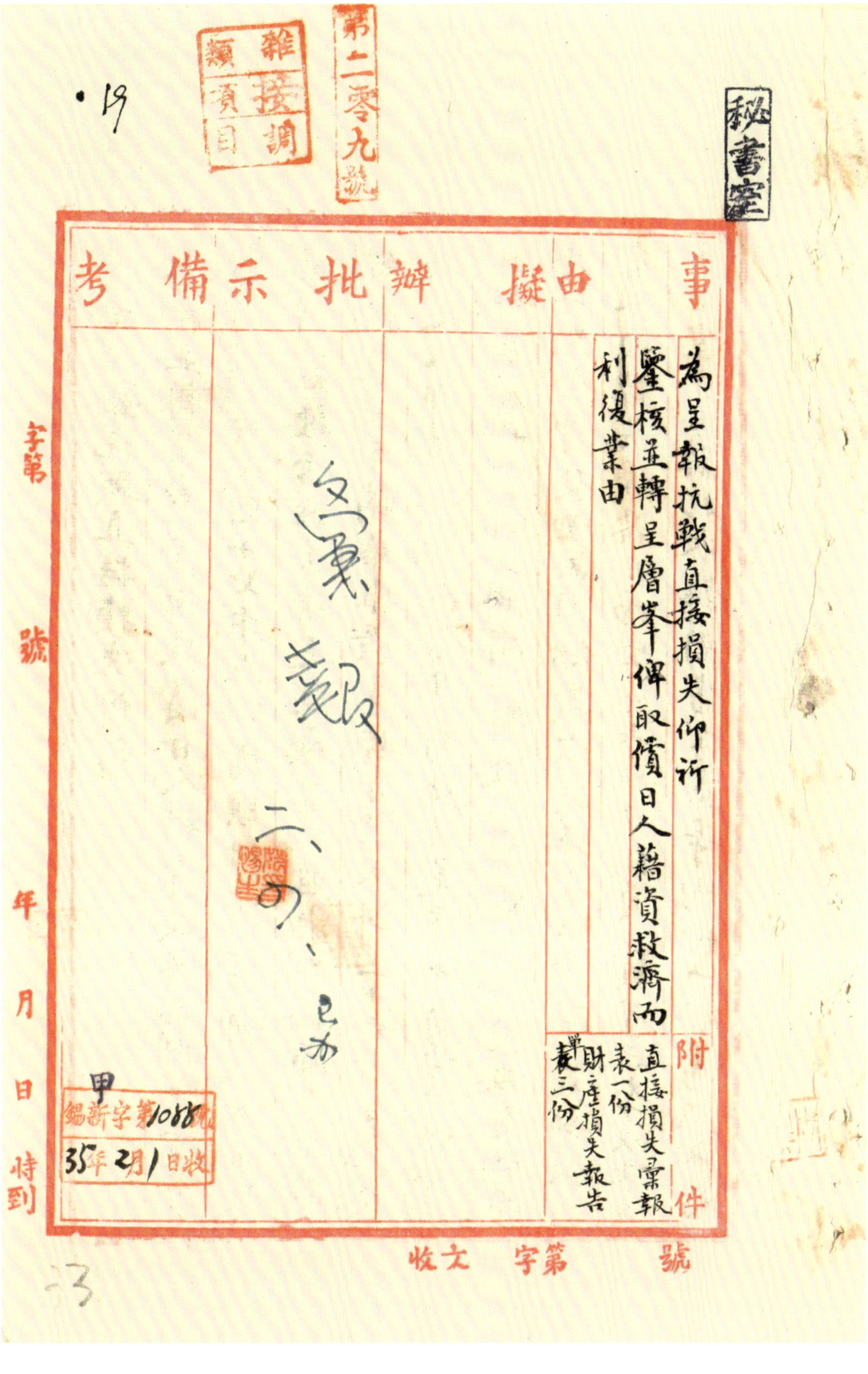

第二一零九號

雜類 接調 資目

秘書室

事由	擬辦	批示	備考
為呈報抗戰直接損失仰祈鑒核並轉呈層峯俾取償日人藉資救濟而利復業由		[illegible]	
附件：直接損失彙報表一份、財產損失報告單表三份			

甲 錫新字第1088號 35年2月1日收

字第 號 年 月 日 時到

收文 字第 號

呈為呈報抗戰直接損失仰祈
鑒核並轉呈層峯俾取償日人藉資救濟而利復業事
竊屬場於民國十七年在堰橋鎮村前地方創設出產雙
喜牌蠶種當經呈請建設廳登記照准因設備完全成
績優良歷年銷路推廣產額日增不料二十六年日寇侵
略延及鄉里屬場位當其衝竟於是年十一月廿六日將屬場
北部房屋兩幢計三開間一衖假三層樓房一幢及有欄平
房一幢全部焚燬而因儲藏室及場主住屋皆在北部致所
有各項器具儀器藥物生產品現款職員之鋪蓋行李以及場
主居室中之器物衣飾圖書字畫等均付一炬蕩然無存

.20

第二一一號

當時廠場場主胡雲渠避難在滬聞訊憂急逝世其
子胡鴻勳執教滬上胡鴻翥及胡鴻均則隨國軍西撤後
經營滇省蠶桑事業皆因職務羈身尚未回鄉茲值我
國凱歌勝利政府眷念人民損失重大令各具報以冀取
償于日人廠場場主特囑托代報人謹遵查補報抗戰
直接損失辦法將廠場遭受損害情形列陳經過並將
各項損失分為五部一房屋一器具一儀器藥物一生產品一
其他依原價計祘共計國幣陸萬一千五百三十一元造具財
產損失報告表三份及直接損失彙報表一份呈請
鑒核並轉呈層峯責令日人賠償俾得救濟而利復

35

業不勝盼禱之至謹呈

無錫縣縣長范

堰橋鎮村前安定蠶種製造場謹呈
第九保第二甲第九戶

場主胡鴻勳

胡鴻蕭

胡鴻均

代報者薛惠英

保長胡杏泉

附件 直接損失彙報表一份財產損失報告表三份

36

21

雜接調
類項目

第二十二號

37

1

中華民國三十五年一月三十一日

8

22.

雜類 接項 調目

第二十三號

財產直接損失彙報表

機關名稱	事件	日期	地點	填送日期
安定蠶種製造場	日寇縱火	民國二十六年十一月廿六日	無錫堰橋鎮村前	三十五年一月廿日

分類	價值（國幣元）
共計	國幣陸萬壹千伍百叁拾壹元
房屋	九六〇〇·〇〇
器具	二二二七九·〇〇
儀器藥品	二七二五·〇〇
生產品	一七二七七·〇〇
其他	九六五〇·〇〇

39

附財產損失報告單叁份

報告者：安定蠶種製造場

場主 胡鴻勲

胡鴻蔚

胡鴻均

代報者 薛惠英

40

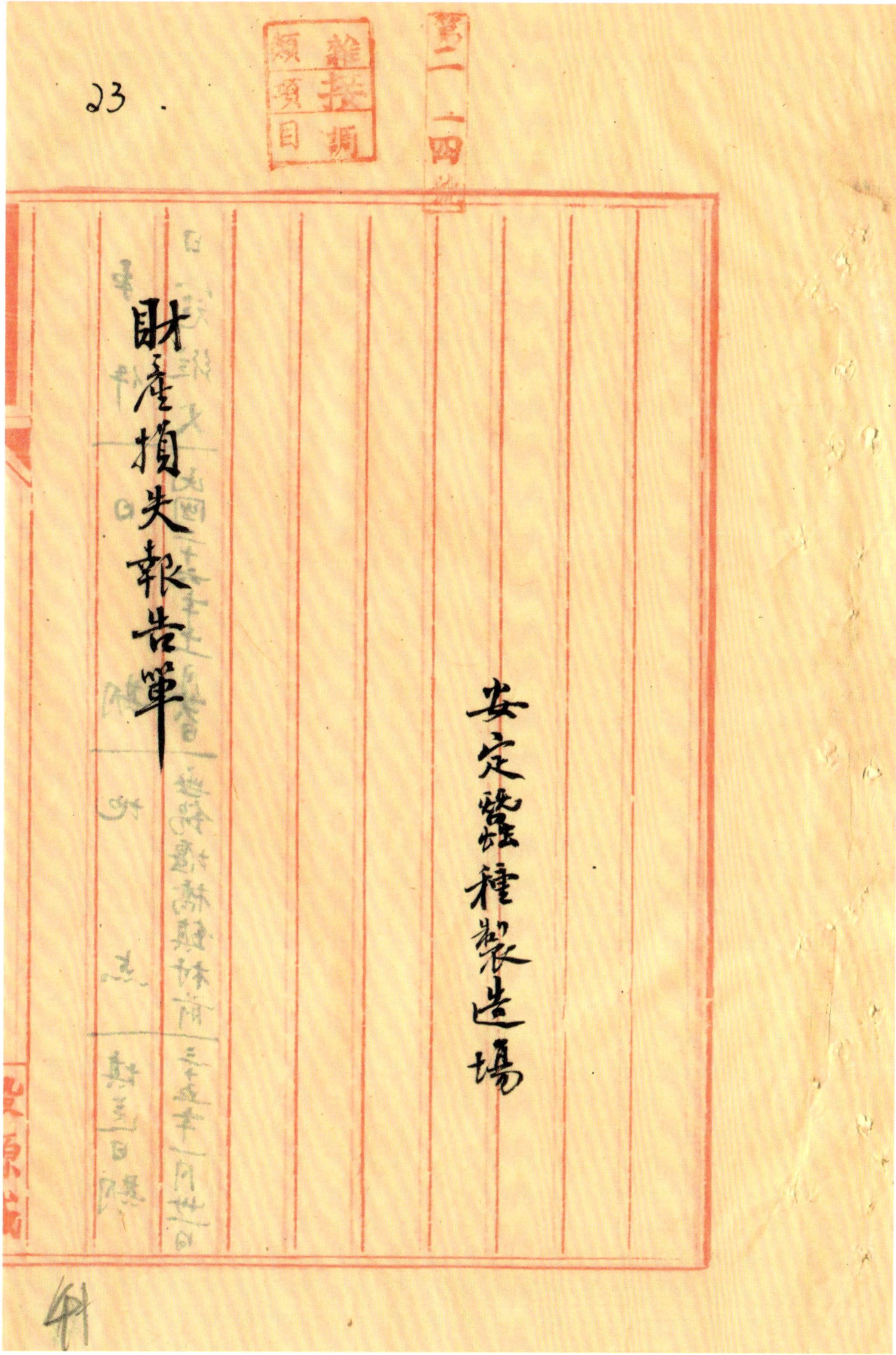
23.

財產損失報告單

安定蠶種製造場

附二：安定蚕种制造场财产损失报告单

事件	日期	地点	填送日期
日寇縱火	民國二十六年十一月廿六日	無錫堰橋鎮村前	三十五年一月廿一日

24.

房屋名稱	數量	原單價	總價	備註
樓房	三間一衖衕三層樓全幢	六四〇〇·〇〇	六四〇〇·〇〇	共十九間計蚕室三間嬉室使室六間貯物室八間職員室二間
有搁平房	三間間一衖全幢	三二〇〇·〇〇	三二〇〇·〇〇	共六間計簇室三間貯藏室三間

共計原價玖千陸百元

49

25.

雜類 接項 調目

第二□六號

器具

名称	数量	原单价	総价	備註
梯形架	八〇斤	二.五〇	二〇〇.〇〇	
踏步櫈	三〇件	一.五〇	四五.〇〇	
飼桑架	八個	〇.五〇	四〇.〇〇	
蚕箔	一〇〇〇只	一.〇〇	一〇〇〇.〇〇	
鐵沙節	三〇只	二.〇〇	六〇.〇〇	
藤箔	三〇只	〇.五〇	一五.〇〇	
蚕架竹	二五〇根	〇.二〇	五〇.〇〇	
火缸	五〇只	〇.六〇	三〇.〇〇	

稚蚕用綢	三五匹	一.〇〇	三五.〇〇
麻綢	二〇〇扣	〇.三〇	六〇.〇〇
洞罈	一〇〇只	三.五〇	三五〇.〇〇
灰報紙	八令	三.〇〇	二四.〇〇
白報紙	五令	四.〇〇	二〇.〇〇
上蔟器	八〇个	二.五〇	二〇〇.〇〇
高橙	六〇付	三.〇〇	一八〇.〇〇
蘆簾	七〇〇条	〇.五〇	三五〇.〇〇
切桑板	一〇塊	三.〇〇	三〇.〇〇
貯桑籃	一〇〇只	〇.七〇	七〇.〇〇

45

第二一七號

雜類 接調 項目

26

桃桑籃	五〇副	一.五〇	七五.〇〇
採桑簍	五〇只	〇.八〇	四〇.〇〇
大小桑刀	三〇把	三.〇〇	九〇.〇〇
桑剪	三〇把	〇.五〇	一五.〇〇
籐盤擇	六支	一.〇〇	六.〇〇
鈎擇	五支	二.〇〇	一〇.〇〇
牛皮紙	四令	九.〇〇	三六.〇〇
浸酸連紙	一〇〇〇〇張	〇.二〇	二〇〇〇.〇〇
普通連紙	一〇〇〇〇張	〇.五	五〇〇〇.〇〇
製种架	三〇付	一二.〇〇	三六〇.〇〇

46

製种板	一二○○塊	○.五○	六○○.○○
鉛圈	七○○○盤	○.二○	一四○○.○○
炭吉	三○○簍	五.○○	一五○○.○○
鋪板	三○塊	二.○○	六○.○○
棕掃	一○件	三.○○	三○.○○

共計洋弍萬弍千弍百柒拾玖元

27

儀器藥品

名称	数量	原单价	总价	备注
複式顯微鏡	三架	三〇〇·〇〇	九〇〇·〇〇	
單式顯微鏡	五架	一〇〇·〇〇	五〇〇·〇〇	
昇汞	三四磅	七〇·〇〇	二三八〇·〇〇	
鹽酸	五二磅	五〇·〇〇	二六〇〇·〇〇	
福爾馬林	三八〇磅	一二〇	四五六〇〇	
硫礦	五〇斤	三·〇〇	一六六·〇〇	
量杯	五只	二·〇〇	一〇·〇〇	
研鉢用具	二〇副	二·〇〇	四〇·〇〇	

48

乾溼計	三只	三〇.〇〇	九〇.〇〇
標準寒暑表	二只	三〇.〇〇	六〇.〇〇
解剖器	三付	三〇.〇〇	九〇.〇〇

共計洋貳千柒百貳拾伍元

生產

名稱	數量	原單價	總價	備註
蚕種	二五八四張	六〇.〇〇	一五五〇四〇.〇〇	
蚕繭	五.二担	三〇〇.〇〇	一五六〇.〇〇	
桑梗	二三〇担	〇.五〇	一一五.〇〇	
蚕綿	三五斤	二.八〇	九八.〇〇	

共計洋叁万陸千貳百陸拾柒元

雜類項目 抄調

第二一二零號

29

其他

名稱	數量	原單價	總價	備註
場主住室內全部器物	約共三〇〇〇.〇〇		三〇〇〇.〇〇	
場主住室內全部衣飾	約共三〇〇〇.〇〇		三〇〇〇.〇〇	
場主書寫圖書字畫	約共一五〇〇.〇〇		一五〇〇.〇〇	
職員被鋪衣服	約共三〇〇.〇〇		三〇〇.〇〇	
現款	共一八五〇.〇〇		一八五〇.〇〇	

共計洋玖千陸百伍拾元

以上五部合計洋陸万壹千伍百叁拾壹元

54

受损失者　安定蠶種製造場場主胡鴻勳

胡鴻翥

胡鴻均

代報者　薛憲英

保長　胡杏泉

无锡县周新镇区方湖乡关于报送本乡公私财产损失事致县政府的呈（一九四六年一月三十一日）

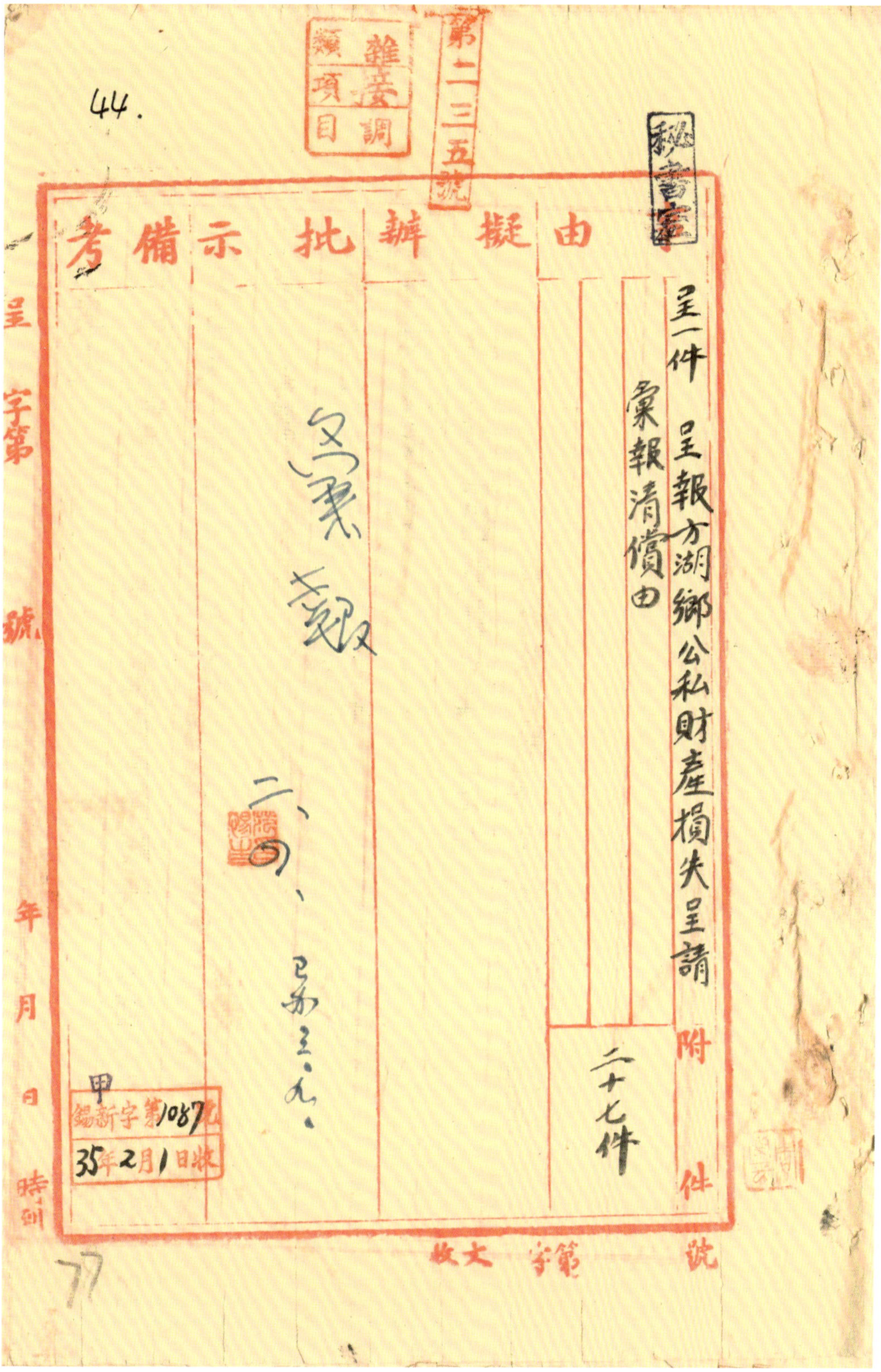

44.

雜類 項目 委調

第二三五號

秘書室

由	擬辦	批示	備考
呈一件 呈報方湖鄉公私財產損失呈請彙報清償由			

附 二十七 件

甲 錫新字第1087號 35年2月1日收

呈　字第　號　年　月　日　時到

收文　字第　號

77

案查

鈞府秘字第四七〇八號飭告制衣定表式飭填報各項公私財產損失等因奉此遵即向本鄉各保調查計有廿七户理合填具表式備文呈報

鈞府彙轉以便向敵僞清償謹呈

無錫縣縣長范

計呈財產損失報告表二十七件

無錫縣周新鎮區方湖鄉鄉長張正行

45.
第二三六
79

中華民國三十五年一月三十一日

80

附：周新镇区方湖乡公私财产损失调查表（一九四六年一月三十一日）

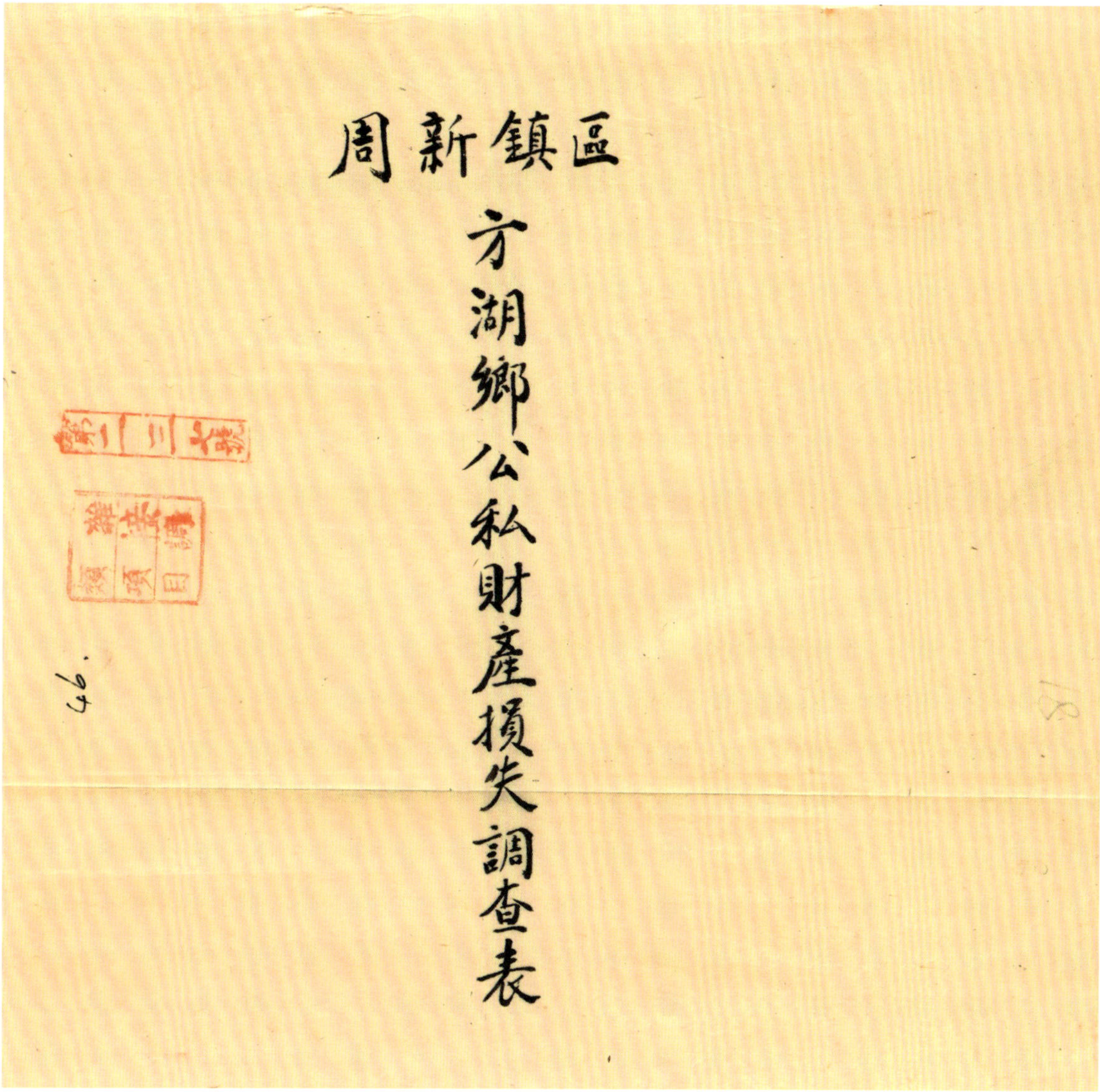

周新鎮區

方湖鄉公私財產損失調查表

財產損失報告單

填送日期 三十五年一月三十一日

損失年月日	事件	地點	損失項目	建築或購置年月	單位	數量	價值		證件
							建築或購置時價值	損失時價值	
二九年十二月十一	焚燒	黄巷	八仙枱		張	8	米十石		
	掃蕩進攻		二人橙		張	40	〃三石		
			太平櫝		根	2	〃五斗		
			喪車		付	1	〃一石		
			錫羅仟		付	1	〃六斗		
			碗盞		隻	40	〃五斗		
			飯鍋		隻	4	〃八斗		
			鍋蓋		件	4	〃二斗		
			茶机		張	4	〃一石二斗		
			靠椅		張	8	〃二石		
			神仙葫蘆		隻	1	〃二十石		
			房屋		间	五	〃一百石		
			樓梯		付	2	〃四石		

填報機關名稱　　主管長官職稱及姓名

受損失者 黄公祠　　填報者 黄公祠　　服務處所與職稱　　與受損失者之關係　　通訊地址 無錫周潭桥黄巷

財產損失報告單　　填送日期　三十五年一月三十一日

損失年月日	事件	地點	損失項目	建築或購置年月	單位	數量	價值		證件
							建築或購置時價值	損失時價值	
二九年十二月十一	焚燒	黃巷	棕架		付	3	米壹石五斗		
〃	〃	〃	被頭		条	9	〃七石		
〃	〃	〃	帳子		頂	3	〃叁石		
〃	〃	〃	毛毯		条	2	〃壹石		
〃	〃	〃	綠毯		条	3	〃壹石八斗		
〃	〃	〃	皮箱		隻	2	〃弍石		
〃	〃	〃	書架		隻	3	〃弍石		
〃	〃	〃	手提箱		隻	1	〃五斗		
〃	〃	〃	書抬		件	3	〃壹石八斗		
〃	〃	〃	椅子		件	4	〃弍石		
〃	〃	〃	小黑板		塊	3	〃壹石弍斗		
〃	〃	〃	印刷器		付	1	〃壹石		
〃	〃	〃	商務丙種辭源		部	1	〃八斗		
〃	〃	〃	古版康熙字典		部	1	〃五斗		
〃	〃	〃	双鳳牌×組風琴		隻	1	〃壹石六斗		
〃	〃	〃	中號鋼板		塊	1	〃五斗		

財產損失報告單　　填送日期 三十五年一月三十一日

損失年月日	事件	地點	損失項目	建築或購置年月	單位	數量	價值：建築或購置時價值	價值：損失時價值	證件
二九年十二月十一	焚燒	黃巷	糙米		担	5	米五石		
			棉被		条	3	〃三石		
			帳子		頂	1	〃一石		
			棉花		斤	10	〃三斗		
			夾衣		身	3	〃一石		
			棉衣		身	3	〃二石		
			單衣		身	8	〃一石		
			大床		張	1	〃二石		
			櫳糠台		張	1	〃一石		
			洋紗			半箱	〃八斗		
			布機		付	1	〃二石		
			圓桶		件	5	〃二石四斗		
			蚕台		張	1	〃五斗		
			蚕篇		隻	8	〃九斗		
			缸鉢		隻	4	〃一石		
			甕頭		个	8	〃二斗		
			銅錫器		件	4	〃五斗		
			衣櫥		隻	1	〃一石		98

51

填報機關名稱　　主管長官職稱及姓名

受損失者 曾金龍　填報者 曾金龙　服務處所與職稱　與受損失者之關係　通訊地址 無錫周潭橋黃巷

33.

財產損失報告單　　填送日期　三十五年一月卅一日

損失年月日	事件	地點	損失項目	建築或購置年月	單位	數量	價值 建築或購置時價值	損失時價值	證件
29年12月11日	焚燒	黃巷	米		石	8		米八石	
〃	〃	〃	八仙檯		張	2		〃弍石四斗	
〃	〃	〃	賬檯		〃	1		〃壹石四斗	
〃	〃	〃	碗櫥		口	1		〃八斗	
〃	〃	〃	衣櫥		〃	3		〃壹石八斗	
〃	〃	〃	單衣		身	28		〃叁石弍斗	
〃	〃	〃	夾衣		〃	6		〃壹石五斗	
〃	〃	〃	棉衣		〃	10		〃五石	
〃	〃	〃	皮衣		件	2		〃四石	
〃	〃	〃	被頭		条	7		〃六石	
〃	〃	〃	床		張	2		〃五石	
〃	〃	〃	帳子		頂	3		〃六石	
〃	〃	〃	缸		只	4		〃八斗	
〃	〃	〃	鍋子		〃	4		〃五斗	
〃	〃	〃	浴鍋		〃	1		〃弍斗	
〃	〃	〃	皮箱		張	2		〃弍石	
〃	〃	〃	板箱		〃	2		〃八斗	

第一四號

損失項目	單位	數量	
毛边紙	令	1	米八斗
火油	听	半	〃五斗
水門汀	袋	2	〃壹石
古文辭類纂	部	1	〃八斗
新字典	本	1	〃贰斗
夹袍	件	2	〃壹石
棉袍	件	3	〃贰石四斗
大衣	件	1	〃四石
皮鞋	双	2	〃壹石贰斗
絨線衫	件	2	〃壹石贰斗
短衫袴	身	10	〃壹石贰斗
各種圖書	册	500	〃七石
小書箱	隻	3	〃五石
小商店各種簿册	册	2000	〃三石
鉛筆	打	14	〃五斗

填報機關名稱　　主管長官職稱及姓名

受損失者 黄巷小學　填報者 黄巷小學　服務處所與職稱　與受損失者之關係　通訊地址 無錫周潭橋黄巷

〃	〃	〃	木箱		只	2	米八斗
〃	〃	〃	靠椅		張	4	〃壹石弍斗
〃	〃	〃	圓桶		件	20	〃叁石
〃	〃	〃	東凳		張	2	〃壹斗
〃	〃	〃	板凳		〃	2	〃壹石
〃	〃	〃	杌子		〃	4	〃壹石弍斗
〃	〃	〃	銅錫器		件	12	〃弍石五斗
〃	〃	〃	蚕格		張	3	〃壹石弍斗
〃	〃	〃	蚕匾		只	30	〃叁石
〃	〃	〃	茶碗		〃	200	〃弍石
〃	〃	〃	猪閘		〃	2	〃叁斗
〃	〃	〃	猪		〃	2	〃叁石
〃	〃	〃	房屋		間	3	〃六十石

填報機關名稱　　　　主管長官職稱及姓名

受損失者　黃有三　　填報者　黃有三　　服務處所　　與受損失者之關係　　通訊地址

财產損失報告單　　填送日期　三十五年一月卅一日

55.

損失年月日	事件	地點	損失項目	建築或購置年月	單位	數量	價值 建築或購置時價值 損失時價值	證件
29年12月11日	焚燒	黄巷	米		石	15	米十五石	
〃	〃	〃	鍋子		只	3	〃六斗	
〃	〃	〃	蠟扦		付	3	〃壹石	
〃	〃	〃	八仙台		張	1	〃壹石弍斗	
〃	〃	〃	靠椅		〃	4	〃弍石	
〃	〃	〃	杌子		〃	4	〃壹石六斗	
〃	〃	〃	半桌		〃	2	〃壹石三斗	
〃	〃	〃	骨牌凳		〃	4	〃壹石弍斗	
〃	〃	〃	板凳		〃	2	〃壹石	
〃	〃	〃	籐椅		〃	2	〃五斗	
〃	〃	〃	籐榻		〃	2	〃壹石四斗	
〃	〃	〃	衣櫥		口	2	〃壹石八斗	
〃	〃	〃	皮箱		只	2	〃弍石	
〃	〃	〃	板箱		〃	2	〃八斗	
〃	〃	〃	被頭櫥		〃	1	〃壹石	
〃	〃	〃	被頭		条	11	〃九石	
〃	〃	〃	旗袍		〃	4	〃四石	
〃	〃	〃	長衫		〃	12	〃八石	

財產損失報告單

填送日期　　年　　月　　日

56.

損失年月日	事件	地點	損失項目	建築或購置年月	單位	數量	價值：建築或購置時價值	價值：損失時價值	證件
29年12月11日	焚燒	〃	呢大衣		件	1	米五石		
〃	〃	〃	灰鼠袍		〃	1	米三石五斗		
〃	〃	〃	羊皮袍		〃	4	〃壹石貳斗		
〃	〃	〃	衛生衫		〃	12	〃貳石		
〃	〃	〃	絨線衫		〃	5	〃四石		
〃	〃	〃	絨毯		條	2	〃壹石貳斗		
〃	〃	〃	線毯		〃	3	〃八斗		
〃	〃	〃	襯單		〃	11	〃貳石四斗		
〃	〃	〃	駝絨袍		件	5	〃大石		
〃	〃	〃	棉衣		〃	6	〃貳石		
〃	〃	〃	壽衣		〃	7	〃叁石		
〃	〃	〃	腰裙		條	10	〃貳石		
〃	〃	〃	單衣		件	200	〃拾石		
〃	〃	〃	夾旗袍		〃	4	〃貳石		
〃	〃	〃	棉花		斤	28	〃八斗		
〃	〃	〃	直羅旗袍		件	34	〃叁石		
〃	〃	〃	直羅長衫		〃	2	〃貳石		

57

〃	〃	〃	梳粧台	〃	只	1	米壹石四斗	
〃	〃	〃	銅錫器		件	12	〃叁石	
〃	〃	〃	圓桶		〃	20	〃五石	
〃	〃	〃	大碗		只	360	〃叁石	
〃	〃	〃	大缸		〃	3	〃五斗	
〃	〃	〃	床		只	3	〃六石	
〃	〃	〃	帳子		頂	3	〃三石	
〃	〃	〃	棉花		件	3	〃壹石弍斗	
〃	〃	〃	倉廒		只	30	〃叁石	
〃	〃	〃	房屋		間	3	〃六十石	

填報機關名稱　　主管長官職稱及姓名

受損失者黄蕭氏　填報者黄蕭氏　服務處所與職稱　與受損失者之關係　通訊地址無錫周潭橋黄巷

財產損失報告單　　　　填送日期　三十五年一月卅一日

損失年月日	事件	地點	損失項目	購置年月	單位	數量	價值：建築或購置時價值	價值：損失時價值	證件
29年12月1日	焚燒	黄巷	米		石	12	米　十弍石		
〃	〃	〃	麥		〃	3	〃　弍石叁斗		
〃	〃	〃	荳餅		担	5	〃　弍石		
〃	〃	〃	单衣		身	64	〃　七石		
〃	〃	〃	夾衣		〃	8	〃　叁石		
〃	〃	〃	棉衣		〃	13	〃　八石		
〃	〃	〃	皮衣		件	2	〃　五石		
〃	〃	〃	線春長衫	—	〃	2	〃　壹石弍斗		
〃	〃	〃	嗶吱長衫		〃	1	〃　弍石弍斗		
〃	〃	〃	華達呢長衫		〃	1	〃　弍石八斗		
〃	〃	〃	絨線衫		〃	2	〃　壹石四斗		
〃	〃	〃	皮鞋		双	2	〃　壹石弍斗		
〃	〃	〃	八仙台		只	2	〃　弍石四斗		
〃	〃	〃	天然机		付	1	〃　壹石六斗		
〃	〃	〃	梳粧台		只	2	〃　壹石四斗		
〃	〃	〃	寫字台		〃	1	〃　叁石		
〃	〃	〃	衣櫥		口	4	〃　叁石弍斗		
〃	〃	〃	皮箱		只	6	〃　五石		
〃	〃	〃	板箱		〃	4	〃　壹石六斗		
〃	〃	〃	靠椅		張	4	〃　壹石四斗		

〃	〃	〃	大小鉄	只	8	米	弍石
〃	〃	〃	鍋子	〃	4	〃	八斗
〃	〃	〃	籐櫥	張	2	〃	弍石
〃	〃	〃	〃椅	〃	2	〃	八斗
〃	〃	〃	春櫈	〃	2	〃	壹石四斗
〃	〃	〃	板条	〃	4	〃	八斗
〃	〃	〃	長櫈	〃	10	〃	壹石
〃	〃	〃	杌子	〃	4	〃	弍石
〃	〃	〃	被頭桶	只	1	〃	壹石
〃	〃	〃	圓桶	件	24	〃	六石
〃	〃	〃	大碗	只	160	〃	壹石六斗
〃	〃	〃	小碗	只	140	〃	八斗
〃	〃	〃	床	張	3	〃	八石
〃	〃	〃	帳子	頂	3	〃	三石
〃	〃	〃	被頭	条	8	〃	八石
〃	〃	〃	蚕台	張	5	〃	叁石
〃	〃	〃	蚕蘆	只	50	〃	五石
〃	〃	〃	猪	〃	2	〃	三石
〃	〃	〃	猪閘	〃	2	〃	五斗
〃	〃	〃	銅錫器	件	36	〃	四石
〃	〃	〃	印棉布	疋	2	〃	弍石
〃	〃	〃	壽器	只	1	〃	八石
〃	〃	〃	農具	件	14	〃	壹石六斗
〃	〃	〃	房屋	間	5	〃	六十五石

59

填報機關名稱　　主管長官職稱及姓名

受損失者　黃立三（印）　填報者　黃立三（印）　服務處所與職稱　與受損失者之關係　通訊地址　無錫周潭橋黃巷

財産損失報告單　　填送日期　三十五年一月三十一日

損失年月日	事件	地點	損失項目	建築或購置年月	單位	數量	價值（建築或購置時價值）	價值（損失時價值）	證件
二九年十二月十一	焚燒	黄巷上	糙更米		石	11	米	十一石	
			蠶格		張	4	〃	二石	
			蠶篇		枱	4	〃	四石	
			八仙枱		張	1	〃	一石二斗	
			椆机		付	1	〃	一石三斗	
			靠椅		張	6	〃	二石	
			各種圓桶		件	42	〃	三石	
			單衣		件	24	〃	二石	
			夾衣		件	12	〃	五石	
			棉衣		件	18	〃	九石	
			被頭		条	4	〃	四石	
			銅錫器		件	12	〃	一石五斗	
			老猪娘		只	1	〃	一石五斗	
			羊		只	3	〃	一石五斗	
			衣櫥		只	2	〃	二石	
			皮箱		只	2	〃	二石	
			大小碗		只	400	〃	三石	
			大床		張	1	〃	二石	
			板條		張	4	〃	二石	

第一五一號

損失項目	單位	數量	
食鍋	隻	2	米三斗
駝絨袍子	件	1	〃一五五斗
秋干菜	斤	32	〃[illegible]石
房屋	間	4	〃八十石

填報機關名稱　　主管長官職稱及姓名

受損失者黃鴻儀（印）　填報者黃鴻儀（印）　服務處所與職稱　與受損失者之關係　通訊地址無錫周潭桥黃巷

財產損失報告單　　填送日期　三十五年一月三十一日

損失年月日	事件	地點	損失項目	建築或購置年月	單位	數量	價值：建築或購置時價值	價值：損失時價值	證件
二九年十二月十一	焚燒	黃巷上	八仙桌		張	1	米　一石二斗		
			靠椅		張	2	〃　八斗		
			四仙桌		張	1	〃　一石		
			衣櫥		只	1	〃　一石		
			板箱		只	3	〃　一石二斗		
			手提箱		只	1	〃　〤斗		
			皮箱		只	3	〃　三石		
			白米		石	6	〃　六石		
			糙米		石	4	〃　四石		
			銅錫器		件	16	〃　一石五斗		
			呢大衣		件	1	〃　四石		
			皮衣		件	3	〃　三石		
			帳子		頂	3	〃　一石五斗		
			大床		張	2	〃　四石		
			棉被頭		条	5	〃　四石		
			大小碗		只	150	〃　一石二斗		
			各種圓桶		件	35	〃　二石〤斗		
			單衣		身	21	〃　二石		
			夾衣		身	7	〃　三石		

損失項目		單位	數量	
棉衣		身	12	米〩石
肉猪		隻	3	〃三石
春干繭		斤	24	〃五石
食鍋		隻	2	〃三斗
壽材		隻	2	〃十四石
房屋		间	2	〃二十石

63

填報機關名稱　　主管長官職稱及姓名

受損失者黃阿五　填報者黃阿五　服務處所與職稱　與受損失者之關係　通訊地址無锡周潭桥黃巷

8

財產損失報告單　　填送日期　三十五年一月三十一日

損失年月日	事件	地點	損失項目	建築或購置年月	單位	數量	價值		證件
							建築或購置時價值	損失時價值	
二九年十二月十一	焚燒	黄巷	擱机		付	1	米一石四斗		
			八仙桌		張	2	〃二石五斗		
			二人橙		張	4	〃四斗		
			碗櫥		隻	1	〃一石		
			鍋子		隻	3	〃六斗		
			大小碗		隻	170	〃二石		
			盆子		隻	60	〃六斗		
			衣櫥		隻	2	〃二石		
			皮箱		隻	3	〃三石		
			手提箱		隻	2	〃一石八斗		
			梳粧枱		張	3	〃三石		
			四仙枱		張	1	〃一石		
			高椅		張	6	〃二石四斗		
			方橙		張	6	〃一石八斗		
			板条		張	4	〃二石		
			大床		張	3	〃八石		
			棕梯		付	1	〃八斗		
			大小板箱		隻	7	〃二石一斗		
			被頭桶		隻	1	〃一石		

財產損失報告單　　填送日期　三十五年　　月　　日

59

損失年月日	事件	地點	損失項目	建築或購置年月	單位	數量	價值 建築或購置時價值	損失時價值	證件
			錫臘件		付	3	米一石		
			銅脚罏		隻	5	〃一石		
			各種銅錫器		斤	30	〃一石		
			蚕枱		張	4	〃二石		
			蚕篇		隻	44	〃四石		
			生漆壽材		隻	1	〃十石		
			帳子		頂	5	〃八石		
			棉被		条	13	〃十三石		
			單被		条	5	〃二石五斗		
			壽衣		套	1	〃四石		
			呢大衣		件	1	〃五石		
			絲棉袍		件	1	〃一石五斗		
			絡紗絨袍		件	1	〃二石		
			線布棉袍		件	1	〃一石		
			綢夾袍		件	1	〃一石		
			嗶嘰單衫		件	1	〃一石五斗		
			熟羅長衫		件	1	〃一石五斗		
			衣布長衫		件	1	〃一石		
			布單衫		件	4	〃一石八斗		

財產損失報告單　　填送日期　三十五年　月　日

損失年月日	事件	地點	損失項目	建築或購置年月	單位	數量	價值：建築或購置時價值	價值：損失時價值	證件
			男女絨線衫		件	2	米 三石		
			四季短衫褲		身	19	〃 三石五斗		
			女短衫褲		身	15	〃 三石		
			男皮袍		件	1	〃 二石		
			女皮襖		件	1	〃 一石五斗		
			小男衣		身	30	〃 三石		
			春干繭		斤	86	〃 十七石		
			秋干繭		斤	57	〃 十石		
			合臘干繭		斤	232	〃 四十六石		
			寄存干繭		斤	27	〃 五石五斗		
			繭袋		隻	32	〃 三石		
			小麥		石	5	〃 四石		
			更米		石	24	〃 二十四石		
			糯米		石	3	〃 三石		
			大小缸		隻	9	〃 三石		
			大小甕		隻	17	〃 七斗		
			大小栲斗		隻	13	〃 一石		
			肉豬		隻	4	〃 四石		
			老豬		隻	1	〃 一石五斗		
			小豬		隻	14	〃 四石二斗		
			羊		隻	3	〃 一石五斗		

財產損失報告單　　填送日期　　年　　月　　日

損失年月日	事件	地點	損失項目	建築或購置年月	單位	數量	價值：建築或購置時價值	價值：損失時價值	證件
			松柴		担	20		米 一石五斗	
			稲柴		担	12		米 四斗	
			絨線外套		件	4		〃 八石	
			絲棉襖袍		件	3		〃 三石	
			水桶		对	4		〃 八斗	
			小紡短衫褲		身	4		〃 二石五斗	
			熟羅短衫褲		身	1		〃 一石	
			籐塌		張	2		〃 一石	
			籐椅		張	2		〃 八斗	
			火油		箱	1		〃 五斗	
			豆餅		担	9		〃 三石	
			小男睏桶		隻	8		〃 二石	
			大小脚盆		隻	5		〃 一石	
			豬食桶		隻	1		〃 三斗	
			各種圓桶		件	48		〃 九石八斗	
			衛生衫		件	4		〃 一石	
			汗衫		件	4		〃 一石	
			車水軸		条	1		〃 一石	

農具	件	24	米 二石四斗
房屋	間	5	
計西木	两	10	〃 三十石
瓦	塊	35000	〃 二十五石
磚	塊	30000	二十五石
石灰	担	70	〃 八石
桐板	方	10	〃 八石
地板	方	8	〃 五石
卅九七葡坵形	本	1	〃 五石
又白冊	本	1	〃 四石
又魚鱗圖	本	1	〃 二石

填報機關名稱　　　主管長官職稱及姓名

受損失者黄旭初　　填報者黄旭初　服務處所與職稱　　與受損失者之關係　　通訊地址

財產損失報告單　　填送日期　三十五年一月卅一日

損失年月日	事件	地點	損失項目	建築或購置年月	單位	數量	價值（建築或購置時價值／損失時價值）	證件
29年12月11日	焚燒	黄巷	米		石	10	米十石	
〃	〃	〃	床		張	2	〃四石	
〃	〃	〃	帳子		頂	2	〃弍石	
〃	〃	〃	棉被		条	5	〃四石	
〃	〃	〃	被單		〃	3	〃七斗	
〃	〃	〃	單衣		件	30	〃叁石	
〃	〃	〃	夾衣		〃	8	〃壹石五斗	
〃	〃	〃	棉衣		〃	6	〃四石	
〃	〃	〃	八仙棹		張	1	〃壹石弍斗	
〃	〃	〃	書棹		〃	1	〃壹石弍斗	
〃	〃	〃	靠椅		〃	2	〃八斗	
〃	〃	〃	杌子		〃	2	〃八斗	
〃	〃	〃	衣橱		〃	1	〃壹石	
〃	〃	〃	箱子		只	2	〃八斗	
〃	〃	〃	銅錫器		件	15	〃叁石	
〃	〃	〃	蚕台		張	3	〃壹石弍斗	
〃	〃	〃	蚕匾		只	30	〃叁石	
〃	〃	〃	茶碗		〃	60	〃五斗	
〃	〃	〃	猪		〃	2	〃弍石四斗	

〃	〃	〃	房屋		間	ㄨ	米四十石

填報機關名稱　　主管長官職稱及姓名

受損失者 黃宗憲　填報者 黃宗憲　服務處所與職稱　與受損失者之關係　通訊地址 無錫周潭橋黄巷

財產損失報告單

填送日期 三十五年一月卅一日

損失年月日	事件	地點	損失項目	建築或購置年月	單位	數量	價值：建築或購置時價值	價值：損失時價值	證件
29年12月11日	焚燒	黃巷	米		石	20		米二十石	
〃	〃	〃	衣橱		口	2		〃弍石	
〃	〃	〃	箱子		只	10		〃叁石	
〃	〃	〃	皮衣		件	2		〃叁石	
〃	〃	〃	駱駝絨袍子		〃	1		〃壹石四斗	
〃	〃	〃	單衣		身	80		〃八石	
〃	〃	〃	夾衣		〃	16		〃叁石弍斗	
〃	〃	〃	棉衣		〃	12		〃拾石	
〃	〃	〃	八仙棹		張	2		〃壹石弍斗	
〃	〃	〃	梳粧棹		〃	1		〃壹石四斗	
〃	〃	〃	蚕棹		〃	5		〃弍石	
〃	〃	〃	蚕匾		只	50		〃五石	
〃	〃	〃	猪		〃	2		〃弍石四斗	
〃	〃	〃	羊		〃	3		〃壹石五斗	
〃	〃	〃	缸甏		〃	30		〃壹石	
〃	〃	〃	大小碗		〃	200		〃弍石	
〃	〃	〃	脚爐		〃	3		〃八斗	
〃	〃	〃	燭扦		付	2		〃七斗	

71

〃	〃	〃	浴盆		对	2	米叁斗	
〃	〃	〃	各様櫈		張	15	〃弍石	
〃	〃	〃	提箕桶		件	4	〃壹石弍斗	
〃	〃	〃	床		張	2	〃四石	
〃	〃	〃	被頭		条	6	〃五石	
〃	〃	〃	房屋		間	3	〃六十石	

填報機關名稱　　主管長官職稱及姓名

受損失者 黄洪道　填報者 黄洪道　服務處所　與受損失　通訊

財産損失報告單　　填送日期　三十五年一月三十一日

損失年月日	事件	地點	損失項目	建築或購置年月	單位	數量	價值：建築或購置時價值	價值：損失時價值	證件
二九年十二月十一	焚燒	黄巷	蚕匾		隻	30	米三石		
			八仙台		張	1	〃一石二斗		
			擱机		付	1	〃一石四斗		
			大缸		隻	1	〃三斗		
			小麦		石	5	〃四石		
			老絲車		部	2	〃五斗		
			米囤架		付	1	〃五斗		
			板条		时	1	〃四斗		
			杌子		时	4	〃一石六斗		
			大橱		隻	1	〃一石		
			直流三灯机		隻	1	〃一石五斗		
			銀手飾		两	10	〃一石五斗		
			金圈		付	一个 1	〃一石		
			銅元		千	30	〃一石		
			皮箱		隻	1	〃一石		
			灘皮男袍		件	1	〃四石		
			又女袍		件	1	〃二石五斗		
			羔皮袍		件	1	〃二石五斗		

損失項目	單位	數量	
羔皮女襖	件	1	米一石
絲棉袍	件	1	〃二石
頭绳外套	件	1	〃八斗
頭绳衫	件	1	〃八斗
絲棉袴	件	2	〃五斗
直羅短衫	身	1	〃一石
纺绸衫袴	身	5	〃三石
線毯	条	1	〃一石
绸被面	個	2	〃六斗
圍巾	条	2	〃四斗
十二级梯	眿	3	〃五斗
房屋	间	1	〃二十石

填報機關名稱　　主管長官職稱及姓名

受損失者黃茹經　填報者黃茹經　服務處所與職稱　與受損失者之關係　通訊地址無錫周潭橋黃巷

财產損失報告單　　填送日期　三伍年　一月卅一日

損失年月日	事件	地點	損失項目	建築或購置年月	單位	數量	價值：建築或購置時價值	價值：損失時價值	證件
29年12月11日	焚燒	黄巷	蚕匾		隻	11	米一石		
〃	〃	〃	蚕大		隻	30	〃一石		
〃	〃	〃	梱埝木		根	3	〃八斗		
〃	〃	〃	打米架		付	1	〃五斗		
〃	〃	〃	八仙枱		张	1	〃一石弍斗		
〃	〃	〃	二人櫈		张	2	〃壹斗		
〃	〃	〃	梱机		付	1	〃一石四斗		
〃	〃	〃	蚕枱		张	2	〃八斗		
〃	〃	〃	房屋		间	1	〃念石		

第七六三號

填報機關名稱　　　　　主管長官職稱及姓名

受損失者 黃如桂　填報者 黃如桂　服務處所與職稱　與受損失者之關係　通訊地址 無錫周潭橋黃巷

財產損失報告單　　填送日期　三十五年一月三十一日

損失年月日	事件	地點	損失項目	建築或購置年月	單位	數量	價值：建築或購置時價值	價值：損失時價值	證件
二九年十二月十一日	焚燒	黄岙	穀		担	60	米三十石		
〃	〃	〃	八仙台		張	1	〃壹石弍斗		
〃	〃	〃	小麦		担	3	〃壹石五斗		
〃	〃	〃	白米		担	3	〃三石		
〃	〃	〃	秋干茧		斤	15	〃弍石五斗		
〃	〃	〃	大床		張	2	〃叁石弍斗		
〃	〃	〃	棉被		条	2	〃壹石五斗		
〃	〃	〃	長衫		件	3	〃壹石弍斗		
〃	〃	〃	棉衣		身	7	〃叁石		
〃	〃	〃	小男衣		身	10	〃壹石		
〃	〃	〃	銅錫器		件	14	〃叁石		
〃	〃	〃	鍋子		隻	3	〃壹石		
〃	〃	〃	板条		張	3	〃壹石		
〃	〃	〃	蚕台		張	2	〃八斗		
〃	〃	〃	蚕篇		隻	20	〃弍石		
〃	〃	〃	圓桶		件	13	〃叁石		
〃	〃	〃	箱子		隻	5	〃弍石		
〃	〃	〃	壽材		隻	2	〃十四石		

損失項目	單位	數量	
紅花大碗	隻	150	米壹石五斗
紅花小碗	隻	200	〃壹石
紅花盆子	隻	100	〃六斗
磨子	付	1	〃五斗
車水軸	条	1	〃壹石
房屋	间	1	〃二十石

填報機關名稱　　　　主管長官職稱及姓名

受損失者黃阿祥　填報者黃阿祥　服務處所與職稱　與受損失者之關係　通訊地址無錫周潭橋黃巷

財產損失報告單

填送日期 三十五年一月三十一日

損失年月日	事件	地點	損失項目	建築或購置年月	單位	數量	價值 建築或購置時價值	價值 損失時價值	證件
二九年十二月十一	焚燒	黄巷	桑台		張	1	米五斗		
			大長桶		隻	2	〃ス斗		
			立橥		隻	1	〃三斗		
			鍋子		隻	1	〃二斗		
			棉被		条	2	〃二石		
			布疋		尺	20	〃五斗		
			八仙台		張	1	〃一石二斗		
			長櫈		張	3	〃二斗		
			大脚盆		隻	1	〃四斗		
			水桶		隻	2	〃ス斗		
			大缸		隻	2	〃五斗		
			[illegible]衣		件	10	〃二石		
			穀		担	22	〃十石		
			大小碗		隻	120	〃一石		
			春櫈		張	1	〃一石		
			房屋		间	2	〃四十石		

填報機關名稱　　　　　　　　主管長官職稱及姓名

受損失者黃阿壽　填報者黃阿壽　服務處所與職稱　與受損失者之關係　通訊地址無錫周潭橋黃巷

財產損失報告單　　填送日期　三十五年一月三十一日

損失年月日	事件	地點	損失項目	建築或購置年月	單位	數量	價值		證件
							建築或購置時價值	損失時價值	
二九年十二月十一	焚燒	黄巷	家用圓桶		件	24	米四石		
			靠椅		張	2	〃一石六斗		
			長橙		張	2	〃二斗		
			方橙		張	2	〃六斗		
			八仙枱		張	1	〃一石二斗		
			梳粧枱		張	1	〃一石		
			竹碗櫥		張	1	〃五斗		
			木床		張	1	〃二石		
			帳子		頂	1	〃一石		
			棉被		条	3	〃三石		
			單衣		件	15	〃二石		
			棉衣		件	12	〃六石		
			夾衣		件	10	〃三石		
			大小缸		隻	3	〃一石		
			蚕枱		張	1	〃五斗		
			蚕篇		枱	1	〃一石		
			白米		石	4	〃四石		

損失項目	單位	數量	
棉花	斤	5	米一斗
大小碗	隻	80	米八斗
飯鍋	隻	2	〃四斗
鍋蓋	个	2	〃二斗
衣櫥	隻	2	〃二石
箱子	隻	2	〃八斗
春干茧	斤	11	〃二石
秋干茧	斤	7	〃一石二斗
房屋	间	1	〃二十石

填報機關名稱　　主管長官職稱及姓名

受損失者 黄宗漢　填報者 黄宗漢　服務處所與職稱　與受損失者之關係　通訊地址 無錫周潭橋黄巷

财產損失報告單　　填送日期　三十五年一月卅一日

損失年月日	事件	地點	損失項目	建築或購置年月	單位	數量	價值：建築或購置時價值	價值：損失時價值	證件
二十九年十二月十一		横塹橋	縣立小學						
	掃蕩進攻	方湖鄉十一保第五甲第十三户	周巷橋小學						
			大黑板		塊	1			
			小黑板		塊	4			
			双人課枱		張	40			
			單坐式櫈		張	70			
			風琴		只	1			
			晨鐘		只	1			
			中號鋼板		塊	1			
			鐵筆		枝	1			
			梯架		付	3			
			办公枱		張	3			
			圖書本		篮	4			

填報機關名稱　主管長官職稱及姓名

受損失者 周潭橋小學校 填報者 邵國祥 服務處所與職稱 與受損失者之關係 通訊地址 無錫周潭橋

財產損失報告單　　填送日期三十五年一月卅一日

損失年月日	事件	地點	損失項目	建築或購置年月	單位	數量	價值		證件
							建築或購置時價值	損失時價值	
二十九年十二月十一		横塹橋	豐昌祥蒲行						
	掃蕩進攻	方湖鄉十一保第五甲十三户	房屋		間	48			
			大樓		間	10			
			蒲灶		付	24			
			蒲格		只	1200			
			蒲篮		只	6000			
			芦蓆		件	120			
			松板		塊	70			
			梯架		付	16			
			秤		根	6			
			梯		張	3			
			美油燈		只	15			
			錢箱		只	3			
			張枱		張	8			
			方枱		張	12			
			櫈子			30			
			扛篮		只	20			
			秤篮			12			

85

水缸	只	8
鍋子	只	3
飯桶	只	6
太平小水龍	具	1
樹柴	担	80
檐桶	付	1

填報機關名稱　　主管長官職稱及姓名

受損失者豐昌祥繭行　填報者邵國祥　服務處所與職稱　與受損失者之關係　通訊地址 無錫周潭橋

12

財產損失報告單　　填送日期　三十五年一月卅一日

損失年月日	事件	地點	損失項目	建築或購置年月	單位	數量	價值		證件
							建築或購置時價值	損失時價值	
二十九年十二月廿一	掃蕩進攻	横塍橋方湖鄉第十一保第五甲第十三户	家畜						
			大猪		只	2			
			羊		只	3			
			用具						
			蠶篇		只	30			
			蠶枱		張	3			
			車水軸		条	1			
			水車		部	1			
			稻床		付	1			
			櫈子		張	8			
			椅子		張	2			
			枱子		張	1			
			衣橱		具	1			
			鏡枱		張	1			
			皮箱		只	2			
			木箱		只	1			
			提桶		只	2			
			脚盆		只	2			
			糞桶		付	1			

衣服		
皮袍	件	1
女袍	件	1
棉袴	条	2
棉被	条	4
女人外套	条	1
絨線衫	条	1
大衣	件	1
頭繩帽	頂	1
土布短衫袴	套	2
碗	只	60
鍋子	只	2
帳子	頂	2
米	石	8
花旗布	匹	2
麥	斗	7
坐鐘	只	1

第一七六號

填報機關名稱　　主管長官職稱及姓名

受損失者　邰國祥　填報者　邰國祥　服務處所與職稱　與受損失者之關係　通訊地址　無錫周潭橋

財產損失報告單　　填送日期三十五年一月卅一日

88

損失年月日	事件	地點	損失項目	建築或購置年月	單位	數量	價值：建築或購置時價值	價值：損失時價值	證件
二十九年十二月十一	掃蕩進攻	横塘橋方湖鄉第十一保第五甲十四户	家用						
			蠶篇		隻	28			
			蠶枱		張	3			
			枱子		張	1			
			長枱		張	1			
			椅子		張	4			
			櫈子		張	6			
			水桶		付	1			
			皮箱		只	2			
			大橱		具	1			
			手提皮箱		只	1			
			衣服						
			絨線衫		件	1			
			羔皮袍		件	2			
			長衫		件	2			
			女人大衣		件	1			
			男人大衣		件	1			
			絨繩外套		件	1			

棉被	条	3
被單	条	1
床	張	1
米	石	5

填報機關名稱　　主管長官職稱及姓名

受損失者 邵國慶　填報者 邵國慶　服務處所與職稱　與受損失者之關係　通訊地址 無錫周潭橋

財產損失報告單　　填送日期三十五年一月卅一日

損失年月日	事件	地點	損失項目	建築或購置年月	單位	數量	價值		證件
							建築或購置時價值	損失時價值	
廿九年十一月十四日	掃蕩進攻	小卷上 方湖鄉 十保九甲 一户	房屋		间	3			
			衣櫥		隻	1			
			箱櫥		隻	1			
			大箱子		隻	1			
			板箱		隻	1			
			官箱		隻	1			
			蚕枱		張	8			
			蚕匾		隻	88			
			八仙枱		張	1			
			梳裝枱		張	1			
			長枱		張	1			
			挑水桶		隻	2			
			脚盆		隻	2			
			糞桶		隻	2			
			梯		張	2			
			粉桶		隻	2			
			飯桶		隻	2			
			脚爐件		隻	2			
			糙米		石	1			

壽材	具	1
床	張	2
帳子	頂	2
棉被	条	2
壽衣		全身
老母猪	隻	1
羊	隻	1
米	石	10

90

填報機關名稱　　主管長官職稱及姓名

受損失者 皮董氏 皮董氏印　　填報者 張榮德　服務處所與職稱　　與受損失者之關係 鄰居　通訊地址 無錫南鄉周潭橋小巷上

財產損失報告單　　填送日期三十五年一月廿一日

損失年月日	事件	地點	損失項目	建築或購置年月	單位	數量	價值（建築或購置時價值）	價值（損失時價值）	證件
民國廿九年十一月十三日	掃蕩進攻	小巷上方胡卿十保九甲二戶	房屋		间	2			
			床		張	2			
			帳子		頂	2			
			八仙枱		張	1			
			梳裝枱		張	1			
			大櫥		隻	1			
			桶		隻	3			
			大脚盆		隻	2			
			小脚盆		隻	2			
			椅子		張	2			
			櫈子		張	2			
			粉桶		隻	3			
			飯桶		隻	3			
			蚕枱		張	5			
			蚕匾		隻	40			
			白米		石	1			
			[illegible]件		隻	2			

腳爐	隻	3
挑水桶	隻	4
酒壺	把	2
箱橱	隻	1
箱子	隻	1
板箱	隻	1
被頭	条	2

第一八五號

填報機關名稱

主管長官職稱及姓名

受損失者 皮鄒氏

填報者 張榮德

服務處所與職稱

與受損失者之關係 鄰居

通訊地址 無錫南門周潭橋小巷

財産損失報告單　　填送日期三十五年一月卅一日

損失年月日	事件	地點	損失項目	建築或購置年月	單位	數量	價值：建築或購置時價值	價值：損失時價值	證件
廿九年十一月十二日	掃蕩進攻	小巷上方明鄉十保九甲泞	房屋		間	1			
			大橱		隻	1			
			梳装枱		張	1			
			板條		張	1			
			櫈子		張	2			
			床		座	1			
			帳子		頂	1			
			蚕枱		張	1			
			蚕匾		隻	10			
			老母猪		隻	1			
			小猪		隻	11			
			桶		隻	2			
			挑水桶		隻	4			
			大脚盆		隻	1			
			中脚盆		隻	1			
			小脚盆		隻	1			

粉	桶	隻	2
飯	桶	隻	2
茶	桶	隻	1
薰	桶	隻	2
爛	件	對	1

93

填報機關名稱

主管長官職稱及姓名

受損失者 皮炳良 （印）

填報者 張榮德 （印）

服務處所與職稱

與受損失者之關係 鄰居

通訊地址 無錫南鄉周潭橋小巷上

财产损失报告单　　填送日期35年1月30日

损失年月日	事件	地点	损失项目	建筑或购置年月	单位	数量	价值 建筑或购置时价值	价值 损失时价值	证件
廿九年十二月十一	扫荡进攻	小巷上第十保第九甲第四户	瓦屋住房		间	1			
			床		张	2			
			帐子		顶	2			
			棉被		条	3			
			被单		条	2			
			大橱		具	1			
			板箱		只	3			
			箱橱		具	1			
			梳粧枱		张	1			
			梯		张	1			
			椅子		张	2			
			杌子		张	2			
			条櫈		张	1			
			圆桶大小		件	25			
			铜锡器		件	10			
			磁碗		只	100			
			瓦缸		只	4			
			蚕枱		张	2			

第一六九號

蠶篇	只	20	
蠶帳	頂	1	
白米	石	5	
大猪	只	3	
羊	只	2	
棉衣	身	廿	
單衣	身	5	
夏衣	身	5	

填報機關名稱　　主管長官職稱及姓名

受損失者　張子根　填報者　張敬仲　服務處所與職稱　與受損失者之關係　通訊地址

财產損失報告單　　填送日期35年1月3[illegible]日

損失年月日	事件	地點	損失項目	建築或購置年月	單位	數量	價值（建築或購置時價值）	價值（損失時價值）	證件
廿九年十二月十一	掃蕩進攻	小巷上第十保第九甲第五户	瓦屋住房		間	1			
			床		張	1			
			帳子		項	1			
			棉被		条	1			
			被单		条	1			
			大橱		具	1			
			矮橱		具	1			
			大箱子		只	1			
			皮箱		只	1			
			八仙枱		張	1			
			梳粧枱		張	1			
			椅子		張	2			
			杌子		張	2			
			大脚盆		只	1			
			小脚盆		只	1			
			料桶		只	1			
			糞桶		只	2			
			水提桶		只	4			
			猪食桶		只	1			

95

130

		白米		石	5		
		男女棉衣		件	2		
		上下單衣		身	4		
		零碎布匹		个	6		
		用具					
		蠶枱		張	1		
		蠶匾		只	10		
		春橙		張	1		
		銅錫器		件	10		
		磁器		樣	100		
		大缸		只	1		
		鑵頭		个	10		
		田單		另行			
		契紙		登報			

96

填報機關名稱　　主管長官職稱及姓名

受損失者　張子昌　填報者　張敬仲　服務處所與職稱　與受損失者之關係　通訊地址

財產損失報告單　　填送日期35年1月31日

損失年月日	事件	地點	損失項目	建築或購置年月	單位	數量	價值：建築或購置時價值	價值：損失時價值	證件
二十九年十二月十一	掃蕩進攻	小巷上第十保第九甲第六户	瓦屋住房		间	1			
			帳子		頂	1			
			床		張	2			
			被頭		条	3			
			被单		条	2			
			大橱		具	1			
			箱子		只	2			
			箱橱		具	1			
			梳粧枱		張	1			
			椅子		張	2			
			杌子		張	2			
			大小圓桶		件	30			
			糞桶		只	2			
			四季衣衫		身	6			
			蠶枱		張	2			
			蠶匾		只	20			
			白米		石	10			
			羊		只	2			
			猪		只	3			

97

銅錫器	件	16
碗	只	50
大缸	只	2
梯	張	1
書箱	具	1
古畫	軸	5
譜箱	具	1

填報機關名稱　　主管長官職稱及姓名

受損失者　張敬仲　　填報者　張敬仲　　服務處所與職稱　　與受損失者之關係　　通訊地址

財產損失報告單

填送日期三十五年一月廿一日

損失年月日	事件	地點	損失項目	購置年月	單位	數量	價值：購置時價值	價值：損失時價值	證件
民國二十九年十一月十三日	掃蕩進攻	小巷上刘胡鄉十保九甲十七户	房屋		間	1			
			箱櫥		隻	1			
			箱子		隻	1			
			宮箱		隻	1			
			板箱		隻	1			
			桶		隻	1			
			之盤		隻	2			
			挑水桶		隻	2			
			斂桶		隻	2			
			燭件		對	2			
			茶壺		隻	1			
			銅盆		隻	1			
			腳爐		隻	1			
			碗		隻	70			
			被單		条	1			
			現鈔		國幣元	80			
			椅子		隻	2			

99

財產損失報告單　　填送日期　　年　　月　　日

損失年月日	事件	地點	損失項目	建築或購置年月	單位	數量	價值（購置時價值／損失時價值）	證件

填報機關名稱　　主管長官職稱及姓名

受損失者　張楊氏　　填報者　張榮德　　服務處所與職稱　　與受損失者之關係　母子　　通訊地址　無錫南鄉周潭橋小巷上

锡甲新字1087号

35.2.1.收

108

胡荃关于敌寇杀夫许心鲁等公孙三代并焚毁全部房屋请求赔偿事致无锡县政府的呈（一九四六年二月一日收）

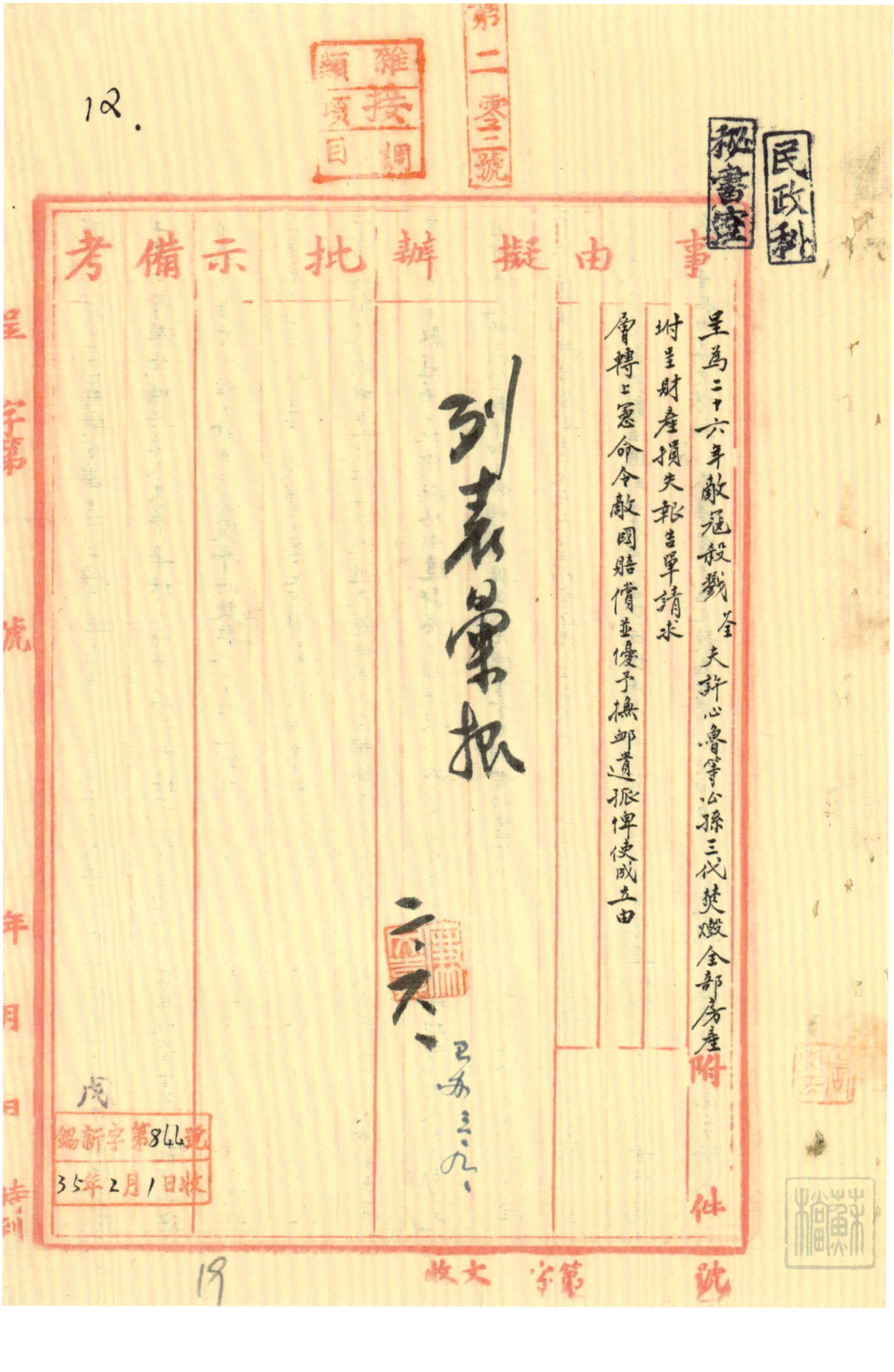

12.

雜項 接調 目

第二零二號

秘書室

民政科

事由	擬辦	批示	備考
呈為二十六年敵寇殺戮荃夫許心魯等公孫三代焚燬全部房產附呈財產損失報告單請求鈞會轉上憲命令敵國賠償並優予撫卹遺孤俾使成立由		列表彙报 二六 已办 二.九	

錫新字第844號

35年2月1日收

附件 號

文 收 字 第

19

竊查
夫許心魯字師衡曾畢業於上海交通大學中院並在本邑國學專修學校第一屆畢業初任崇本工商中學教職繼與邑人朱夢華楊小荔等服務於梅園豁然洞讀書處教授學生英文數理等課自民十六至二十六經十餘年向為後學所欽敬八一三淞滬戰起敵寇侵入本邑氏夫即携氏及大女小銓二女小琰三子南洋四女小珍五女小蘭等一家七口避難至故鄉席祁許巷十月二十日左右敵前鋒將達之時氏夫心魯屢勸先翁舜選先姑周氏逃避先翁姑因不忍離鄉背井堅不肯行氏夫亦出於孝心隨侍不去詎至十月廿二日敵寇第一批衛殺隊到達許巷大肆燒殺氏夫一家均被拖至空場當場即將氏夫及三子南洋先翁舜選先姑周氏二叔中和三叔師文公孫三代凡係男丁不問老幼盡被用刺刀當場殺戮並將屍體拖集屋中點火焚燒致房屋財產立成灰燼死事之慘亘古未有氏及四女雖被拖出僅遭毆辱當時目覩此情立見昏絶隔日一部兇敵去後即由未遭毒手之鄉民代為掩埋氏乃携四女躲避他鄉然生活無着幸得親友零星救助畧免凍餒查本畢業于邑之競志女學欲使四女成人乃來城先後在埃實亭子橋東林

20

13.

第二零四號

雜接調項目

等小學担任教職粗度生活現大女小銓以生活艱困未能續學入廠習藝迄未成立次女小琰寄養戚家遠入
內地四女小珍五女小蘭均稚齡尚待教育茲令生活日高氏實無力再支含寃八載欲哭無淚欲訴無門今
幸天日重覩敵寇屈膝我政府亦早有明文頒佈使人民伸訴財產損失情可向萬惡之敵國賠償為特
具呈將敵寇殺戮氏夫公孫三代並焚燬全部房屋之慘情報請
鈞府鑒核伏祈特加憐憫優予撫卹並請
層轉上峯命令敵國賠償俾使孤弱得以成立先翁先夫地下有知亦得瞑目於萬一豈獨苦命如荃感恩
啚報而已哉
謹呈
附呈　損失財產報告單乙份
無錫縣縣長范

具呈人　許門胡荃

住址　新生路九十六號後進

中華民國叁拾伍年壹月日

附：财产损失报告单（一九四六年一月）

財產損失報告單

填送日期　35年1月　日

損失年月日	事件	地點	損失項目	建築或購置年月	單位	數量	價值（國幣元）建築或購置時價值	價值（國幣元）損失時價值	證件
26年10月22日	許巷大燒殺	庫祁許巷	房屋	祖遺產業	幢	1	不詳	4,000.-	
〃	〃	〃	木器	絡續購置	件	30	2000.-	2,500.-	
〃	〃	〃	箱籠	〃	件	10	1,800.-	2,000.-	
〃	〃	〃	皮綢衣	〃	件	80	2,500.-	3,000.-	
〃	〃	〃	銅錫器	〃	件	50	800.-	1,000.-	
〃	〃	〃	金器	〃	兩	10	1400.-	1,600.-	
〃	〃	〃	零星用具	〃	件	100	1,300.-	1,500.-	
〃	〃	〃	現鈔	〃	元		5,000.-	5,000.-	
〃	〃	〃	銀元	〃	個	500	500.-	500.-	

永春潤監製

通裕利大茧行孙励青关于茧行被敌寇焚毁请求赔偿事致无锡县政府的呈（一九四六年二月五日收）

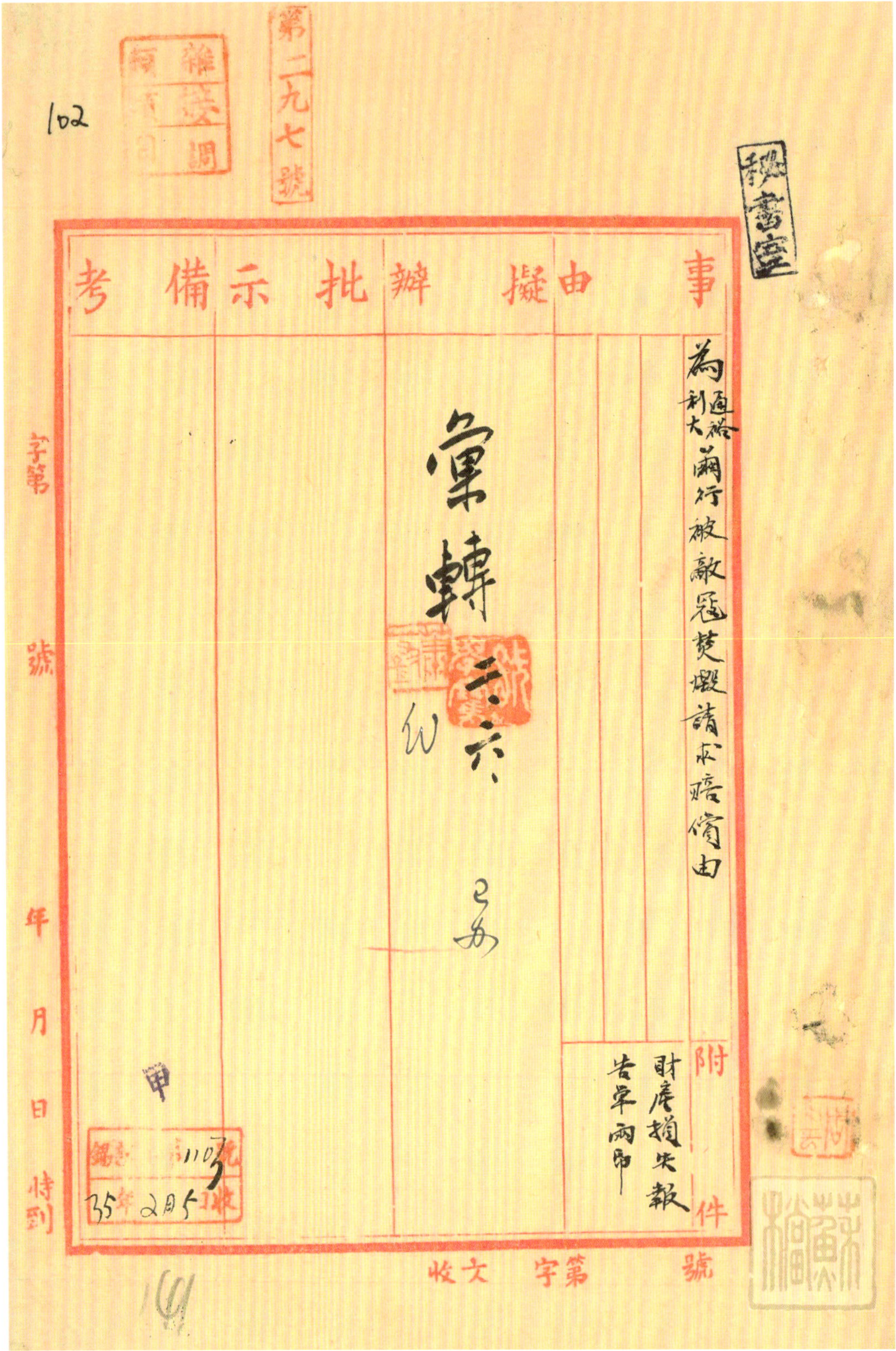
102
第二九七號
秘書室
事由：為通裕利大繭行被敵寇焚燬請求賠償由
擬辦：彙轉 二·六
附件：財產損失報告單兩份
收文 字第 號
35年2月5日

呈為通裕利大繭行淪陷時被敵轟炸焚燬、請求賠償救濟、以維民生事、竊本行坐落新合鄉、東臨皋橋、南側惠山、北濱運河、及京滬鐵路、為常錫水陸要道、行之面積、計有九畝五分、平屋樓房計九十六間、繭灶七十二副、以及全行生財、當二十六年夏曆十月中旬、滬蘇淪陷時、國軍退守錫常、尋覓駐軍重地、民粗具學識、愛國心切、祇求國家之勝利、不計私人之財產、即以本行廣大房屋、形勢扼要、貢獻於國軍、國軍以為東既可控皋橋、南又可制惠山、隨容兵一師之多、而即為敵寇目標、飛機時來轟炸、全行隨遭焚燬、誰知本行係私人財產、全家生活、

103

第二九八號

藉春秋兩季出租租金、以爲維持、時經八載、毫無收入、苦不堪言、今則果真勝利、山河光復、民間損失賠償有期、爲此專呈上達、懇求恩准照額賠償、以濟民生、財產損失報告單兩份一併附呈、不勝感恩謹呈

無錫縣縣長范

公鑒

通裕利大繭行行主孫勵青

住址 新合鄉潘對

143

中華民國三十五年二月日

144

附：孙励青财产损失报告单（一九四六年二月）

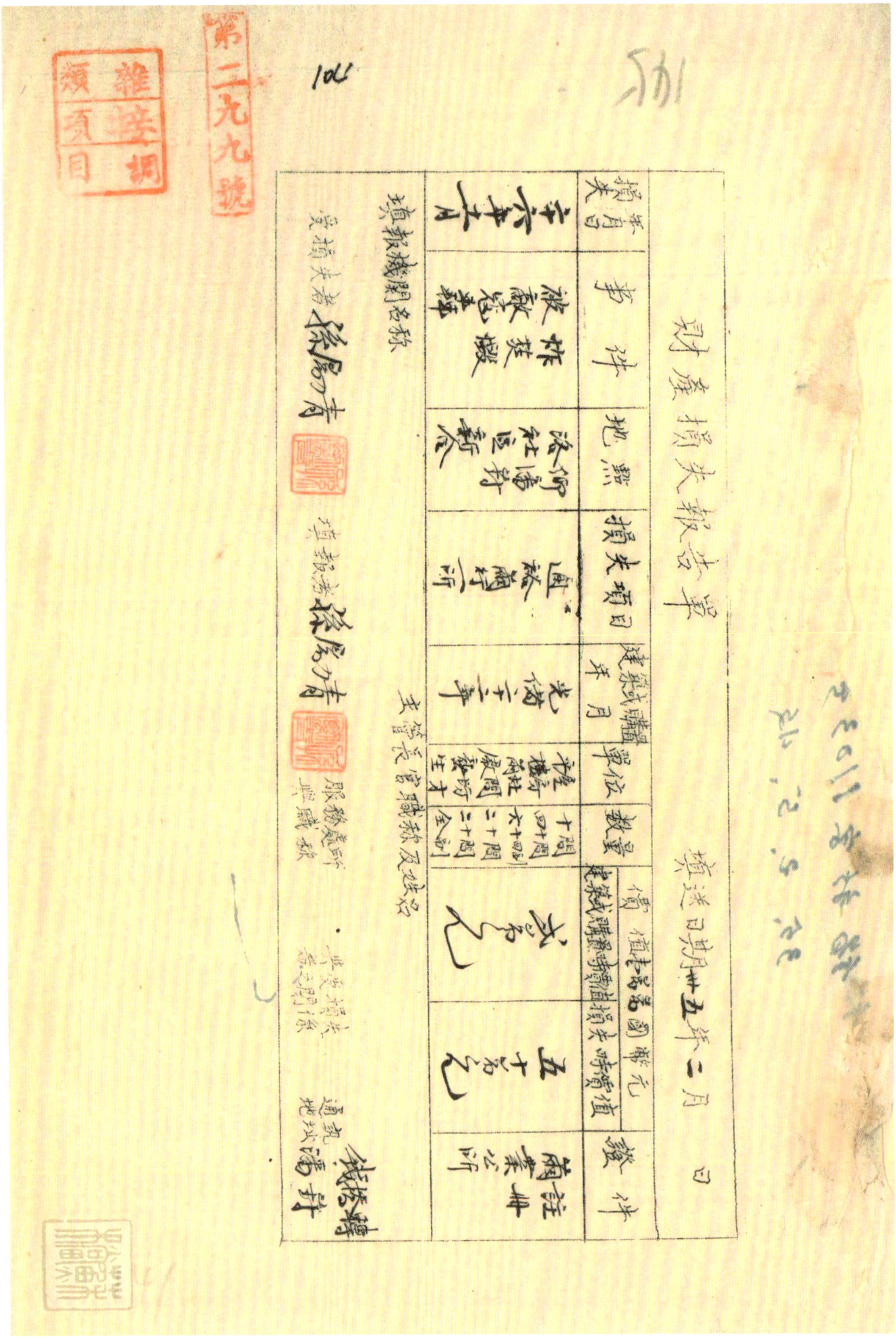

财产损失报告单

填送日期卅五年二月　日

损失年月日	事件	地点	损失项目	购置或建筑年月	单位	数量	价值（国币元）购置或建筑时价值	损失时价值	证件
廿六年十一月	被敌炮轰炸烧毁	[illegible]	住宅商行一所	光绪二十二年	[illegible]	十四间 二十间 全部	贰万元	五十万元	商会证明书

受损失者　孙励青

填报机关名称

服务处所与所任职务

与受损失者之关系

通讯地址　[illegible]

填报者　孙励青

財產損失報告單

填送日期卅五年二月　日

損失年月日	事件	地點	損失項目	建築或購置年月	單位	數量	價值五百萬國幣元 建築或購置時價值	損失時價值	證件
廿六年十一月	被敵寇轟炸焚燬	洛社區新合鄉潘封	利大爾行一所	民國十七年三月	平屋 兩灶 生才	六間 八副 全副	弍千元	弍萬元	行帖

填報機關名称　　主管長官職称及姓名

受損失者 孫勵青　填報者 孫勵青　服務處所與職務　與受損失者之關係　通訊地址 錢橋轉潘封

无锡县城区区署为转报成丰染织厂被敌进攻损失事致无锡县党政接收委员会的呈（一九四六年二月六日）

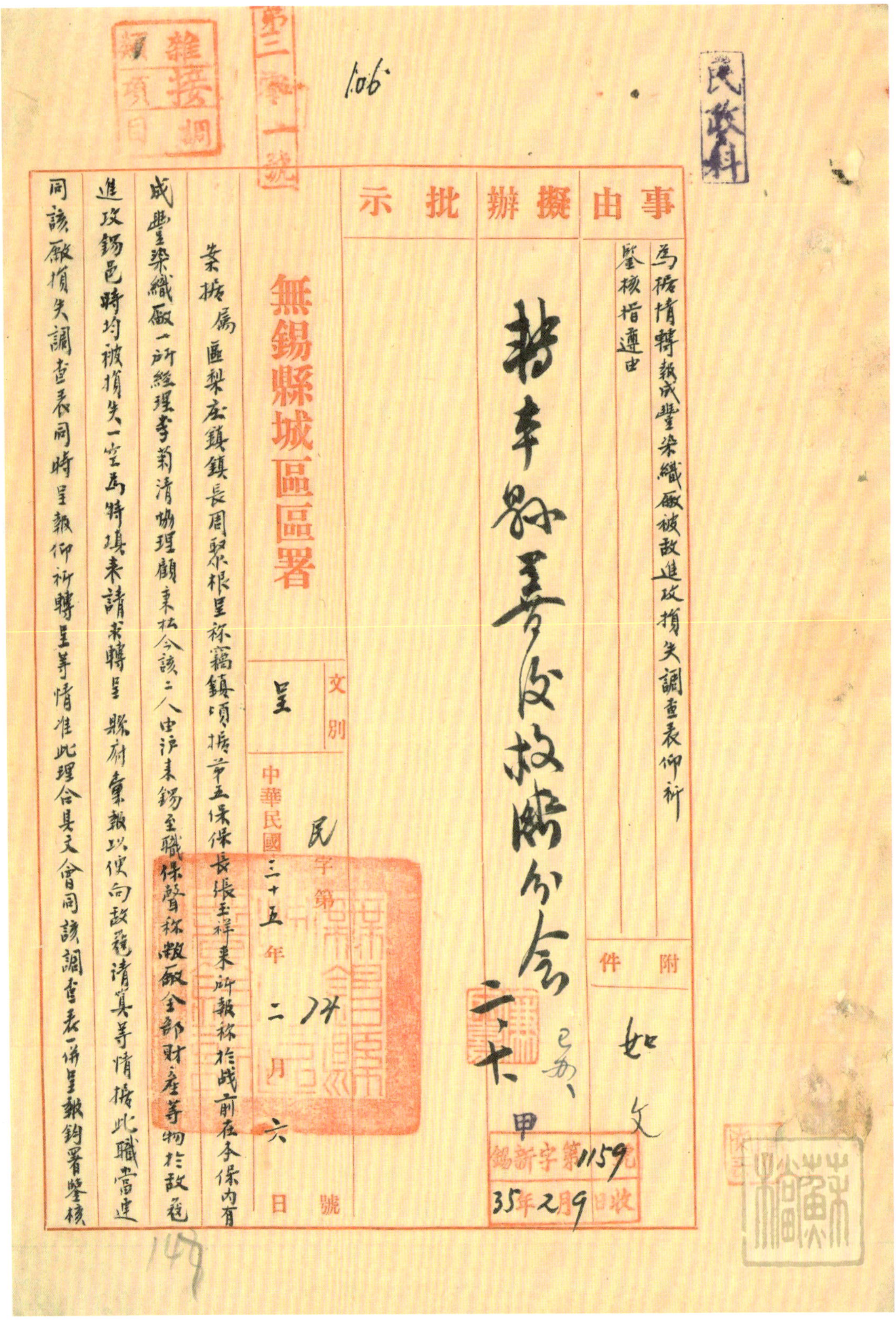

事由：為據情轉報成豐染織廠被敵進攻損失調查表仰祈鑒核指遵由

擬辦：轉本縣善後救濟分會 二、六 已辦 甲

附件：如文

批示：

無錫縣城區區署

文別：呈

民字第74號

中華民國三十五年二月六日

案據屬區梨庄鎮鎮長周聚根呈稱：竊鎮頃據第五保保長張玉祥來所報稱：於戰前在本保内有成豐染織廠一所，經理李菊清，協理顧東杜，今該二人由滬來錫至職保聲稱：敝廠全部財産等物於敵寇進攻錫邑時均被損失一空，爲特填來請求轉呈縣府彙報，以便向敵寇清算等情。據此，職當連同該廠損失調查表同時呈報，仰祈轉呈等情。準此，理合具文，會同該調查表一併呈報鈞署鑒核。

錫新字第1159號

35年2月9日收

備查並祈彙轉是盼以副民瘼實爲德便等情據此理合檢同是項損失調查表具文轉呈仰祈
鑒核指令祇遵寔爲公便
謹呈
無錫縣黨政接收委員會主任委員 [illegible]汜
計附呈損失調查表一份
城區一區區長沈濟之（印）呈

148

附：成丰染织厂财产损失调查表（一九四六年一月十七日）

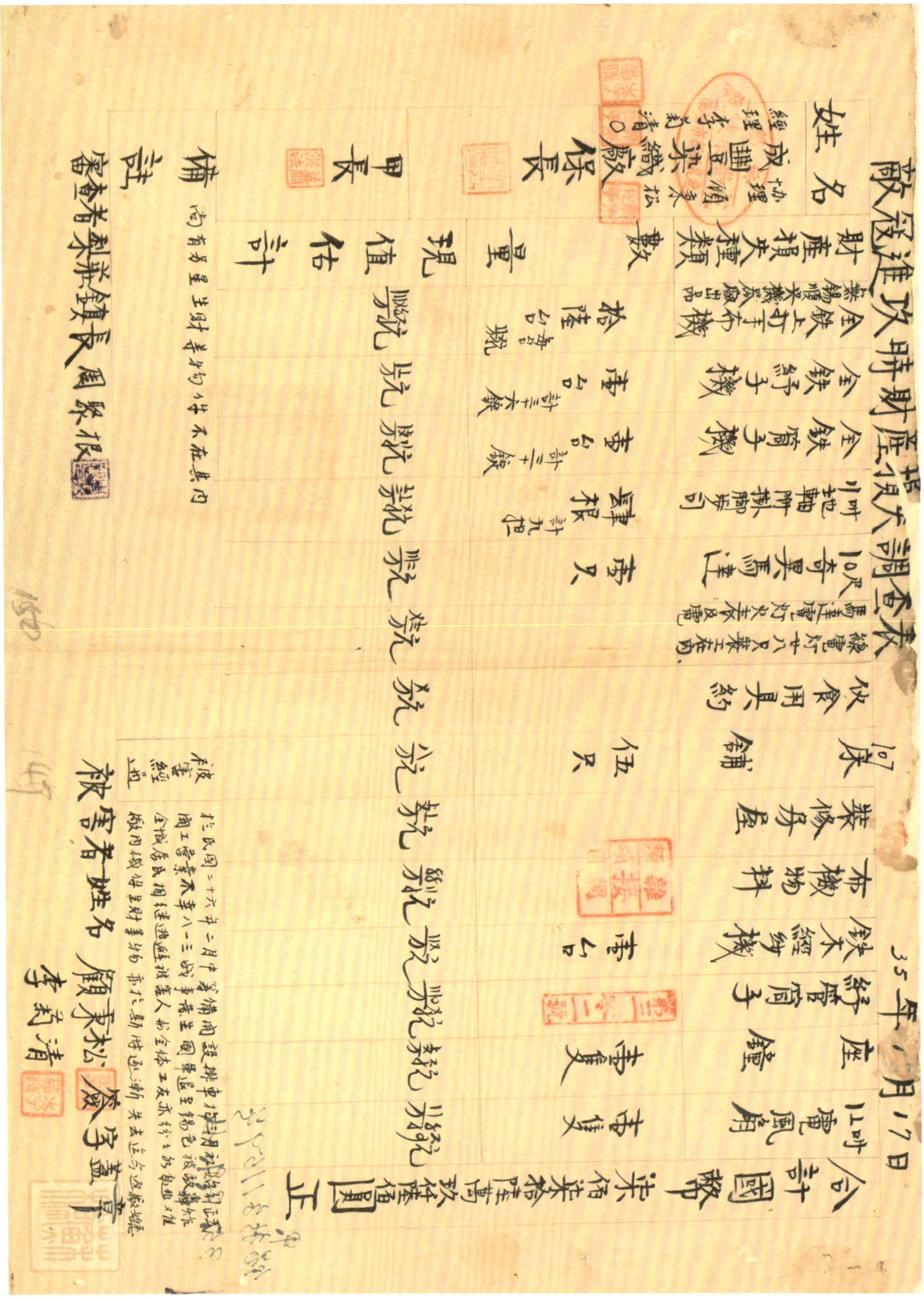

敵寇進攻時財產損失調查表　35年1月17日

姓名	財產損失種類	數量	現值估計
成豐染織廠 協理 顧東松 經理 李菊清	全鉄上扦手布機 無錫順昌機器廠出品	拾陸台	暫缺
	全鉄紆子機	壹台 計三十六錠	暫缺
	全鉄筒子機	壹台 計三十錠	暫缺
保長	11吋地軸附掛腳步司	肆根 計九担	暫缺
	10尺奇異馬達	壹只	暫缺
	馬達電灯火表及電綫電灯廿八只裝工在內		暫缺
甲長	伙食用具約		暫缺
	床鋪	伍只	暫缺
	裝修房屋		暫缺
	布機物料		暫缺
	鉄木經紗機	壹台	暫缺
	紆管筒子		暫缺
	座鐘	壹隻	暫缺
	11吋電風扇	壹隻	暫缺
	合計國幣柒佰柒拾陸萬玖仟陸佰圓正		

備註：尚有另星生財等物件不在其內

被害經過：於民國二十六年二月中籌備開設排車[illegible]開工營業不幸八一三戰事發生國軍退至錫邑被敵轟炸全城居民相繼逃避被害人與全体工友亦紛紛自逃……廠内機件生財等物亦於斯時逐漸失去[illegible]

審查者梨莊鎮長周聚根

被害者姓名　顧東松　李菊清　簽字蓋章

无锡县政府为转报诸仰山等被毁房屋计数单等件致江苏省政府的呈（一九四六年二月七日）

江蘇省政府 收 355 35 2 11

民政廳 簽

事由：為據情轉呈諸仰山等被毀房屋計數單等件祈鑒核救濟由

擬辦：擬彙案辦理

批示：

第三科

無錫縣政府 呈 文別

中華民國三十五年二月七日 秘 五三三一 號

附件：如文

案據邑民諸仰山等十一人聯名呈稱：「竊民等世居社橋務農為業不幸於民國念陸年冬季暴日犯華焚燒殺掠無所不為民等所居房屋亦遭浩劫什用器具衣服等件悉付一炬計有樓房念壹間壹百陸拾壹架平屋伍拾弍間肆百肆拾柒架灶屋拾叁間肆拾捌架同時槍殺村民二男一女四人被迫拉伕不知下落迄今仍音訊杳然詎於民

國念捌年日軍又因造陸軍病院強佔民田一百四十餘畝以致民等無田可耕無屋可居生活高貴終日勤勞尚有凍餒之虞建築房屋已成夢想但因敵偽時代無理可喻無冤可伸茹苦含辛八載於茲際此抗戰勝利天日重光特將困苦及被害情形具呈鈞座轉呈救濟總署設法救濟則恩同再造感激無涯不勝迫切待命之至實爲德便」等情並附呈被毀房屋計數單一份據此除批示外理合附同原附件備文轉呈仰祈鑒核賜轉善後救濟協會蘇寧分署予以救濟實爲公便

謹呈

江蘇省政府主席王

附呈送被毀房屋計數單及被害人數單各一份

無錫縣縣長范煬生

附：惠商镇第十四保社桥村兵灾被毁房屋计数单及被敌杀害及拉夫人数单

惠商鎮第十四保社橋村兵災被毀房屋計數單

惠商鎮第十四保社橋村被焚房屋計數表

户主	樓屋間架數	平屋間架數	附註
尤鳳崗	叁間 合計念壹架	叁間 合計念壹架	灶屋貳間 合計拾貳架
任紀大		壹間 又柒架	
張明照	壹間 又柒架		
張泉寶	壹間 又柒架		
張龍寶		壹間 又柒架	
張金盤	壹間 又拾架	壹間 又拾壹架	
高河三		伍間 又叁拾玖架	
馮荣馨		貳間 二進 又叁拾肆架	

户主	楼屋間架数	平屋間架数	附註
馮湧法	壹間 合計拾架	壹間 合計柒架	
馮金寶	壹間 又拾架	壹間 又柒架	
馮任根	叁間 又弍拾伍架	叁間 又拾柒架	
馮榮祖	壹間 又捌架	壹間 又柒架	灶間三架
俛錫榮	壹間三層樓 又拾伍架		
朱壽泉	壹間 又捌架	壹間 又柒架	
朱仁法		壹間 又拾肆架	灶間三架
朱河二		壹間 又柒架	灶間三架
趙和寶		弍間 又拾肆架	灶間三架 壹間

117

886

姚進法		壹間 又捌架	
姚聚元	壹間 又柒架	壹間 又捌架	
姚金元	壹間 又柒架	壹間 又捌架	
徐湧生	弍間 又捌架	弍間 又拾陸架	灶屋二間 合計六架
諸河六	壹間 又陸架	壹間 又柒架	灶屋一間 三架
諸河全		壹間 又玖架	灶屋一間 四架
張福泉		壹間 又玖架	灶屋一間 四架
陳河三		壹間 又玖架	灶屋一間 四架
陳河二		壹間 又柒架	
姚寿泉		弍間 二進 又念捌架	灶屋一間 三架

118

户主	楼屋間架數	平屋間架數	附註
徐湧根		壹間 二進 合計拾肆架	
諸仰山		肆間 又叁拾肆架	
泳安宮		壹間 又玖架	太平水龍壹部 皮帶叁拾丈 油壺拾盞 水担念付
姚榮根		壹間 又玖架	
姚金祥		壹間 又玖架	
姚阿大		壹間 又玖架	
姚茂遠		叁間 又念伍架	
姚培根		弍間 又拾捌架	
顧堅冰廠	弍間 合計拾肆架	弍間 又拾肆架	水池六隻 冰船弍隻

119

87

樓屋合計念壹間壹百陸拾壹架

平屋合計伍拾貳間肆百肆拾柒架

灶屋合計拾叁間肆拾捌架

永安宫水龍壹部皮帶叁拾丈水担念付油壺拾盞

履堅冰廠冰池陸隻冰船貳隻

180

88

惠商鎮第十四保社橋村被敵殺害及拉伕人數單

被殺害人姓名	性別	年齡	籍貫	職業	附註
馮蘭根	男	廿三歲	無錫	商	於民國廿六年十一月五日被敵槍殺
馮秀娥	女	十九歲	無錫	工	又
洼生朝	男	四十一歲	無錫	履堅水廠工人	又
朱阿榮	男	廿九歲	無錫	農	於民國廿六年十一月一日被敵拉伕
陳金寶	男	五十歲	無錫	農	於民國廿六年十一月廿九日被敵拉伕
姚金生	男	五三歲	無錫	農	又
孫炳根	男	廿六歲	丹陽	理髮匠	又

121

无锡县商会整理委员会关于陈导源义庄函请赔偿被毁房屋事致县政府的公函（一九四六年二月十三日）

108

第三零三號

秘書室

事由：為據陳導源義莊函請賠償被燬房屋轉請查照辦理由

擬辦：分報 二、十五

決定辦法：

附件：如文

文別：公函

無錫縣商會整理委員會

中華民國三十五年二月十三日　整壹貳捌號

案據陳導源義莊陳覺先函稱敝族有陳氏義莊一所并附設陳氏小學校教授族中子弟坐落無錫城內東河頭巷底二十六年秋暴日侵華十月六日無錫首次被炸貴會及抗日後援會在無錫光復門外離被炸區甚近其時胞侄湛如適任貴會常務委員兼抗日後援會常

辛字第1011號　35年2月14日收

務委員當與貴會錢主席孫卿商定將貴會及抗日後援會遷至
陳氏義莊内辦公時在八月杪餘國軍西撤湛如毋每避難赴漢會内抗
日後援會名冊文卷及各界慰勞前線將士棉衣棉背心等物堆滿莊
内十一月二十五日敵軍進城挨户搜索見敝莊有抗日物品即放火焚燬
為特檢附財產損失報告表備函送達請煩查照轉請賠償實為
公感等語並附損失報告表一份到會據此查所稱各節均屬實在
為謹檢同原報告備函轉陳敬祈
鑒照辦理並請分轉有關機關先行備查至紉公誼此上
無錫縣縣長范
附損失報告表一份

主任委員沈錫君

附：财产损失报告表（一九四六年二月十日）

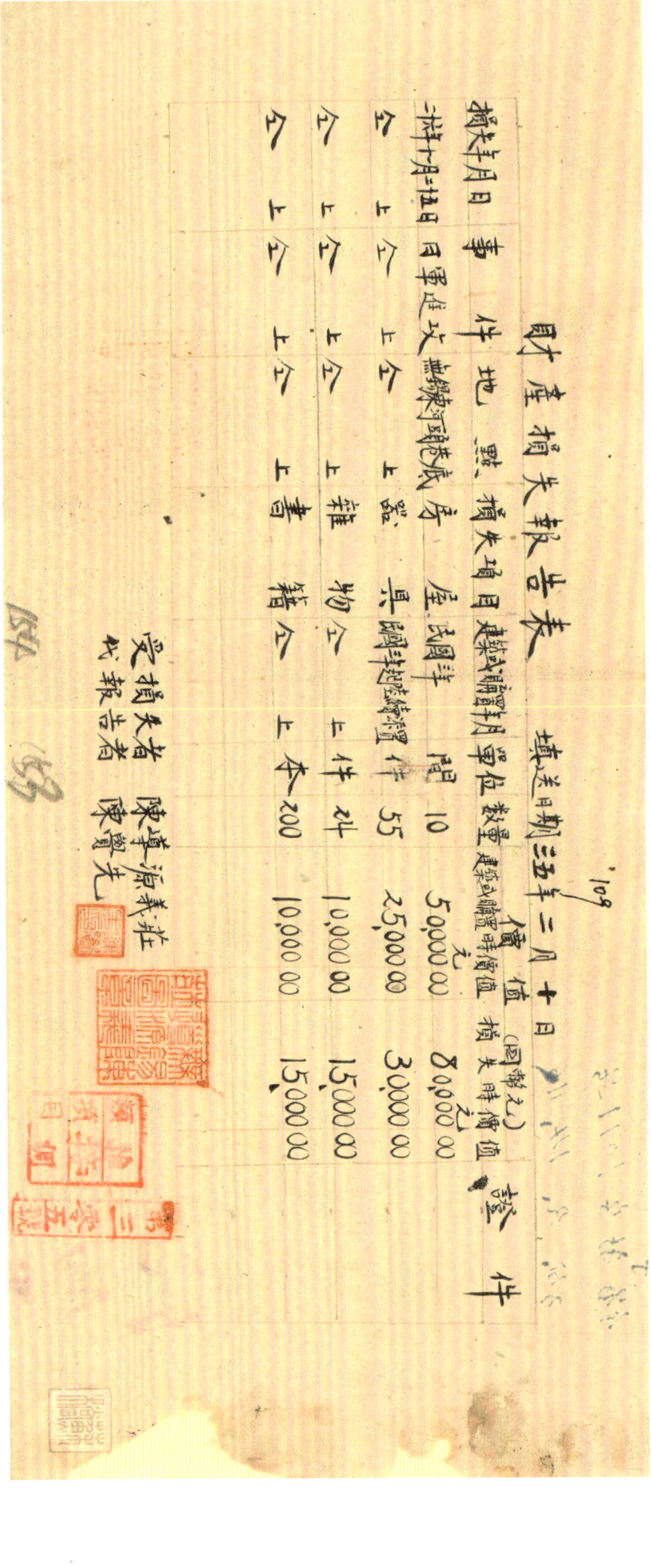

財產損失報告表　填送日期 三五年二月十日

損失年月日	事件	地點	損失項目	建築或購置年月	單位	數量	價值（國幣元）建築或購置時價值	損失時價值	證件
二六年十一月二十五日	日軍進攻	無錫東河頭巷底	房屋	民國年	間	10	50,000.00	80,000.00	
仝上	仝上	仝上	器具	民國年起陸續添置	件	55	25,000.00	30,000.00	
仝上	仝上	仝上	雜物	仝上	件	34	10,000.00	15,000.00	
仝上	仝上	仝上	書籍	仝上	本	200	10,000.00	15,000.00	

受損失者　陳導源義莊

代報告者　陳覺先

无锡县洛社区署关于报送收复区房屋被灾损失情形调查表事致县政府的呈（一九四六年二月十四日）

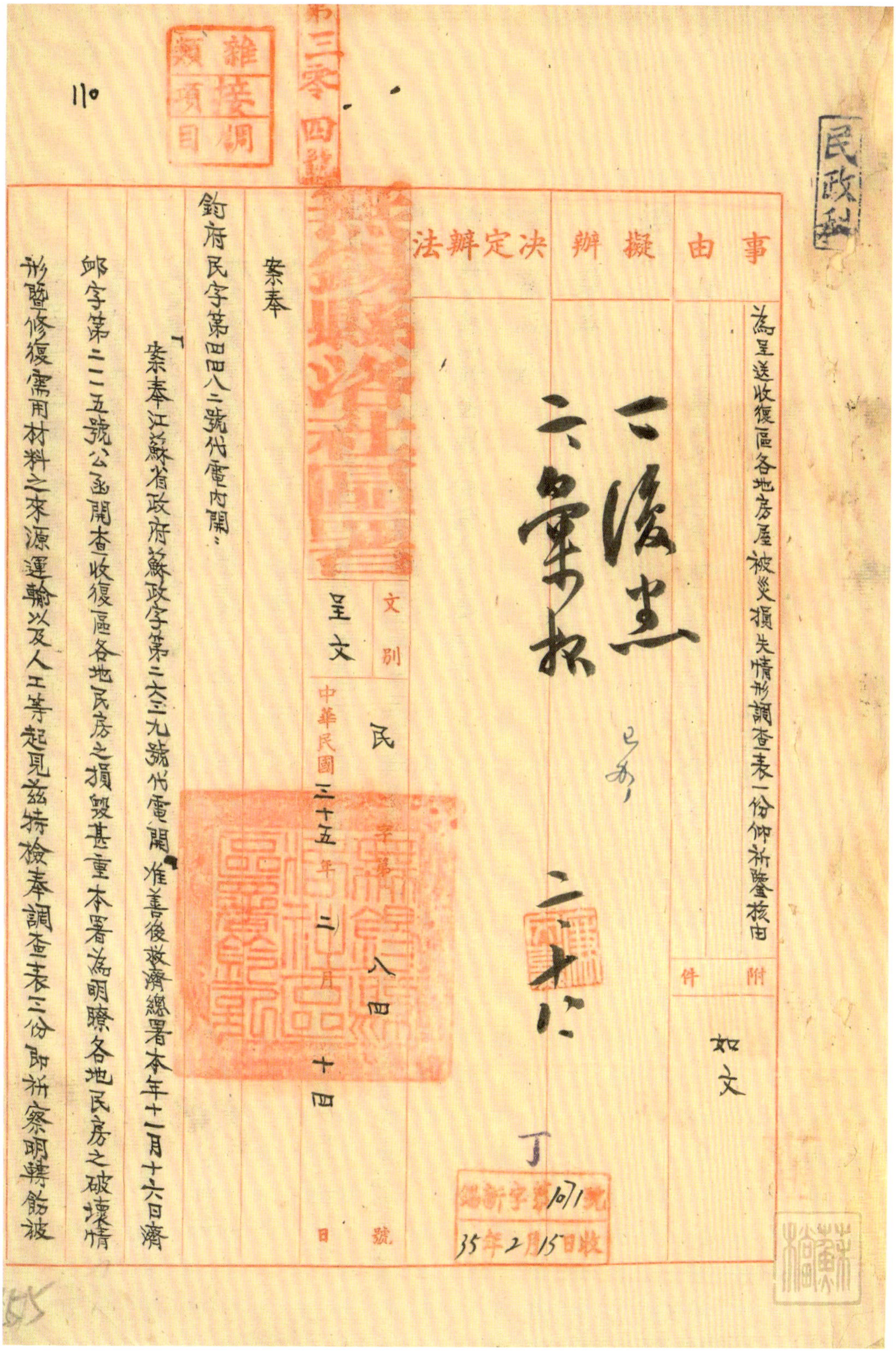

第三零四號

事由	擬辦	決定辦法
為呈送收復區各地房屋被災損失情形調查表一份仰祈鑒核由		

附件：如文

文別：呈文

民字第八四號

中華民國三十五年二月十四日

案奉

鈞府民字第四四八二號代電內開：

「案奉江蘇省政府蘇政字第二六三九號代電開：准善後救濟總署本年十一月十六日濟郎字第二二五號公函開：查收復區各地民房之損毀甚重，本署為明瞭各地民房之破壞情形暨修復需用材料之來源運輸以及人工等起見，茲特檢奉調查表三份，即祈察明轉飭被

錫新字第1071號 35年2月15日收

災各縣市就地調查詳細填註同樣二份並望能於一個半月之內彙寄本署俾資參攷等由
共附調查表三份到府除分電外合行抄發原表電仰遵照詳細查填並限於電到一個月內
辦竣報府以憑彙轉毋稍稽延為要」等因計抄發收復區各地房屋被災情形調查表各地
磚瓦石灰調查表各地木材調查表各一份奉此除分電外合行抄附原件電仰遵照限文到半月
內辦竣具報以憑彙轉事關善後案件勿誤為要」
等因計附發調查表三種奉此自應遵辦當經以民字六十四號訓令飭各鄉鎮查報在案茲據各
鄉鎮彙報所得除磚瓦石灰一項本區各地素無是項出產無從填報外理合填就本區各地房屋
被災損失情形調查表一份備文呈送仰祈
鑒核實為公便
謹呈
縣長范
計附呈收復區各地房屋被災損失情形調查表一份
洛社區區長錢和慶

附：无锡县洛社区战时房屋被灾损失情形调查表（一九四六年二月十四日）

無錫縣洛社區戰時房屋被災損失情形調查表

三十五年二月十四日

鄉鎮名稱	距縣里數（華里）	被毀間數及情形	急待修復間數	附近有無建築材料來源	備註
楊墅園鎮（街面）	三〇里	平屋十六間 樓屋十五間		無	被敵游擊戰焚燬
		平屋二間 樓屋二間		〃	被我軍游擊戰焚毀
洛社鎮（上塘）	二五里	平屋五五七間 樓屋二三四間		〃	因沿鐵路廿六年被敵焚燬
		平屋拾九間 樓		〃	被我軍游擊戰焚燬

填報者洛社區長錢和慶

无锡县洛社区署关于报送洛社区重仁乡抗敌伤亡人民及被敌焚毁房屋什物调查表事致县政府的呈

（一九四六年三月五日）

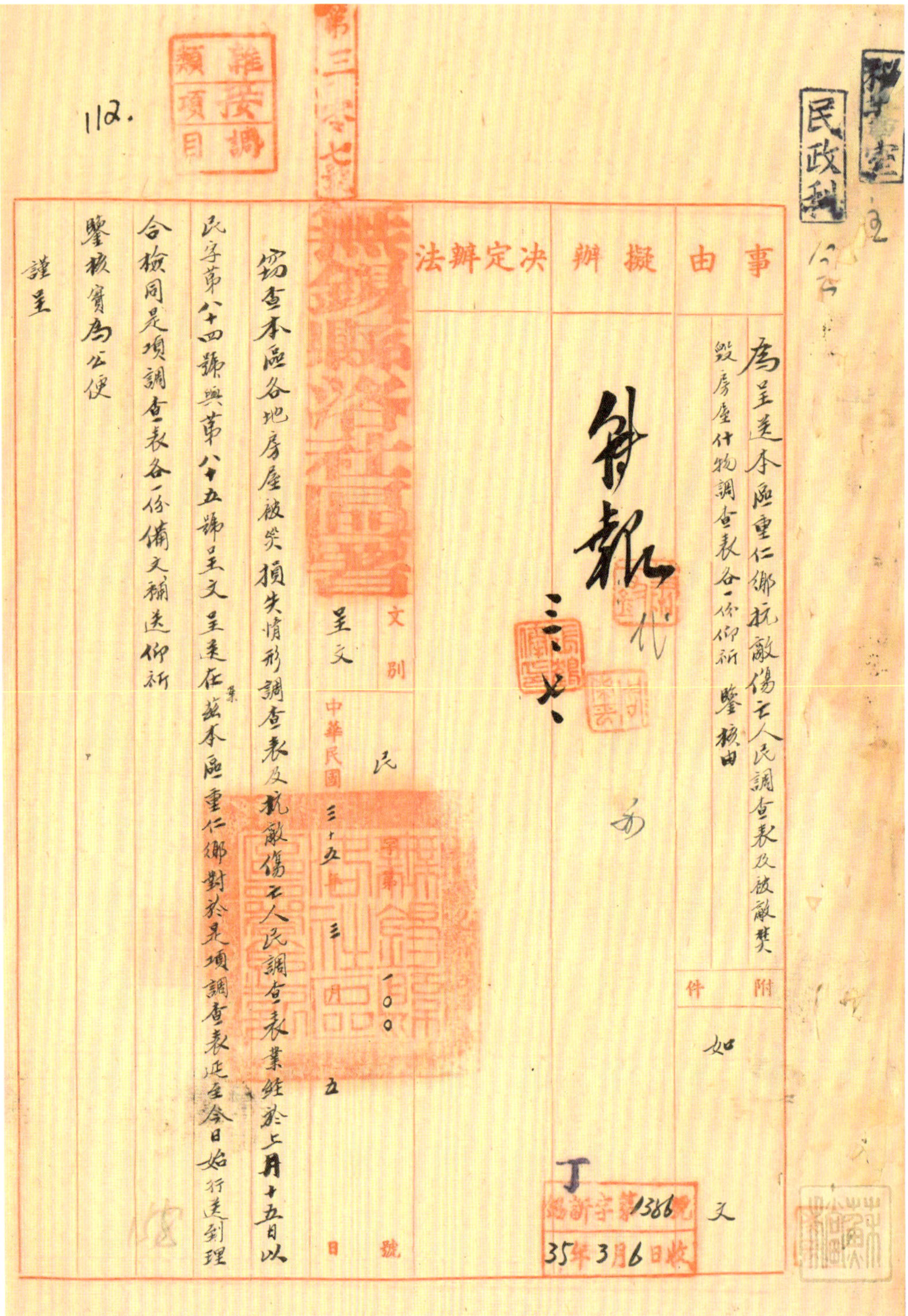

秘書室

民政科

112.

事由	為呈送本區重仁鄉抗敵傷亡人民調查表及被敵焚毀房屋什物調查表各一份仰祈鑒核由
擬辦	存報
附件	如文
文別	呈文
字號	民字第一〇〇號
日期	中華民國三十五年三月五日

竊查本區各地房屋被焚損失情形調查表及抗敵傷亡人民調查表業經於上月十五日以民字第八十四號與第八十五號呈文呈送在案，茲本區重仁鄉對於是項調查表延至今日始行送到，理合檢同是項調查表各一份備文補送，仰祈鑒核，實為公便。

謹呈

無錫縣洛社區署

錫新字第1386號 35年3月6日收

縣長范

計附呈本區重仁鄉抗敵傷亡人民調查表房屋被災損失調查表各一份

洛社區署長錢和慶

149

附一：重仁乡抗敌伤亡人民调查表（一九四六年一月）

113

無錫縣抗敵傷亡人民調查表

三十五年一月　日查填

姓名	性別	年齡	保甲戶及住址	學歷	職業	傷亡	傷亡原因已否證件及時間	有無卹	證明人	生活現狀
張紀泉	男	二一	洛社區重仁鄉新開河一保	初級中學校	小學教員	亡	輸送三十二後方醫院于廿六年冬被炸亡	未卹	當時鄉長、現任鄉長	家境貧
張守堡	男	三六	洛社區重仁鄉新開河	初中畢業	小學校長	亡	重仁鄉壯丁隊長無錫淪陷被殺	未卹	仝上	家境清寒
金和尚	男	二六	洛社區重仁鄉曹家橋三保三甲十二戶	初級小學畢業	農	亡	輸送三十二後方醫院于廿六年冬殉難	未	仝上	貧
戴聰培	男	三七	洛社區重仁鄉五保四甲十二戶	小學	農	亡	為日軍強迫看守鐵道觸電身亡	未	仝上	貧

60

附二：重仁乡被敌焚毁房屋什物调查表（一九四六年二月）

雜燹調類項目

第三零九號

114

重仁鄉被敵焚毀房屋什物調查表

民國三十五年二月查填

姓名	住址 保甲户	被敵焚毀種類	被焚時間	現值
吳阿榮	五十八	樓房一間及什物	民國二十六年十一月十一日	五十萬元
吳紀根	五十九	樓房三間及什物	仝上	一百五十萬元
顧阿菊	五十十	樓房四間及什物	仝上	二百五十萬元
顧關慶	五十十一	樓房二間及什物	仝上	一百七十萬元
卞阿大	五十十二	樓房二間及什物	仝上	五十萬元
顧榮林	五十十三	樓房二間及什物	仝上	一百萬元
吳勝昌	五十十四	樓房二間及什物	仝上	一百萬元
顧二大	五十十五	樓房二間及什物	仝上	一百萬元

168

吴春生	五十一	粳稻及牲畜	仝	上二十五萬元
吴斌修	五十十	房屋上下二間	仝	上一百五十萬元
吴锡大	五十十			

无锡县政府关于检送抗战期间财产损失清单事致江苏省政府的呈（一九四六年三月十九日）

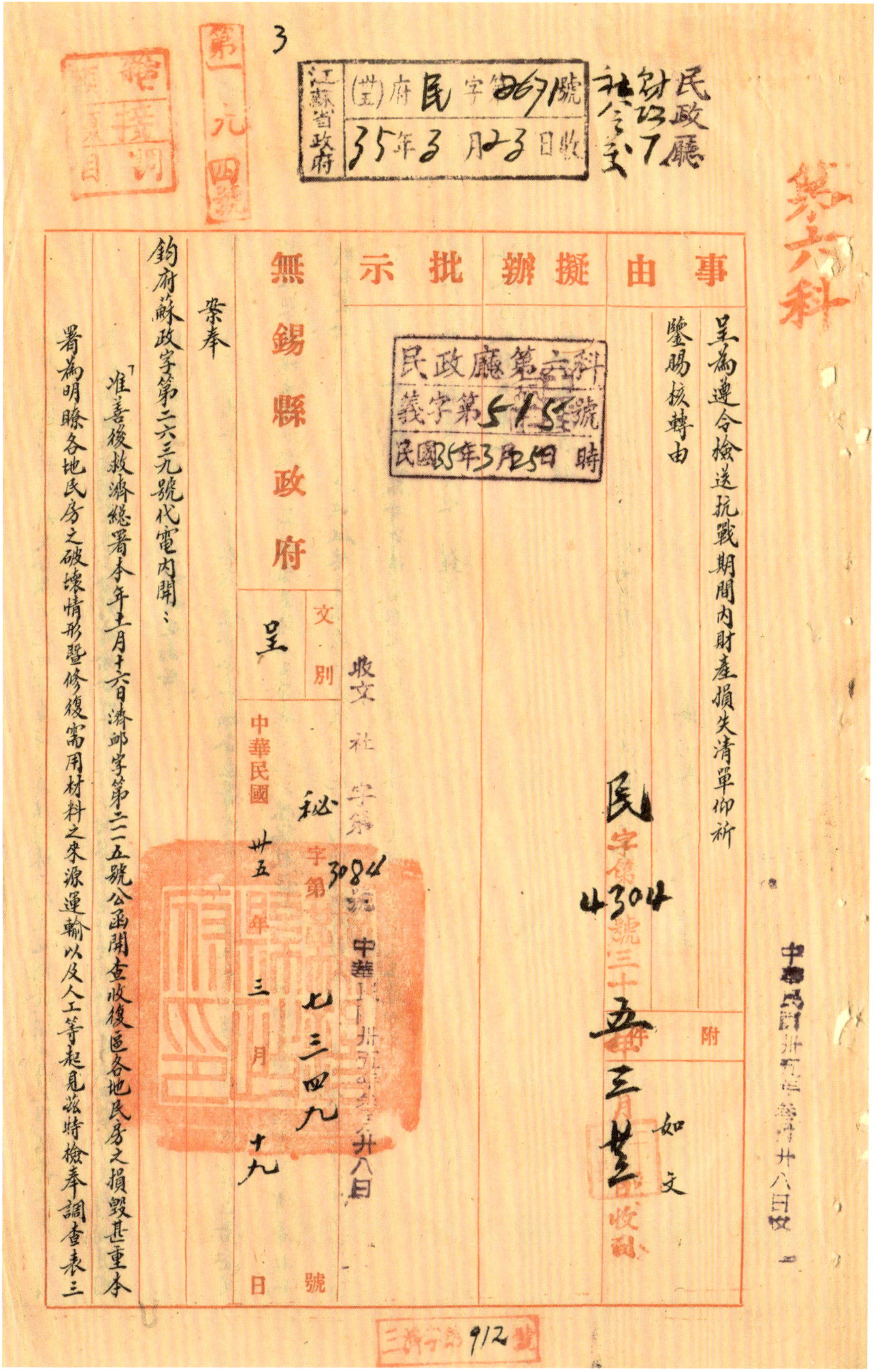
事由：呈為遵令檢送抗戰期間內財產損失清單仰祈鑒賜核轉由

擬辦

批示

無錫縣政府

文別：呈

中華民國卅五年三月十九日 秘字第3084號

收文 社字第　號 中華民國卅五年三月廿八日

附件：如文

案奉

鈞府蘇政字第二六三九號代電內開：「准善後救濟總署本年十一月十六日濟郵字第二一五號公函開查收復區各地民房之損毀甚重本署為明瞭各地民房之破壞情形暨修復需用材料之來源運輸以及人工等起見茲特檢奉調查表三

江蘇省政府 （卅五）府民字第9671號 35年3月23日收

民政廳第六科 義字第515號 民國35年3月25日時

民字第4304號 三十五年三月　日收到

份即祈察明轉飭被災各縣市就地調查詳細填註同樣二份並望能於一個半月之内彙寄本署俾資
參攷等由共附調查表三份到府除分電外合行抄發原表電仰遵照詳細查填並限於電到一個月内
辦竣報府以憑彙轉毋稍稽延爲要」
等因奉經佈告週知並抄發原表式二種分令本縣各區署遵照辦理各在案茲據本縣所屬洛社區署安定
蠶種製造場主胡鴻敷天一蠶種製造場主王昂飛與邑民陳鴻烈許門胡荃孫勵青顧秉松李菊清華起鵬
顧呂棠徐棠楹及華豐染織廠陳導源義莊先後呈以抗戰期間内所有財產爲敵摧殘損失奇重并附財產損
失清單等件分别請予救濟等情前來理合檢同原呈各件彙訂成册備文呈送仰祈
鈞長鑒賜核轉實爲公便　謹呈
江蘇省政府主席王
社會處處長鈕
附呈抗戰期間内財產損失原清單册一本
無錫縣縣長范埸生

附：抗战期间内财产损失清单册（一九四六年一月）

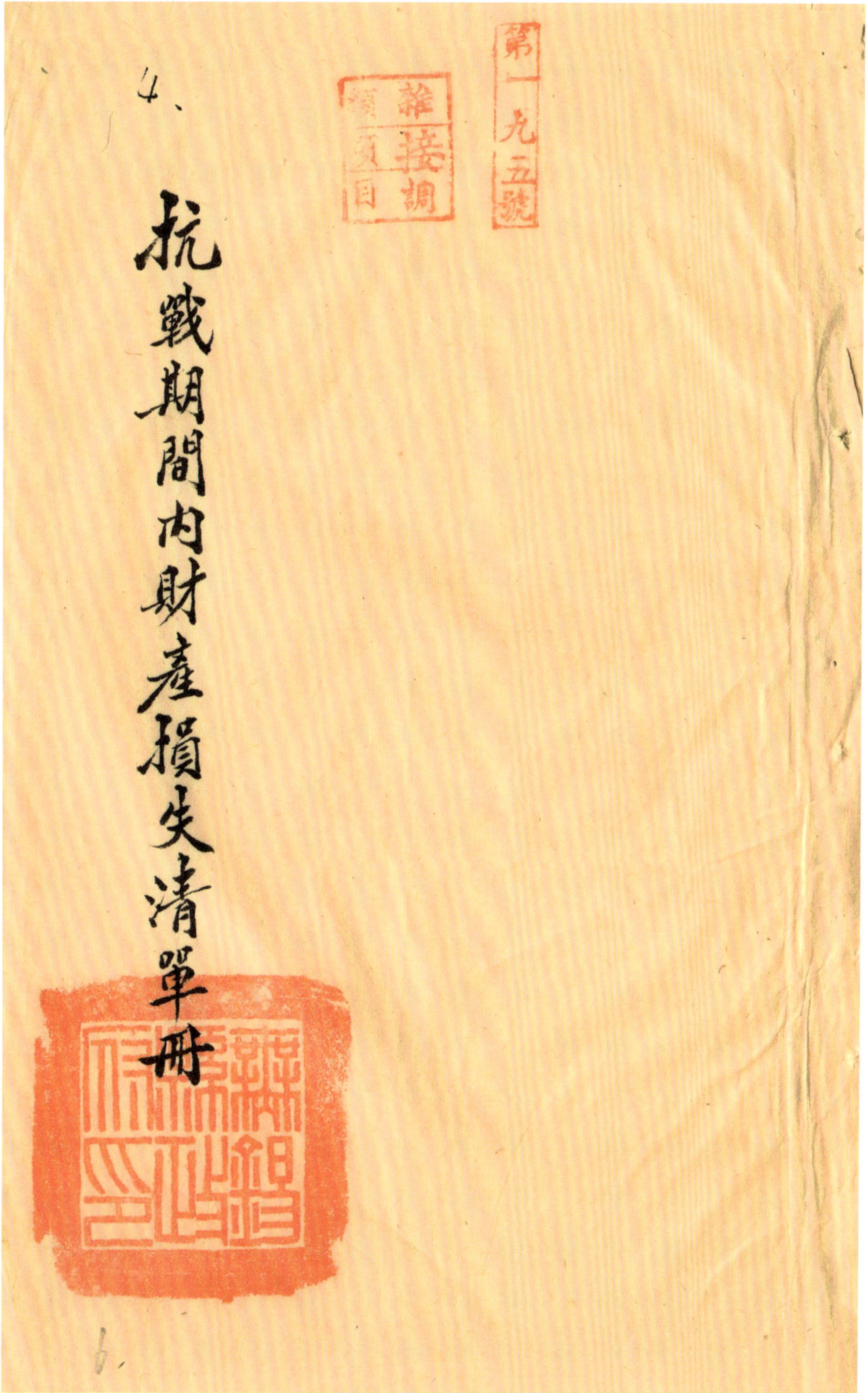
4、

第一九五號

抗戰期間內財產損失清單册

6.

5.

財產損失報告單

填送日期　35年　1月　27日

損失年月日	事件	地點	損失項目	購置年月	單位	數量	價值(國幣元) 購置時價值	損失時價值	證件
26年11月25日	日軍進攻時被毁	無錫南門外新安鎮下塘	蠶室	25年3月	間	13	14300.00元	14300.00元	
〃	〃	〃	樓屋	〃	〃	12	10800.00元	10800.00元	
〃	〃	〃	地下室	〃	〃	6	9000.00元	9000.00元	
〃	〃	〃	平屋	〃	〃	14	8400.00元	8400.00元	
〃	〃	〃	蠶匾	〃	只	2200	2200.00元	2200.00元	
〃	〃	〃	蠶架	〃	付	132	1980.00元	1980.00元	
〃	〃	〃	蠶網	〃	張	5000	250.00元	250.00元	
〃	〃	〃	顯微鏡	〃	架	2	800.00元	800.00元	
〃	〃	〃	製種板	〃	塊	1300	910.00元	910.00元	
〃	〃	〃	製種架	〃	付	30	600.00元	600.00元	
〃	〃	〃	給桑架	〃	付	80	240.00元	240.00元	
〃	〃	〃	鉛圈	〃	盤	7500	1410.00元	1410.00元	
〃	〃	〃	其他蠶具	〃			2000.00元	2000.00元	
〃	〃	〃	蠶種	〃	張	12684	10147.20元	10147.20元	
〃	〃	〃	蛾口繭	〃	担	12	2160.00元	2160.00元	
〃	〃	〃	廚房用具	〃			500.00元	500.00元	
〃	〃	〃	傢具及工作物	〃			2000.00元	2000.00元	
〃	〃	〃	運桑用船	〃	只	3	1050.00元	1050.00元	
合計							68747.20元		

天一蠶種製造場　填報者王鼎飛　場主

通信地址
無錫塘橋

第□九七號

財產損失報告單

填送日期　35年　1月　27日

損失年月日	事件	地點	損失項目	購置年月	單位	數量	價值(國幣元) 購置時價值	損失時價值	證件
26年11月25日	日軍進攻時被毀	[illegible]	蠶室	25年3月	間	13	14300.00元	14300.00元	
〃	〃	〃	樓房	〃	〃	12	10800.00元	10800.00元	
〃	〃	〃	地下室	〃	〃	6	9000.00元	9000.00元	
〃	〃	〃	平房	〃	〃	14	8400.00元	8400.00元	
〃	〃	〃	蠶匾	〃	只	2200	2200.00元	2200.00元	
〃	〃	〃	蠶架	〃	付	132	1980.00元	1980.00元	
〃	〃	〃	[illegible]網	〃	張	5000	250.00元	250.00元	
〃	〃	〃	顯微鏡	〃	架	2	800.00元	800.00元	
〃	〃	〃	製種板	〃	[illegible]	[illegible]	91[illegible]	91[illegible]	
〃	〃	〃	製種架	〃	付	30	600.00元	600.00元	
〃	〃	〃	給桑架	〃	付	80	240.00元	240.00元	
〃	〃	〃	船[illegible]	〃	[illegible]	75m	1410.00元	1410.00元	
〃	〃	〃	其他蠶具	〃			2000.00元	2000.00元	
〃	〃	〃	蠶種	〃	張	12684	10147.20元	10147.20元	
〃	〃	〃	[illegible]	〃	担	12	3160.00元	3160.00元	
〃	〃	〃	廚房用具	〃			500.00元	500.00元	
〃	〃	〃	[illegible]什物	〃			2000.00元	2000.00元	
〃	〃	〃	運桑用船	〃	只	3	1050.00元	1050.00元	
合計							68747.20元		

天一蠶種製造場（印：天一蠶種製造場）　填報者王湯飛（印）　場主

通信地址
無錫堰橋

民國念陸年兵災損失財產報告單

·7

填送日期 民國35年 月 日

損失年月日	事件	地點	損失項目	數量	當時單價	當時總值	現時單價	現時總值
民國26年12月	敵寇縱火	無锡北外城脚	四開间三進住宅	計拾弍间	每间弍千餘元	國幣貳萬五千元		國幣計壹萬弍千五百萬元
			器具装修	歷年添置		國幣壹萬捌千元		國幣計玖千萬元
			衣服什物	歷年添置		國幣壹萬陸仟元		國幣計叁千弍百萬元
						共計五萬玖千元		共計弍千四百七拾萬元

受損失者 徐紫楹

職業 布廠　通訊地址 光復门外清真寺路華豐染織廠

8

民國念陸年無錫華豐染織廠兵災損失財產報告單

填送日期 民國35年1月 日

損失年月日	事件	地點	損失項目	數量	當時單價	當時總值	現市單價	現時總值
民國26年12月	被刼	無錫光復路	11吋門面男色線嘰 每疋30碼	8846疋	每疋 15.00	國幣13,2690.00	每疋 4,5000.00	國幣39807,0000.00
			11吋門面女色線嘰 每疋30碼	2211疋	每疋 18.00	國幣3,9798.00	5,3000.00	國幣11718,3000.00
			42支丝光線	32件	每件 540.00	國幣1,7280.00	每件 188,8000.00	國幣6041,6000.00
			42支白線	21件	每件 460.00	國幣9660.00	每件 160,0000.00	國幣3360,0000.00
			40支花線	25件	每件 520.00	國幣1,3000.00	每件 180,0000.00	國幣4500,0000.00
			40支棉纱 32支棉纱	1件 6件	每件 400.00 380.00	國幣400.00 國幣2280.00	155,0000.00 148,0000.00	國幣155,0000.00 國幣888,0000.00
						共計21,5108.00		共計66469,9000.00

受損失者華豐染織廠

地址無錫光復路

14 13

江阴县政府关于报送华明电灯公司战时损失表事致江苏省政府的呈（一九四八年一月十二日收）

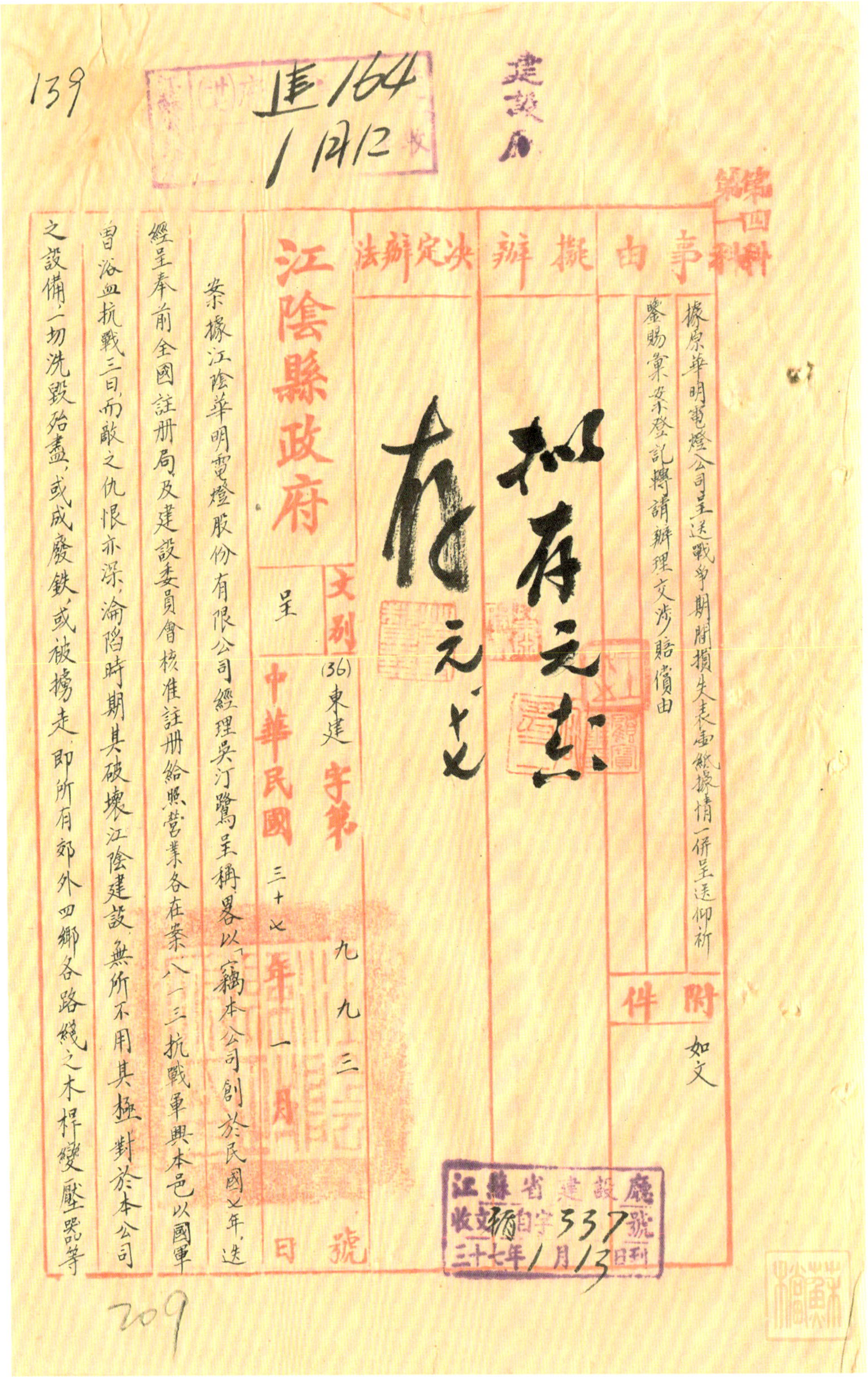

第四科

事由：據華明電燈公司呈送戰爭期間損失表壹紙，據情一併呈送，仰祈鑒賜彙案登記，轉請辦理交涉賠償由

附件：如文

擬辦

決定辦法

江陰縣政府 呈 文別 （36）東建字第九九三號

中華民國三十七年一月　日

案據江陰華明電燈股份有限公司經理吳汀鷺呈稱略以：「竊本公司創於民國七年，迭經呈奉前全國註冊局及建設委員會核准註冊給照營業各在案。八一三抗戰軍興，本邑以國軍曾浴血抗戰三日，而敵之仇恨亦深，淪陷時期其破壞江陰建設無所不用其極，對於本公司之設備一切洗毀殆盡，或成廢鐵，或被擄走，即所有郊外四鄉各路綫之木桿變壓器等

江蘇省建設廳收文 稍字537號 三十七年1月13日

亦均拆除捆載以去，其損失慘重，本縣殊無倫比，復員以來，迭奉 鈞府令飭復電，為
復興地方繁榮計，自應遵照，除經檢視僅存城區鬧市之一小部份細小而殘缺不全之低
壓綫外，至高壓粗綫，一無存在，現經遵令正在籌劃進行修理，預備試驗發電，惟估
計所有戰事損失金額，在民國二十六年原價，約共國幣為貳拾壹萬七千五百拾元，合當
時美金為六萬五千九百十二元五角二分，再照現在時值，約為國幣壹百億〇〇七千三百八十萬
元，理合將戰爭期間損失詳細列表，除並呈 行政院賠償委員會外，理合備文呈請鑒賜
核轉 江蘇省政府彙案登記，交涉賠償，以利地方建設，再此案以損失頗重，整理困難，是
以遲報，合併聲明」等情到府，除批復外，查復員以來，關於戰爭期間，地方損失物資，迭
奉令飭查報，以便彙案轉請交涉賠償在案，該公司損失慘重，確屬實在，除本府正飭
迅速復業，以利地方外，為今後地方迅速建設，並繁榮市面起見，理合據情，並檢同原呈
損失表壹紙，併文呈送，仰祈
鑒賜彙案登記，一併轉請辦理交涉賠償，實為公便

140

謹呈

江蘇省政府主席王

附呈送江陰原華明電燈公司戰爭期間損失表壹紙

江陰縣縣長徐玉書

211

附：江阴华明电灯公司战事损失表

江陰華明電燈公司戰事損失表

第	1	派
共	1	張

中華民國　　年　　月　　日

名稱	數量	原價	現值	
德國350匹馬力柴油機	1座	5250000	262500000000	
〃 250KVA發電機	1座	仝上		
2200伏升至6600伏35KVA變壓器	1座	700000	21000000000	
廠房	9间	900000	45000000000	
6600伏降至400伏200KVA變壓器	1座	400000	12000000000	
〃 〃 150 〃 〃	1座	300000	7000000000	
2200伏降至220伏50 〃 〃	1座	100000	3000000000	
〃 〃 30 〃 〃	1座	60000	1500000000	
〃 〃 40 〃 〃	1座	80000	2400000000	
〃 〃 10 〃 〃	3座	60000	1800000000	
〃 〃 5 〃 〃	2座	20000	600000000	
〃 〃 3 〃 〃	2座	12000	360000000	
〃 〃 2 〃 〃	1座	4000	120000000	
25匹馬力馬達	2座	250000	15000000000	
10 〃 〃	2座	100000	6000000000	
5 〃 〃	1座	75000	1500000000	
1/2 〃 〃	1座	10000	200000000	
5匹馬力火油機	1座	50000	2500000000	
三吋質離心水力機	1座	20000	1500000000	
桿木	840支	2500000	33600000000	
銅線	30噸	3360000	150000000000	
三角鐵	500担	550000	27500000000	
磁瓶	5000只	1000000	50000000000	
拉線	250担	200000	10000000000	
電表	3000只	3600000	24000000000	
工器具雜物		2200000	11000000000	

共計原價 貳拾一萬七千五百萬元

約合當時美金每元㕘〔叁〕拾六萬三千九百十二元五角二分

共計現值金額　壹百億〇〇七千三百八拾萬元

以上係三十六年八月份估價合併聲明

經理 吳汀鷺

江陰華明電燈股份有限公司

核准：　　會計：　　覆核：　　製表：

標準 No.1322-S6. 三 冊 第 2351240

141

212

二、上海地区战时损失调查

金山县善后救济协会、江苏省政府为报送抗战期间损失调查情况请求救济事的往来公文（一九四六年三月四日至四月二十四日）

金山县善后救济协会致江苏省政府的呈（一九四六年三月四日）

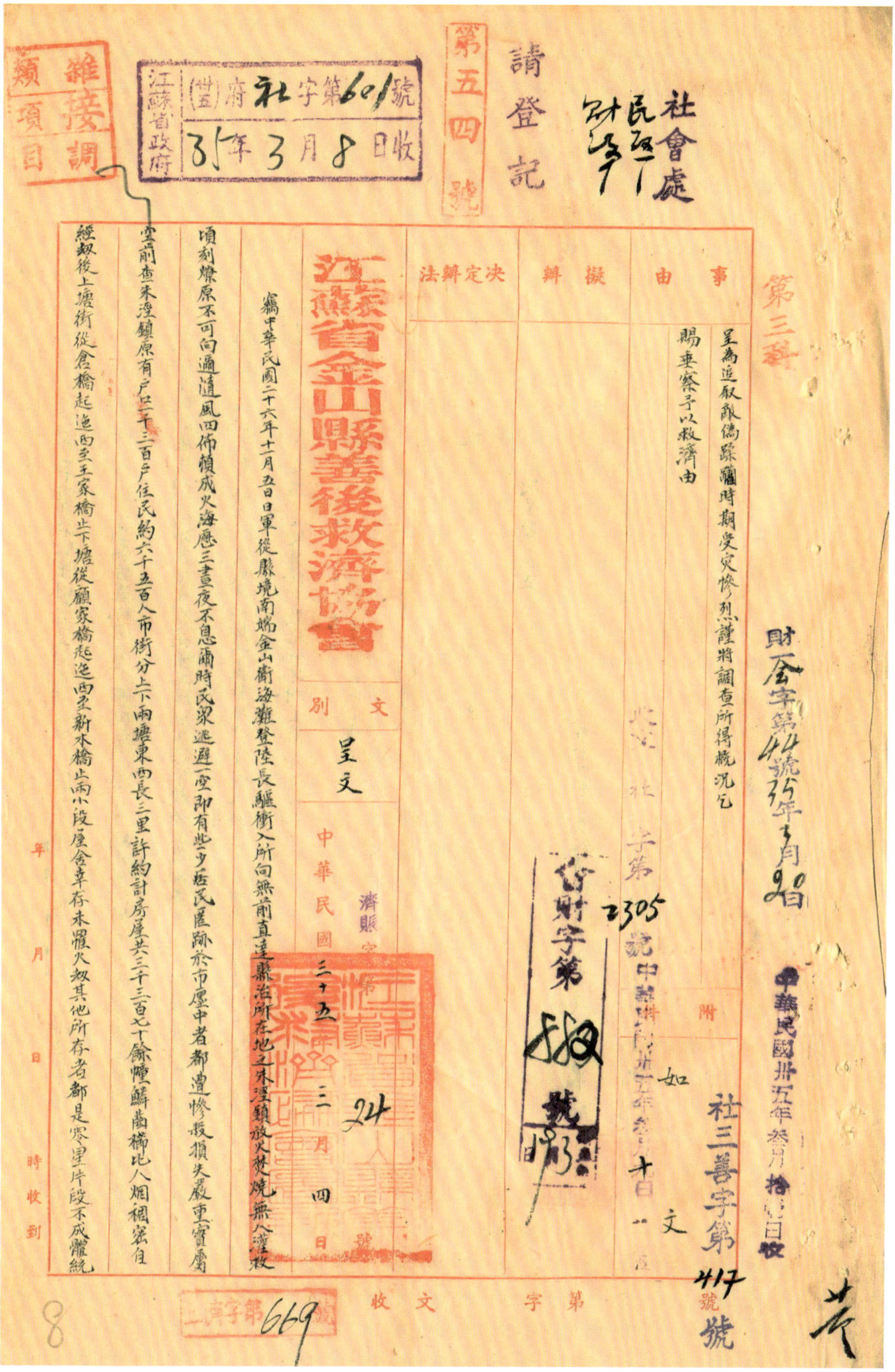

江苏省金山县善后救济协会

文别：呈文

事由：呈为追叙敌伪蹂躏时期受灾惨烈，谨将调查所得概况乞赐垂察予以救济由

中华民国三十五年三月四日

窃中华民国二十六年十一月五日日军从县境南端金山卫海滩登陆，长驱冲入，所向无前，直达县治所在地之朱泾镇，放火焚烧，无人灌救，顷刻燎原，不可向迩，随风四布，顿成火海，历三昼夜不息。尔时民众逃避一空，即有些少难民匿迹于市廛中者，都遭惨杀，损失严重，实属空前。查朱泾镇原有户口二千三百户，住民约六千五百人，市街分上下两塘，东西长三里许，约计房屋共三千三百七十余幢，鳞齿栉比，人烟稠密，自经劫后，上塘街从仓桥起迤西至王家桥止，下塘从顾家桥起迤西至新木桥止，两小段屋舍幸存，未罹火劫，其他所存者都是零星片段，不成体统

約計全鎮樓房平屋被燬者爲二千四百六十餘幢留存者爲九百二十餘幢以比例言之實佔全數十分之七以上至於公共場所毀壞甚多如縣政府孔子廟積穀倉城隍廟區公所縣立中學等悉屬氣概堂皇連翩廣厦今成一片瓦礫之場沿街市房經八年來敵僞時代之住民稍稍興築因陋就簡苟合苟完增添幾許屋宇而空場曠野觸目皆是景况淒涼不忍卒覩論及縣境各區域金山衛首當其衝受災慘烈加以民貧地瘠困苦不堪廊下松隱兩鎮在敵僞過程中所有房屋幾乎同歸於盡張堰泖港呂巷各鎮受害較輕其一切財產損失之數字尤非細小尚待詳查凡百事業亟待計劃復興農村貧户急需予以救濟茲先擬拾概况附呈簡表謹懇

俯賜鑒察關於物資經濟方面酌予撥給俾得稍資補助無任企禱之至

謹呈

江蘇省政府主席王

計附呈簡表五帋

江蘇省金山縣善後救濟協會主任委員 沈思期

副主任委員 丁廸光

附一：金山县洙泾镇民有房屋损失调查表（一九四六年一月）

第五五號

4

金山縣洙涇鎮民有房屋損失調查表

鎮名	損失幢數	尚存幢數	損失百分率
東林鎮	六一二幢	四六二幢	五六·九九
西林鎮	八七四幢	二八九幢	七五·一五
公績鎮	九八〇幢	一六三幢	八五·七三
合計	二四六六幢	九一四幢	七二·九

說明：每幢兩間（樓上樓下）東林鎮上岸損失六六八幢尚存一九三幢下岸損失二〇六幢尚存九六幢西林鎮上岸損失三〇四幢尚存三〇八幢下岸損失二九八幢尚存一五四幢公績鎮上岸損失六六〇幢尚存一〇九幢下岸損失三二〇幢尚存五四幢

附二：金山县治洙泾镇公有房屋损失表

第五六號

雜項類 接收調 項目

金山縣治洙涇鎮公有房屋損失表

機關名稱	原址	說明
縣政府	在倉橋南係清代知縣衙署舊址屋舍[illegible]門後進是近年鋼骨水泥新式建築	全部被燬
典獄署	在縣政府西係前清典史署改造後連監獄	全部被燬
積穀倉	在縣政府西南前頭門中倉廳兩旁後面有倉廒數十間欽產屋處救濟院均設於廳上	全部被燬
警察局	在縣政府東係前清待質公所舊址改造	全部被燬
習藝所	前時附設警察局內後遷武聖廟	內部設備完全損失
救火聯合會	在永昌橋北設在商民樂園內	全燬
商民樂園	在永昌橋北係普福庵舊式房屋另加新建築	全燬
孔廟	在西楊家街南宮殿巍峨規模宏大縣教育局遷設在內	劫後只存大殿空殼餘皆被燬

11

邑廟（二所）	上塘城隍廟在東亭橋西境 下塘城隍廟在道院街南首	留存無幾 全部焚燬
第六公園	在東市梢寶鎮有平廳茅屋池沼四烈士紀念塔縣長焦公紀念碑邑紳黃公續紀念碑亭	破壞不堪
嘉興公所	在東亭橋西有三開間樓屋一幢舊稱藏書閣另平房十餘間有花美木綠葉成陰磊疊石玲瓏舊稱仙人洞風景甚佳為歷來地方人士處理事自治事宜的中心地點	大部毀燬
習藝所	[illegible]	[illegible]
藏書閣	在嘉興公所東偏 [illegible] 上	房屋書籍全被損失
積穀倉	[illegible]	全部被燬
典獄署	[illegible]	全部被燬
縣政府	[illegible]	全部被燬
闡文社	原址 [illegible]	[illegible]

金山縣治張堰鎮公有各建築損失表

附三：金山县洙泾区受灾调查报告

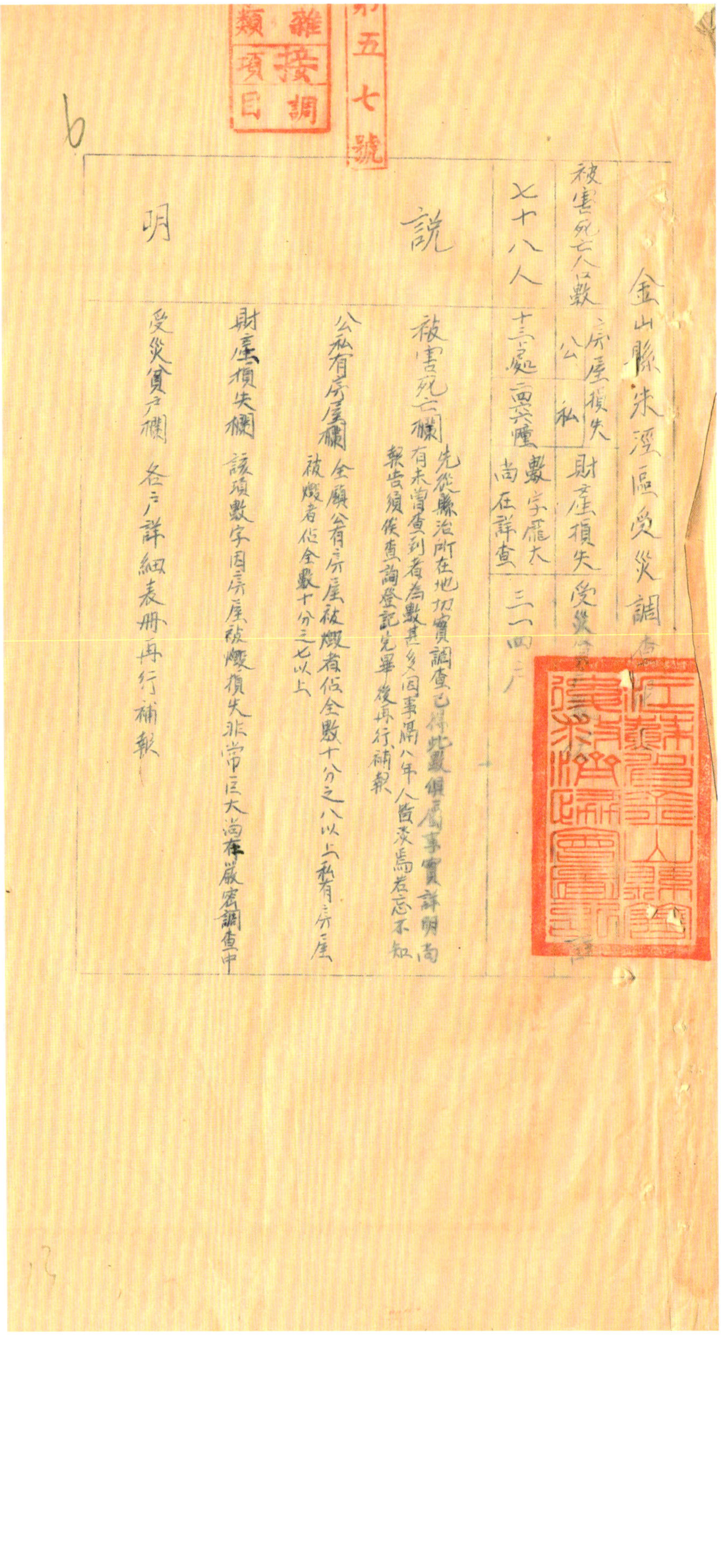

第五七號

金山縣洙涇區受災調查				
被害死亡人口數	房屋損失		財產損失	受災貧戶
	公	私		
七十八人	十三處	二四六幢	數字龐大尚在詳查	三一四戶

說明

被害死亡欄 先從縣治所在地切實調查，已得此數，俱屬事實詳明；尚有未曾查到者為數甚多，因事隔八年，人皆淡焉若忘，不知報告，須從查詢登記完畢後再行補報。

公私有房屋欄 全願公有房屋被燬者佔全數十分之八以上，私有房屋被燬者佔全數十分之七以上。

財產損失欄 該項數字因房屋被燬損失非常巨大，尚在嚴密調查中。

受災貧戶欄 各户詳細表册再行補報。

第五九號

金山縣松隱區受災調查報告

被敵屠殺人口約計數	被焚毀民屋約計數	被焚民屋每間建造時值估價	[illegible]貧民數
一七五人	一五三〇间	每间约一〇〇元	五一七人

說明

本鎮於民國二十六年十一月五日日寇登陸後入侵縣治，鎮當其衝，滿地烽火，人民屠戮，爲狀甚慘。二十七年三月十三日因游擊隊之襲擊，又被日寇大肆焚殺，全鎮房屋僅存十數間而已，受災奇重，待賑尤殷。

14

附五：金山县金卫区被敌损害统计

金山縣金衛區被敵損害統計[illegible]　民國三十五年二月　日

鄉鎮別	房屋損失 間數	房屋損失 時值	農村損失 戶數	農村損失 時值	[illegible] 戶數	[illegible] 時值	[illegible] 戶	[illegible]戶	[illegible] 口數		備註
西門鎮	826	4729000元	165戶	3500000元	16戶	3856000元	33戶		127人		以上損失共計[illegible]拾[illegible]萬[illegible]仟元
南張鄉	506	2662500	204戶	16000000	4戶	17[illegible]	52戶		45人		
牀玉鄉	397	1184000	132戶	2436000	24戶	8559000	27戶		22人		查本區地處海濱，系敵[illegible]登陸[illegible]，[illegible]時[illegible]燒[illegible]殺，損失[illegible]，[illegible]查[illegible]，[illegible]
張術鄉	208	2982500	75戶	1860000	20戶	3186000	40戶		24人		
横浦鄉	167	2004000	79戶	2400000	4戶	3880000	13戶		5人		
漴基鄉	53	4700000	145戶	13000000	7戶	7275000	29戶		9人		
查山鄉	265	5445000	75戶	5300000	1戶	1476000	17戶		70人		
共計	2422間	[illegible]	875戶	1839[illegible]	76戶	[illegible]	211戶		302人		

彙報機關：金山縣金衛區署　　填報者：區長 鄢瑞甫

第五八號

江苏省政府致金山县善后救济协会的指令（一九四六年四月二十四日）

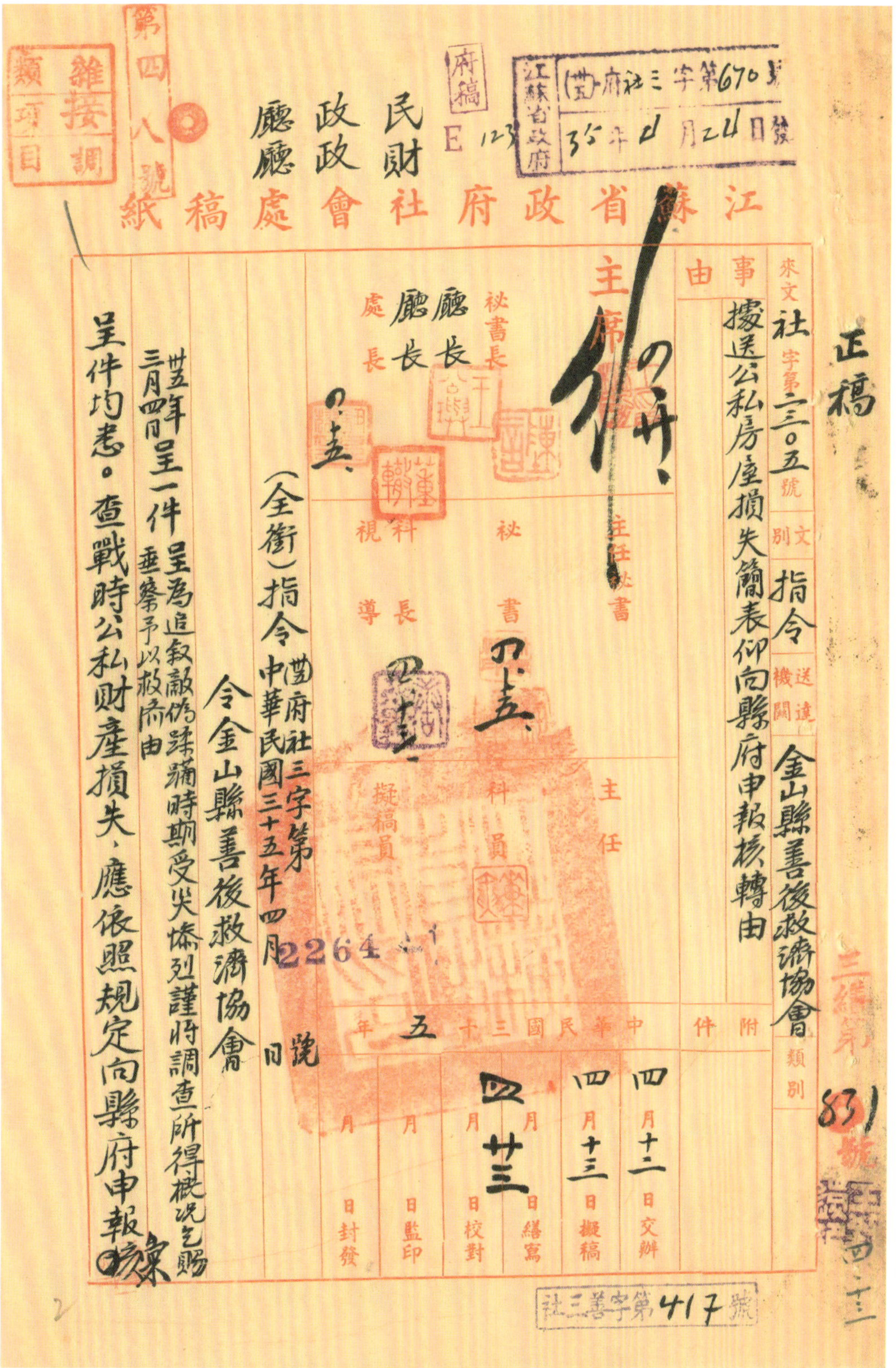

江蘇省政府社會處稿紙

民政廳
財政廳

（卅五）府社三字第670號 35年4月24日發

來文 社字第一三〇五號

事由：據送公私房屋損失簡表仰向縣府申報核轉由

文別：指令

送達機關：金山縣善後救濟協會

正稿

（全銜）指令 （卅五）府社三字第　號 中華民國三十五年四月　日

令金山縣善後救濟協會

卅五年三月四日呈一件 呈為追叙敵偽蹂躪時期受災慘烈謹將調查所得概況乞賜垂察予以救濟由

呈件均悉。查戰時公私財產損失，應依照規定向縣府申報核彙

中華民國三十五年 四月十二日交辦 四月十三日擬稿 四月廿三日

社三善字第417號

杂类 接调 项目

第四九號

2

轉飭知照！

仰即核辦。

此令。件存

主　席王○○

民政廳廳長王○○

財政廳廳長董○

社會處處長鈕○○

3

上海县政府关于报送中孚兴业化学制造股份有限公司损失向敌追偿事致江苏省政府的呈（一九四六年四月十二日）

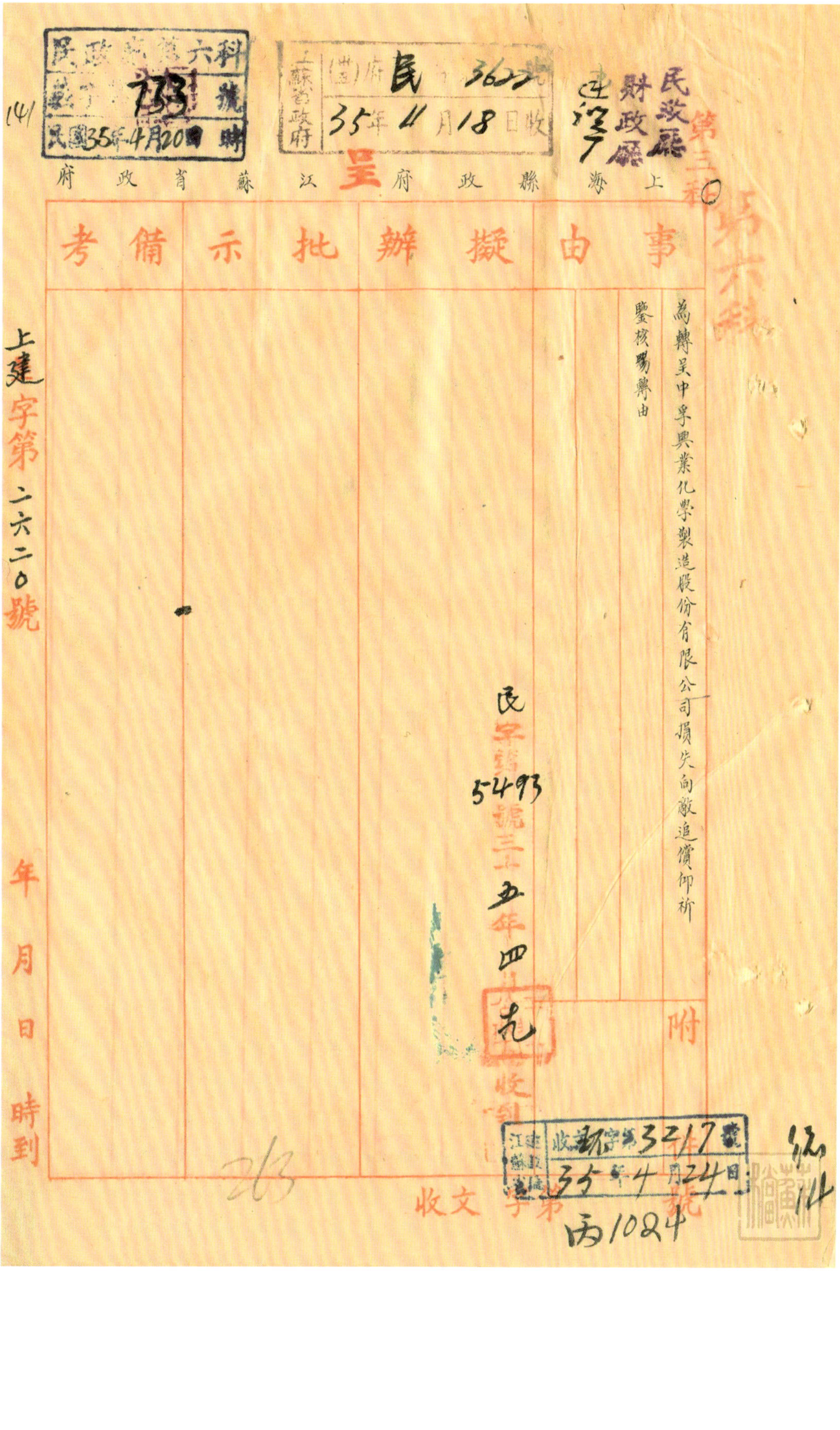

上海縣政府呈江蘇省政府

事由	擬辦	批示	備考
為轉呈中孚興業化學製造股份有限公司損失向敵追償仰祈鑒核賜轉由			

上建字第二六二〇號

民字第5493號 三十五年四月九日收到

收文 字第 號

案據中孚興業化學製造股份有限公司呈稱

竊商公司設廠在縣屬閔行鎮自建廠房製造硫化元染料領有實業部設字第一四二九號執照八一三之役敵寇攻陷淞滬本廠遂被强佔最初强佔者爲日本海軍第一炮艇隊嗣因本廠廠屋宏大先後被日本陸軍駐部隊上海警備隊德本及操部隊相繼盤據始終不去直至抗戰勝利敵寇始於上年九月十八日全部撤去商公司當派員工加以接收調查損失廠房及大部機器因無法搬運尚屬完好其他貨物原料與一切設備胥屬蕩然無存損失慘重復興維艱予商公司以重大打擊除已填具財產損失報告表呈請經濟部備案並懇向日敵追償外理合依式填具財產損失報告表一式二份備文具呈鈞府懇請轉呈江蘇省政府向日敵追償以維權益實爲德便又報告表所列損失財產之價值因無根據實難估計僅能依照廿七廿八年份時價約估呈報合併呈明

等情據此理合檢同原損失報告表二份備文呈送仰祈

142

鑒核賜轉

謹呈

江蘇省政府主席王

附呈民營工業財產直接損失彙報表二份

上海縣縣長徐今予

265

中華民國三十五年四月十二日

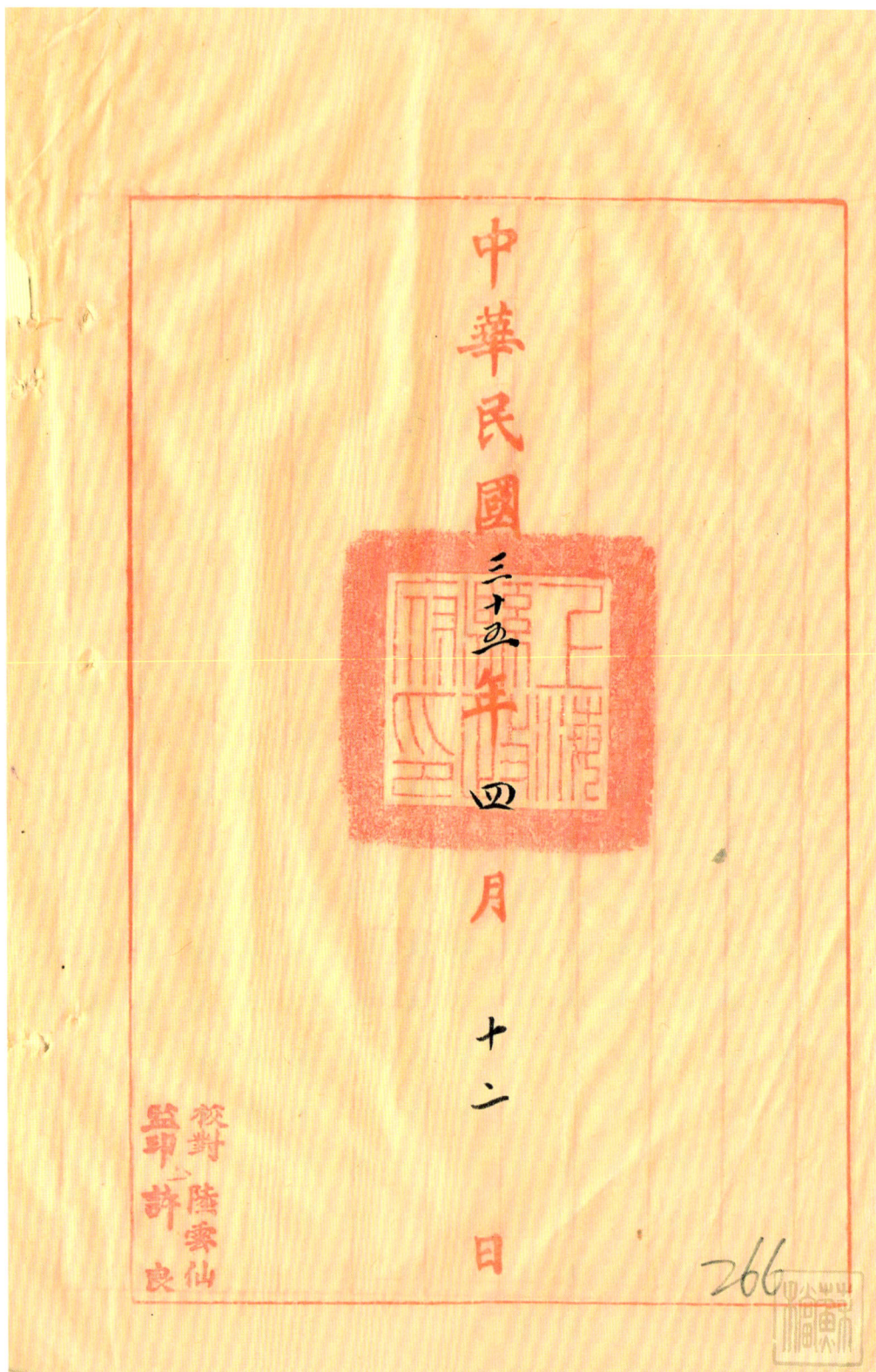

校對 陸雲仙
監印 許 良

266

附：中孚兴业化学制造股份有限公司财产直接损失汇报表（一九四六年三月二十八日）

民營工業財產直接損失彙報表

事件　國軍撤退後日軍進廠強佔不許本公司員工留廠看守

日期　下開損失係自民國二十七年日軍強佔廠屋起陸續被其卸運移散

地點　江蘇省上海縣閔行鎮

填報者中孚興業化學製造股份有限公司　　填報日期三十五年三月廿八日

分類	損失時價值（國幣元）	重要物品項目及其數量
共計	法幣玖仟貳佰萬元	
廠房		
現款		
製成品	法幣壹仟貳佰萬元	硫化元染料756鐵桶合計45噸
原料	法幣貳仟萬元	氣桶11噸硝酸30噸硫酸108噸硫磺150噸燒碱10桶硫化碱10噸元明粉6噸純碱1噸柴油5噸煤100噸
機械及工具	法幣肆仟萬元	收同濃酸廠全部、鐵桶廠全部、馬達56匹、邦浦4部、車床鑽床及鍋爐（1280立方尺）等等
運輸工具		
其他	法幣貳仟萬元	鐵桶798只、鐵皮1758張、培令、考克、管子、地軸、油漆、皮帶等等

中孚興業化學製造股份有限公司

南汇县政府关于惠南航社抗战期间财产损失事致江苏省政府的呈（一九四六年五月十六日）

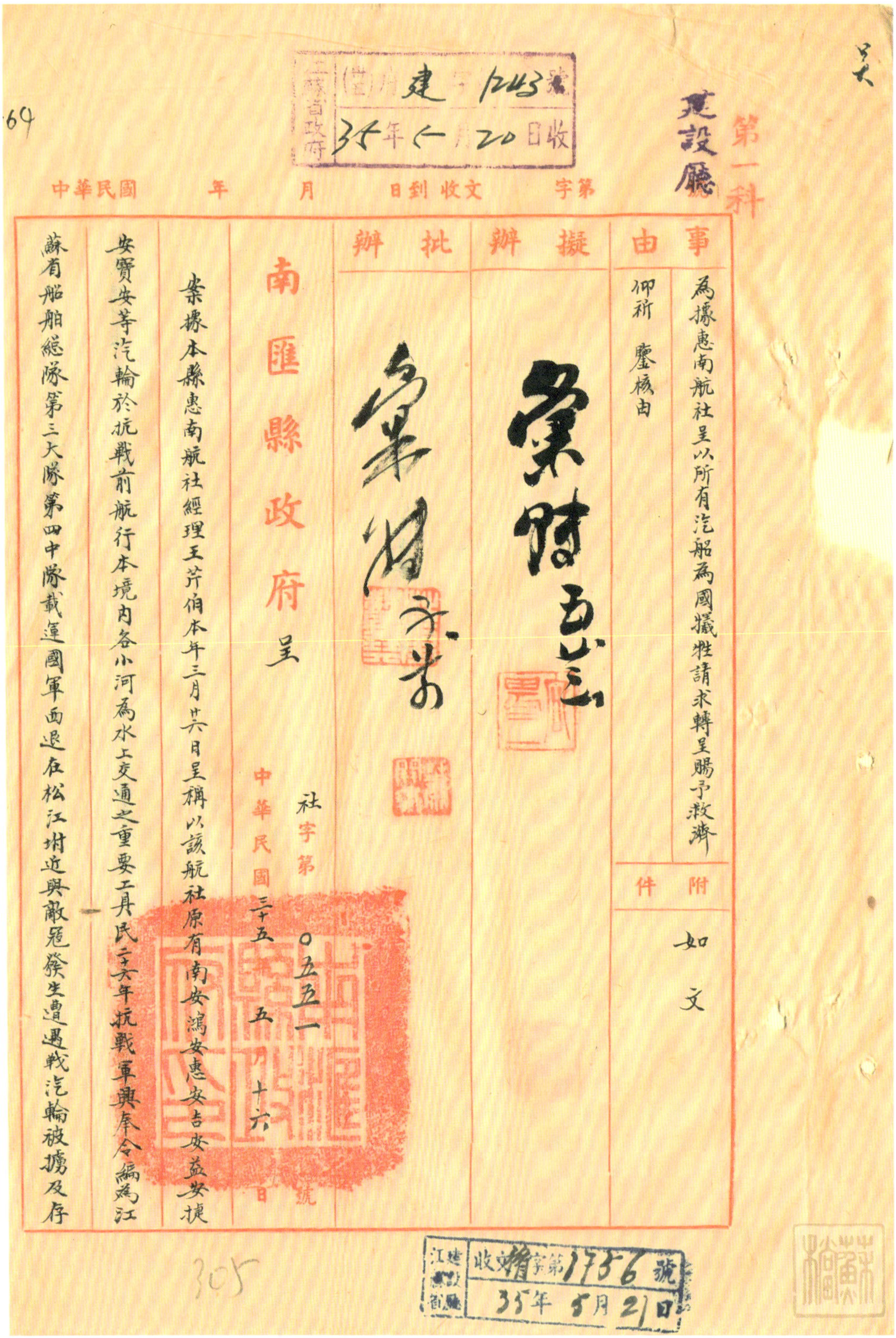

江蘇省政府 （呈）府 建字1243號 35年6月20日收

建設廳 第一科

中華民國　年　月　日到收文　字第

事由：為據惠南航社呈以所有汽船為國犧牲請求轉呈賜予救濟仰祈鑒核由

附件：如文

南匯縣政府 呈

社字第〇五五一號

中華民國三十五年五月十六日

案據本縣惠南航社經理王芹伯本年三月廿六日呈稱：以該航社原有南安、鴻安、惠安、吉安、益安、捷安、寶安等汽輪於抗戰前航行本境內各小河，為水上交通之重要工具。民二十六年抗戰軍興，奉令編為江蘇省船舶總隊第三大隊第四中隊，載運國軍西退，在松江附近與敵寇發生遭遇戰，汽輪被擄及俘

江蘇建設廳 收文 增字第1756號 35年5月21日

儲船塢內材料暨各航線之船埠設備悉遭敵人劫去爲國犧牲損失浩大請求轉呈賜予救濟等情附呈

損失統計表等各三份據此除抽存外理合抄呈原呈并檢同原附件各兩份備文呈送仰祈

鑒賜核轉

謹呈

江蘇省政府主席王

附呈：抄原呈一件　前南匯縣長張崇基之聘書影本弍張　江蘇省船舶總隊第三大隊第四中隊

編隊表影本弍張　各項損失統計表弍份

南匯縣縣長徐泉

附一：原呈

165

竊本社原有南安鴻安惠安吉安益安捷安寶安等汽輪於抗戰前航行在南匯縣屬境內各小河為南匯全縣水上交通之重要工具民國二十六年秋我國抗戰軍興本社奉前南匯縣長張崇基命令將所有汽輪編入為江蘇省船舶總隊第三大隊第四中隊服務載運張發奎將軍所率之國軍西退詎知日寇已在金山衛登陸即在松江附近發生遭遇戰更有敵機在上空轟炸國軍棄船登陸散兵應戰而本社汽船被敵包圍不克奪圍而出除寶安汽輪因在最後處距離較遠得逃回外其餘六艘汽輪被敵俘擄有船員名朱文祥者當場殉難又有名徐蔚之周漢揚二人迄未回里生死莫卜該三船員家屬生活費用至今由本社津貼查本社不僅損失完善之汽輪六艘且存儲在船塢中之應用材料以及各航線之船埠設備悉遭敵人劫去連同依照戰前營業狀況核計八年餘來之營業利潤之損害共值法幣壹萬陸千四百玖拾壹萬捌千零捌拾元之大損失本社實屬無力恢復惟此種損害是屬國家犧牲似應在敵產內撥款賠償為特檢附前南匯縣政府之聘書編隊表之影本及損失統計各表備文呈請鑒核准予轉呈

江蘇省政府遞呈

國府賜予救濟償還損害不勝德感謹呈

南匯縣政府縣長徐

307

附呈 前南匯縣長張崇基之聘書影本 三張
江蘇省船舶總隊第三大隊第四中隊編隊表影本 三張
各項損失統計表 三份

具呈人 惠南航社
經理 王芹佰

附二：江苏省南汇县民营惠南航社八一三事件各项损失统计表（一九四六年三月十二日）

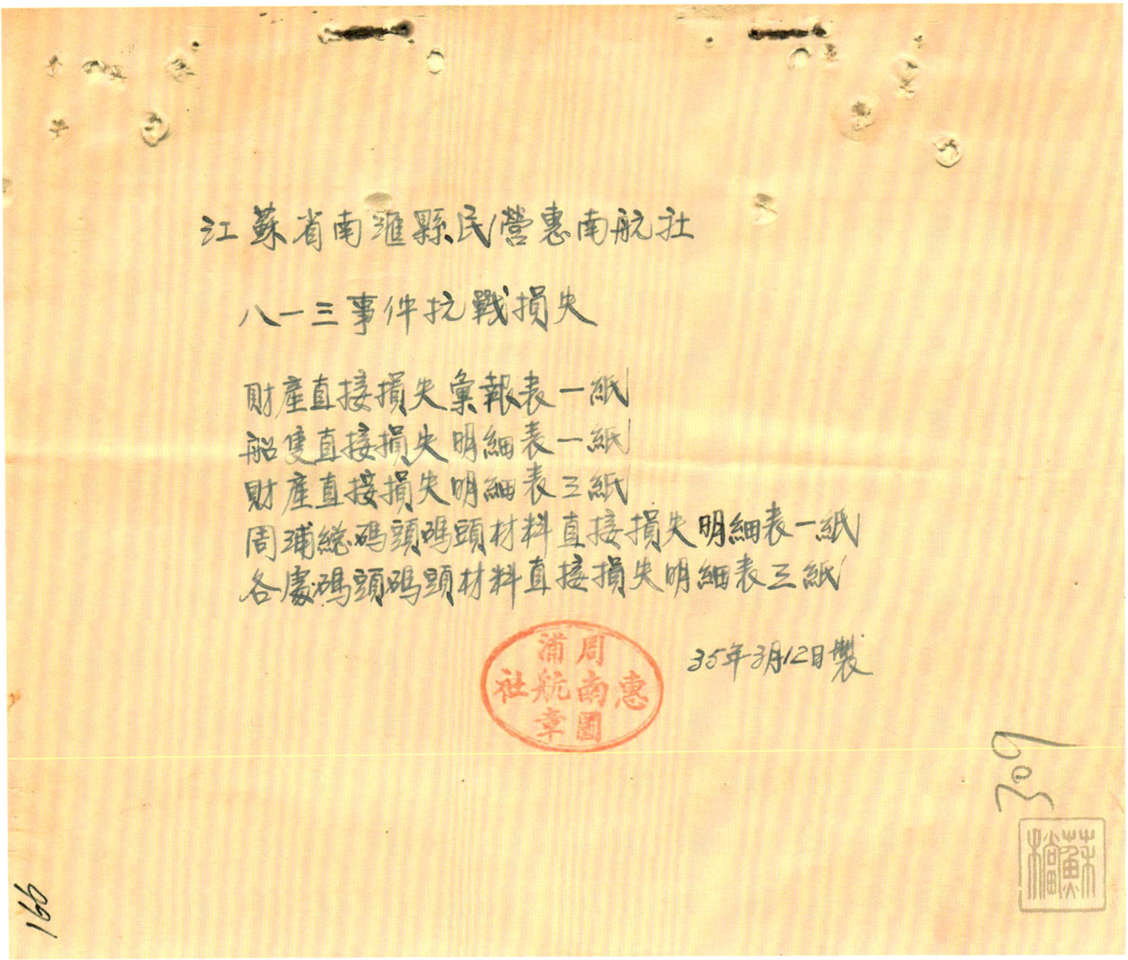

江蘇省南滙縣民營惠南航社

八一三事件抗戰損失

財產直接損失彙報表一紙
船隻直接損失明細表一紙
財產直接損失明細表三紙
周浦總碼頭碼頭材料直接損失明細表一紙
各處碼頭碼頭材料直接損失明細表三紙

35年3月12日製

309

169

南滙縣民營惠南航社　　財產直接損失彙報表

地点：南滙縣周浦鎮　　　　填送日期35年3月2日

分類	價值	備註
共計	164,918,000.00	
八年營業損失	48,000,000.00	
器具	360,000.00	
輪船	42,640,000.00	
材料	50,092,840.00	
修理機械及工具	1,507,000.00	
貨物	938,000.00	
路綫設備	21,080,000.00	
電訊設備	300,000.00	
其他		

報告者

船隻直接損失明細表

船名	馬力	原有數量	抗戰損失 數量	抗戰損失 價值	生財價	共計價	折合法幣	備註
南安	25匹	1艘	1艘	紋銀6,000兩	600兩	6,600兩	10,560,000.00	(船身係鉄質)全部没有
鴻安	24匹	1艘	1艘	紋銀5,500兩	600兩	6,100兩	9,760,000.00	(船身係柚木)全部没有
惠安	16匹	1艘	1艘	紋銀3,500兩	500兩	4,000兩	6,400,000.00	(船身係鉄質)全部没有
吉安	16匹	1艘	1艘	紋銀3,500兩	500兩	4,000兩	6,400,000.00	(船身係柚木)全部没有
益安	16匹	1艘	1艘	紋銀3,000兩	500兩	3,500兩	5,600,000.00	(船身係鉄質)全部没有
捷安	16匹	1艘	1艘	紋銀2,000兩	450兩	2,450兩	3,920,000.00	(船身係柚木)全部没有

311

168

報告者 周浦南航社

財產直接損失明細表

名稱	呎吋	原有數量	抗戰損失 數量	抗戰損失 價值	備註
柚木板	1吋6吋24呎	282塊	282塊	13,536,000.00	
柚木板	1吋6吋28呎	90塊	90塊	5,040,000.00	
蘇栗板	1吋6吋24呎	86塊	86塊	4,128,000.00	
洋松企口板	1吋6吋30呎	108塊	108塊	2,916,000.00	
洋松	6吋6吋26呎	24根	24根	3,369,600.00	
洋松	6吋6吋20呎	14根	14根	1,512,000.00	
洋松	16吋16吋4呎	18根	18根	2,764,800.00	
洋松	4吋12吋8呎	10根	10根	576,000.00	
榴安板	2吋12吋20呎	24塊	24塊	3,360,000.00	
杉木	丈八仝	28根	28根	560,000.00	
杉木	丈五仝	30根	30根	180,000.00	
銅葉子	24吋	2只	2只	280,000.00	
銅葉子	21吋	10只	10只	1,100,000.00	
銅葉子	20吋	6只	6只	600,000.00	
銅葉子	18吋	2只	2只	180,000.00	

169

报告者

312

財産直接損失明細表

名稱	呎 吋	原有數量	抗戰損失 數量	抗戰損失 價值	備註
銅葉子	12吋	1只	1只	80,000.00	
汽缸		14只	14只	2,100,000.00	
汽缸		2只	2只	400,000.00	
銅步絲殼		26付	26付	386,000.00	
鉛步絲殼		26付	26付	208,000.00	
洋圓地軸	$1\frac{1}{2}$吋 18呎	7根	7根	884,520.00	
洋圓地軸	$1\frac{3}{4}$吋 24呎	12根	12根	2,779,920.00	
紫銅床		26張	26張	260,000.00	
修理機械及填				1,507,000.00	
紫銅油管	$\frac{1}{4}$吋 10呎	5根	5根	120,000.00	
紫銅管	1吋 10呎	3根	3根	120,000.00	
紫銅管	$\frac{5}{8}$吋 10呎	3根	3根	90,000.00	
鋼管	$\frac{5}{8}$吋 10呎	6根	6根	240,000.00	
白鉄管	2吋 10呎	4根	4根	200,000.00	
花鉄板	$\frac{1}{4}$吋	3塊	3塊	1,600,000.00	

313

170

报告者

財産直接損失明細表

名稱	呎吋	原有數量	抗戰損失		備註
			數量	價值	
鉄板	[illegible]吋	8塊	8塊	150,000.00	
硬鉛		60磅	60磅	300,000.00	
硬銅		90磅	90磅	72,000.00	
雙人寫字枱		2只	2只	280,000.00	
柚木轉椅		2只	2只	80,000.00	
車油		120磅	120磅	140,000.00	
柴油		4噸	4噸	666,000.00	
火油		4听	4听	32,000.00	
牛油		50磅	50磅	100,000.00	
電話機		2只	2只	300,000.00	

314

171

報告者

周浦総碼頭碼頭材料直接損失明細表

名稱	呎吋	原有數量	抗戰損失 數量	抗戰損失 價值	備註
洋松	3吋12吋32呎	18根	18根	3,110,400.00	
洋松	2吋12吋3$\frac{1}{3}$呎	64根	64根	776,800.00	
洋松	2吋12吋8呎	10根	10根	288,000.00	
洋松	2吋12吋4呎	12根	12根	172,800.00	
洋松	6吋6吋30呎	13根	13根	2,106,000.00	
洋松	6吋6吋26呎	2根	2根	280,800.00	
洋松	6吋6吋20呎	4根	4根	432,000.00	
洋松	4吋6吋10呎	18根	18根	648,000.00	
洋松	3吋4吋3呎	8根	8根	47,200.00	
洋松	3吋3吋5呎	52根	52根	351,000.00	
洋松	3吋3吋32呎	6根	6根	259,200.00	
杉木	丈八仝	60根	60根	1,200,000.00	

报告者

各處碼頭材料直接損失明細表

航綫	地名	類別	原有數量	抗戰損失 數量	抗戰損失 價值	備註
江周綫	江家路	大	1个	1个	478,000.00	
	六團灣	小	1个	1个	191,600.00	
	陳家橋	大	1个	1个	478,000.00	
	張勝橋	小	1个	1个	191,600.00	
黄周綫	黄家路	中	1个	1个	260,400.00	
	六灶灣	中	1个	1个	260,400.00	
	二團廟	小	1个	1个	191,600.00	
	李家橋	大	1个	1个	478,000.00	
團周綫	中心橋	小	1个	1个	191,600.00	
	新場鎮	大	1个	1个	478,000.00	
	下沙	大	1个	1个	478,000.00	
青周綫	青村港	大	1个	1个	478,000.00	
	高橋	中	1个	1个	260,400.00	
	奉賢	大	1个	1个	478,000.00	
	奉賢(北門)	小	1个	1个	191,600.00	

316

173

報告者________

各處碼頭材料直接損失明細表

航線	地名	類別	原有數量	抗戰損失數量	抗戰損失價值	備註
	頭橋	大	1个	1个	478,000.00	
	二橋	小	1个	1个	191,600.00	
	蔡家橋	小	1个	1个	191,600.00	
南周綫	南滙西潭子	大	1个	1个	478,000.00	
	五塊橋	小	1个	1个	191,600.00	
	三灶鎮	大	1个	1个	478,000.00	
	坦直橋	大	1个	1个	478,000.00	
	傅家宅	小	1个	1个	191,600.00	
	沈莊鎮	大	1个	1个	478,000.00	
周南綫	四團倉	大	1个	1个	478,000.00	
	嚴家橋	小	1个	1个	191,600.00	
	閔家駁岸	小	1个	1个	191,600.00	
	蓮壁花橋	大	1个	1个	478,000.00	
	瓦雪村(西)	大	1个	1个	478,000.00	

217

124

報告者

各處碼頭材料直接損失明細表

航線	地名	類別	原有數量	損失 數量	損失 價值	備註
	黑橋	小	1个	1个	191,600.00	
祝周綫	祝家橋	大	1个	1个	478,000.00	
	六灶鎮(東)	小	1个	1个	191,600.00	
	六灶鎮(西)	大	1个	1个	478,000.00	

318

175

報告者 周浦航商社圖章

附三：前南汇县长张崇基聘书影本、江苏省船舶总队第三大队第四中队编队表影本

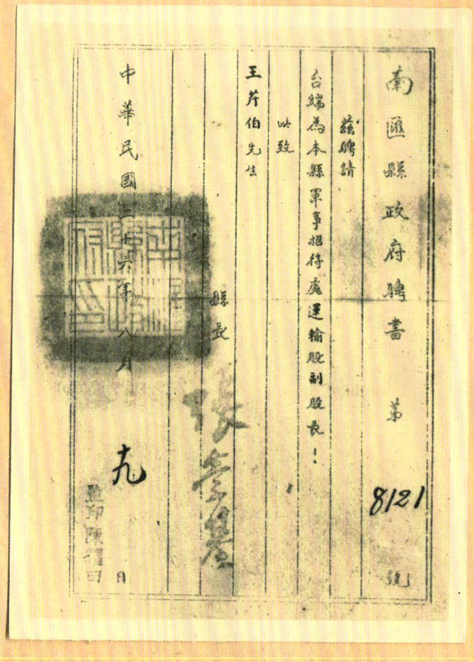

南匯縣政府聘書 第8121號

茲聘請

台端為本縣軍事招待處運輸股副股長！

此致

王芹伯先生

縣長 張崇基

中華民國三十六年八月 九 日

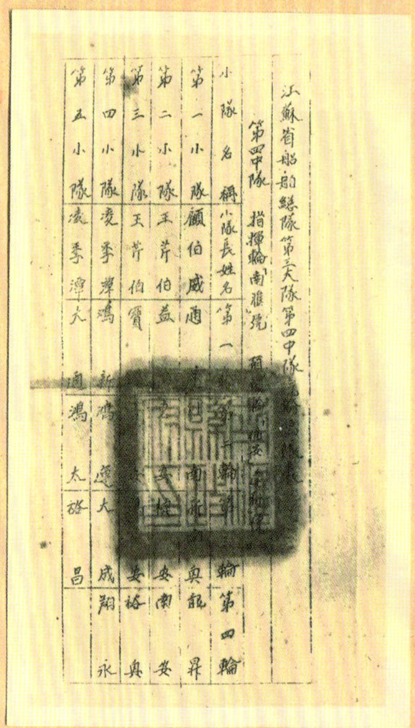

江蘇省船舶總隊第三大隊第四中隊[illegible]

第四中隊 指揮輪南雁號 [illegible]

小隊名稱	小隊長姓名	第一[illegible]	[illegible]	[illegible]輪	第四輪
第一小隊	顧伯威	通[illegible]	[illegible]	[illegible]興	龍昇
第二小隊	王芹伯	益[illegible]	[illegible]	[illegible]安	南安
第三小隊	王芹伯	賢[illegible]	[illegible]	[illegible]安	裕興
第四小隊	袁季撑	鴻新	鴻遠	大成	翔永
第五小隊	袁季潭	大通	鴻太	裕昌	

宝山县政府关于补送本县卫生事业机关抗战损失估计表致江苏省卫生处的呈（一九四六年八月二十二日）

衛生處收文號字 5008 號
35 年 8 月 26 日

二科

寶山縣政府

事由	為補送本縣衛生事業機關抗戰損失估計表三份仰祈鑒賜彙轉由
擬辦	擬存候彙轉 八.二九
決定辦法	如擬
附件	如文
文別	呈

寶山縣政府

民字第二一一五號

中華民國三十五年八月二十二日

案奉

鈞處衛二字第一四〇四號指令本府民字第一〇〇七號呈乙件為填就本縣衛生事業機關抗戰損失估計表一份備文呈送仰祈鑒核賜轉由內開：

「呈件均悉查所報衛生事業機關抗戰損失估計表僅有一份不敷

收文　　字第　　號

20

存轉且造報人又未具名蓋章仰仍依照表式補報三份以憑彙轉爲要此

令件存」

等因奉此遵即令飭本縣衛生院依式補報衛生事業機關抗戰損失估計表四份以憑存轉去後茲據該院造送到府除抽存一份外理合檢同本縣衛生院造送寶山縣衛生事業機關抗戰損失估計表三份備文呈送仰祈

鑒賜彙轉

謹呈

江蘇省衛生處處長陳

附呈寶山縣衛生事業機關抗戰損失估計表三份

代理寶山縣縣長程導民

附：宝山县卫生事业机关抗战损失估计表（一九四六年七月六日）

寶山縣衛生事業機關抗戰損失估計表　填報日期三十五年七月六日

機關名称	當時所在地点	損失類別	損失数量及主要物件名称	就二十六年物價估計総数	損失事件及年月
寶山縣立醫院	寶山城内	房屋	四間	一千元	二十六年八月日軍進攻 一千萬元
		器械	除爱克司光外大都設備完全	三萬元	三億元
		药品	普通药品大都完備	二萬元	二億元
		傢具	桌椅床鋪圖書等	二千元	二千萬元

主管長官　　復核　　造報人寶山縣衛生院院長高仰之

損失情形不詳之機關名称

無損失之機關名称

上海良记汽车行关于抗战期间被征汽车完全损失恳请补偿事致江苏省建设厅的呈（一九四六年十一月九日）

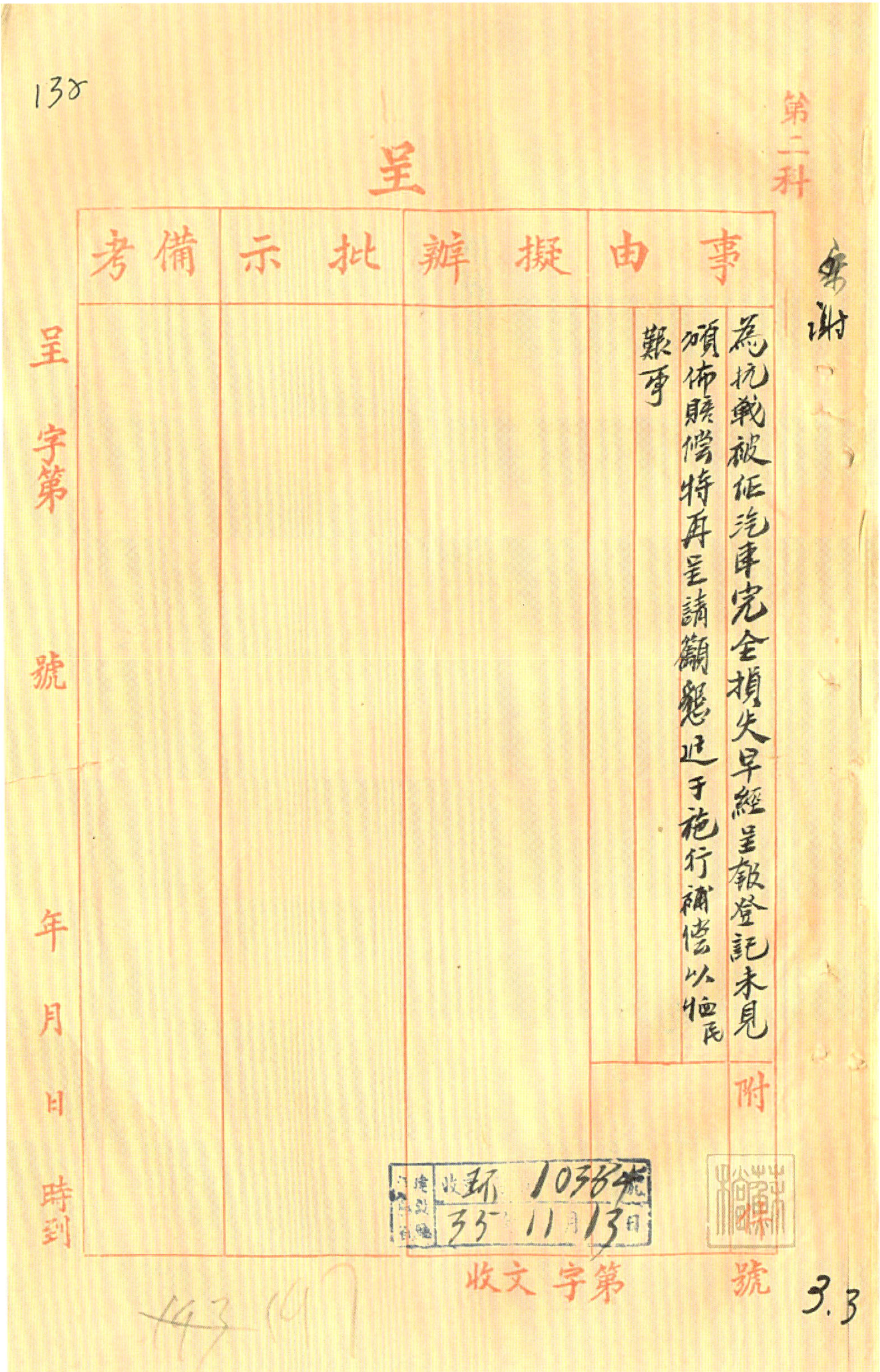
138

第二科

呈

事由	擬辦	批示	備考
為抗戰被征汽車完全損失早經呈報登記未見頒佈賠償特再呈請籲懇迅予施行補償以恤民艱事			

附

呈　字第　號　年　月　日　時到

收文　字第　號

收环 10384
35 11 13

3.3

為抗戰被征汽車完全損失早經呈報登記未見頒佈賠償特再
呈請籲懇施行補償体恤民艱事竊商民兆福前設良記汽車行於
鎮江八一三抗戰時被征運貨汽車叁輛完全在前線損失未歸勝
利後于本年一月民攜證件及鎮江八位紳商保証辦理登記蒙批
建二字七五三號准予登記旋又接奉通知于四月初填報損失報告表以
備轉呈中央考核賠償彼時國府尚未還都民祇得等待迄今又
半年有餘前閱報章中央對於被征損失輪船已酌定賠償辦法第思被征汽
車人力物力損失均不在輪船之下至今不得確定賠償似失公平查征
用汽車施行辦法第十三条明文規定戰事終了兩月後由原征機関
呈報政府無車發還則估價賠償耳民自車輛被征後失業還鄉

198—194

133

堅守八年近年原籍蘇北鹽城又加不能安居率領子弟流亡在滬又近一年茲因生活為難飢寒交迫不得已而具情呈請我

鈞廳鑒核迅予代轉中央早日賜予補償以全政府威信而救

商民復業實為公德兩便謹呈

江蘇省建設廳廳長董

具呈人 商民 良記汽車行沈兆福

通訊處上海海門路四六九號

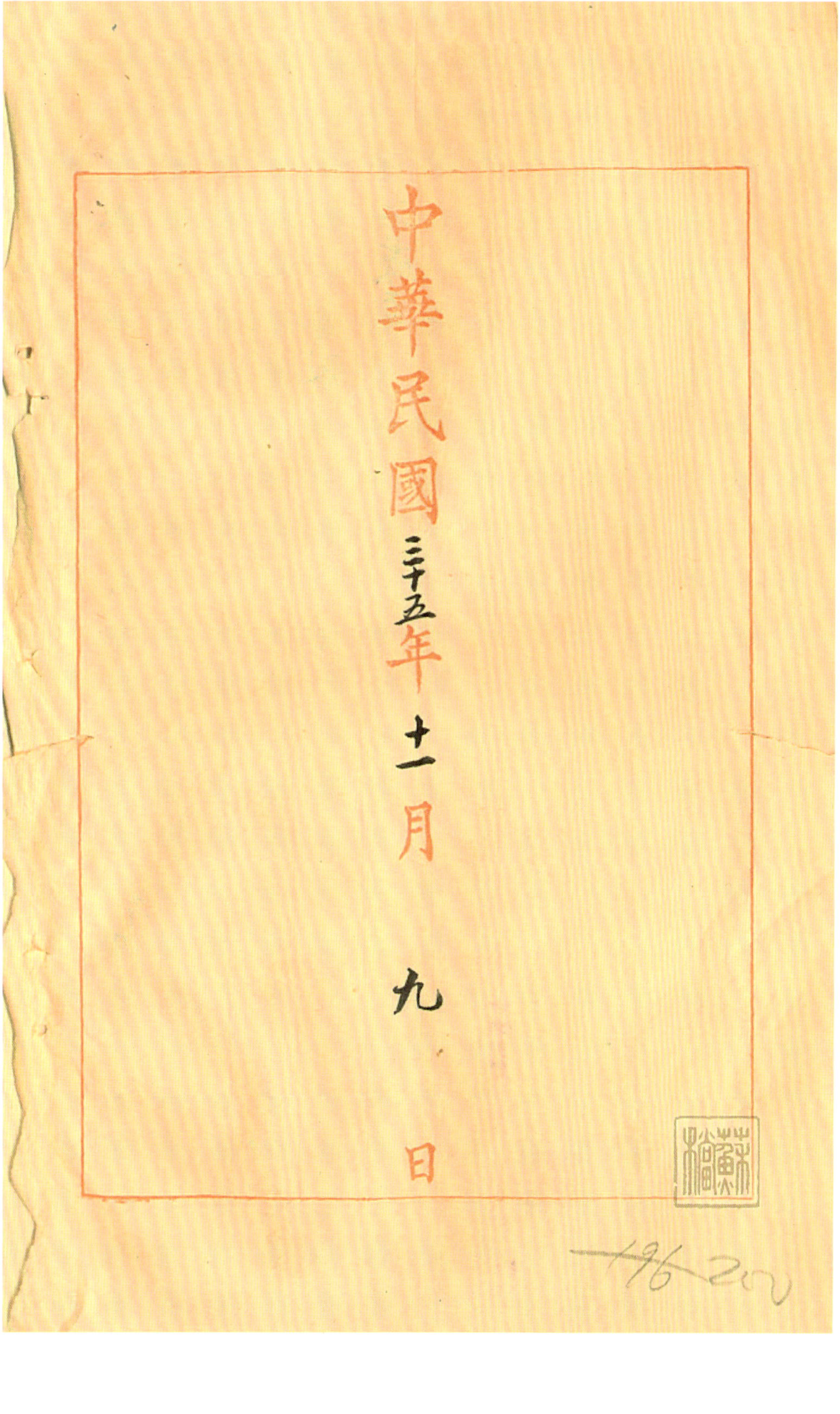
中華民國二十五年十一月九日

新灌垦殖股份有限公司、江苏省建设厅等关于报送公司抗战期间财产损失事的一组公文

（一九四七年三月十九日至七月十六日）

新灌垦殖股份有限公司致江苏省建设厅的呈（一九四七年三月十九日收）

竊公司設在江蘇灌雲縣草左鄉以經營墾植為業務民國二十七年敵人侵入灌雲縣境公司被其佔有旋將公司房屋全數拆毀自衛槍支搶去所有器物牛隻農具存麥等亦被劫一空三十四年敵人退去後公司派員前往察看辦事處固已夷為平地而已成之水閘並經搗毀無存在公司地區北面已築成之圩因敵人辦理防禦工程踐踏毀壞以致潮水湧入朝夕動盪所有四面界圩幹河支渠全部沖刷淤墊土質亦由淡變鹼損失尤重

茲謹依式填具報告單並附間接損失估計單呈請

鑒核彙辦實為德便謹呈

江蘇省建設廳

新灌墾植股份有限公司

43

董事長 江問漁

通信地址上海嘉善路一八五弄六號

附財產損失報告單及間接損失估計單各一紙

64 62

中華民國三十六年三月　日

附：张翊生财产损失报告单（一九四七年二月）

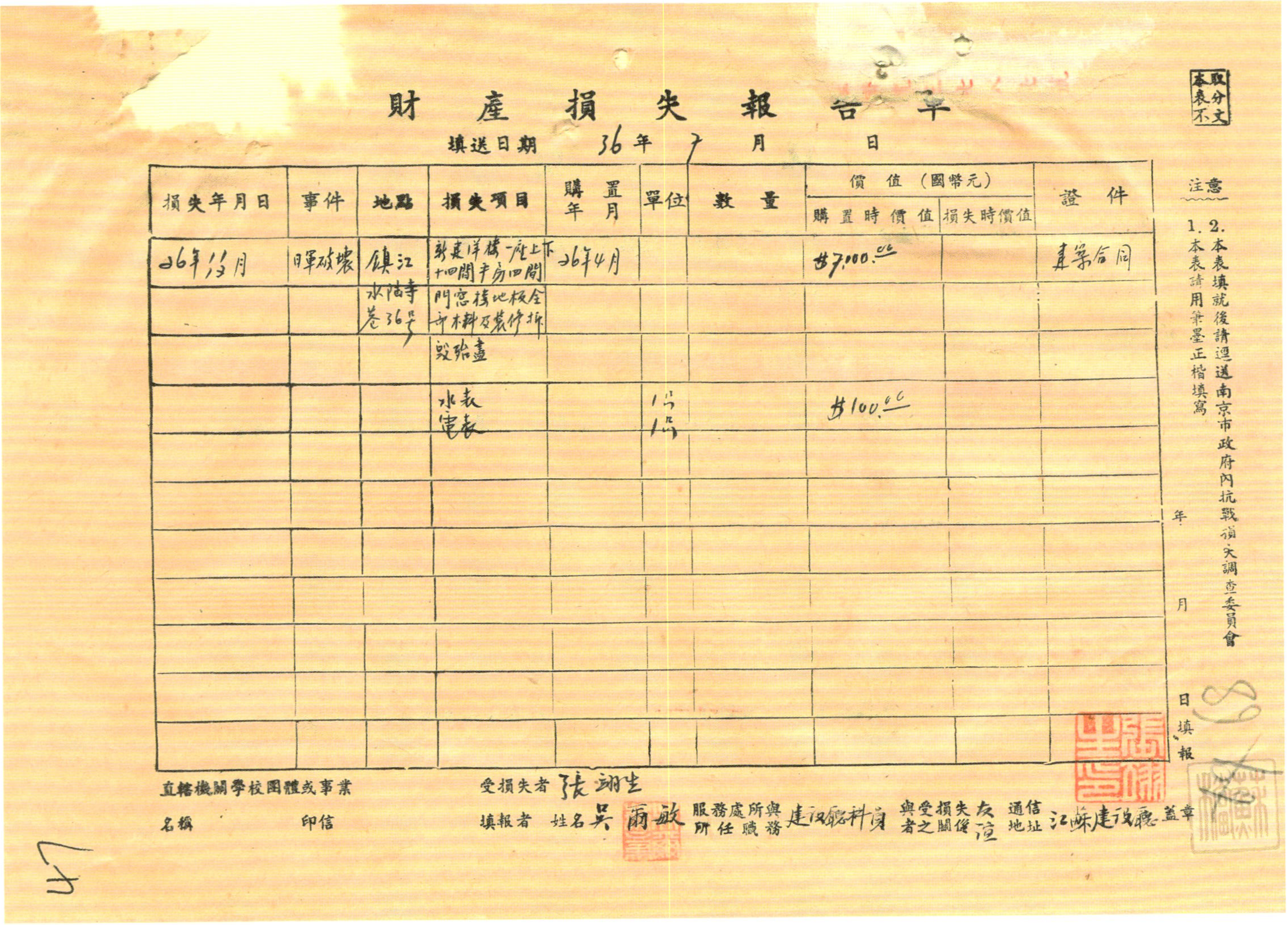

財產損失報告單

本表不分文

填送日期 36年 2 月 日

損失年月日	事件	地點	損失項目	購置年月	單位	數量	價值（國幣元）購置時價值	價值（國幣元）損失時價值	證件
26年12月	日軍破壞	鎮江水陸寺巷36号	新建洋樓一座上下十四間平房四間門窗樓地板全部材料及裝修拆毀殆盡	26年4月			$7,000.00		建築合同
			水表		1只		$100.00		
			電表		1只				

注意：1. 本表填就後請逕送南京市政府內抗戰損失調查委員會
2. 本表請用筆墨正楷填寫

年 月 日填報

直轄機關學校團體或事業 名稱 印信

受損失者 張翊生

填報者 姓名 吳雨敏 服務處所與所任職務 建設廳科員 與受損失者之關係 友誼 通信地址 江蘇建設廳 蓋章

47

68

說　明

1.[損失年月日]指事件發生之日期如某年某月某日或某年某月某日至某年某月某日

2.[事件]指發生損失之事件如日機之轟炸日軍之進攻等

3.[地點]指事件發生之地點如某市某縣某鄉某鎮某村等

4.[損失項目]指一切動產(如衣服什物財帛舟車證券等)及不動產(如房屋田園礦產等)所有損失逐項填明

5.[價值]如係當地幣制除折成國幣填列外並附填原幣名稱及數額

6.如有證件應將名稱與件數填入(證件)欄內

7.受損失者如係私人填其姓名如係機關學校團體或事業填其名稱

8.私人之損失由本人填報或由代報者填報機關學校團體或事業之損失由各該主管人填報

本表不取分文

財產損失報告單

填送日期 36 年 7 月 日

損失年月日	事件	地點	損失項目	購置年月	單位	數量	價值（國幣元）購置時價值	價值（國幣元）損失時價值	證件
26年12月	日軍放火刼掠	鎮江縣子山	碑帖字畫	家傳及歷年購置		2箱	7000.00		
			圖書			2櫥2箱	5000.00		
			銀盾銀杯等			50餘件	4000.00		
			皮衣			2箱計21件	5000.00		
			綢夾布衣			2櫥4箱	4000.00		
			綢呢絨布衣料			2箱櫥	2000.00		
			毛線衣褲			1箱	1000.00		
			帳子			6頂	100.00		
			被褥			18条	1000.00		
			柳安卧室傢具			13件	2000.00		
			客堂書房廚房傢具			150件	3000.00		
			大小鉄床			8只	500.00		
			磁瓷			2紗櫥	1000.00		
			堆存木料鉄砂白鉄				3000.00		
			五金材料				3000.00		
			雜件				2000.00		

直轄機關學校團體或事業 名稱 印信

受損失者 張翊生

填報者 姓名 吳雨敏 服務處所與所任職務 建設廳科員 與受損失者之關係 友誼 通信地址 江蘇建設廳 蓋章

注意：
1. 本表填就後請逕送南京市政府內抗戰損失調查委員會
2. 本表請用毛筆正楷填寫

年 月 日 填報

説　明

1.[損失年月日]指事件發生之日期如某年某月某日或某年某月某日至某年某月某日

2.[事件]指發生損失之事件如日機之轟炸日軍之進攻等

3.[地點]指事件發生之地點如某市某縣某鄉某鎮某村等

4.[損失項目]指一切動產(如衣服什物財帛舟車證券等)及不動產(如房屋田園礦產等)所有損失逐項填明

5.[價值]如係當地幣制除折成國幣填列外並附填原幣名稱及數額

6.如有證件應將名稱與件數填入(證件)欄内

7.受損失者如係私人填其姓名如係機關學校團體或事業填其名稱

8.私人之損失由本人填報或由代報者填報機關學校團體或事業之損失由各該主管人填報

元丰毛纺织染公司笺（一九四七年七月十五日）

45

元豐毛紡織染公司用箋
上海北京東路三五六號國華大樓五〇八…五一一室
電話：總經理室九七七四七 各部九一八七四

孝文吾兄大鉴：径启者，良友多疏，雁札请
恕，实深抱歉。近维
阁第康业，定如所颂。兹有恳者，因报载呈
报抗战损失七月底即行截止，弟水陆寺巷房
屋损坏及新牙山住屋内一切损失，已托人在南
京赔偿委员会询问，据称须经前服务处转
报。弟战前既服务贵厂，特填就损失报告表
四纸，请兄转向锦云秘书说明，由厂盖印
证明，转呈南京行政院赔偿委员会，并请兄照
单所说明具名为代填报人，为感。现离截止期十
余日，拟请信内印好一并(?)，而弟再托人至赔偿委员
会接洽。费神，容谢。专此，敬请
台安

弟 □□文 七、十五

中华民国 卅六 年 七 月 十五 日

第 號 第 頁

電報

廠址：安遠路八〇七號 電話二一四二〇

65 67

江苏省建设厅科员吴尔敏签呈（一九四七年七月十六日）

44

敬簽呈者頃接本廳前管卷室科員張肇勳即張翊生函送抗戰時期財產損失報告單囑轉請本廳蓋印轉請行政院賠償委員會核辦等語查該員財產損失確係事實房屋破壞後至今尚未修理准函前由理合代為轉呈仰祈

鑒核於限期內轉請行政院賠償委員會核辦實為德便謹呈

主任秘書蕭轉呈

廳長董

附張君原函一件損失表四紙

科員吳爾敏謹呈 七·十六

照轉

64

上海厚生公司关于报送公司抗战期间财产损失以索赔事致江苏省建设厅的呈（一九四七年五月十五日）

16

事由	擬辦	批示	備考
為遵章呈報敝商財產損失報告表祈核轉索賠以蘇民困由	擬附報 五.十五	轉報 五.十五	

附件：如文

字第　號　年　月　日　時到

江蘇省建設廳收文环字第18962號
三十六年5月16日

20

竊德全等於民國三十年在啟東縣二廠鎮組織厚生公司，組織之起原因，啟東縣境前大生二廠紡織公司於抗戰後大部份重要機件拆遷上海，廠遂停工。德全等鑒於其時該廠地區尚係游擊區域，而廠之規模具在，故擬利用廢鐵製造鍋鑪，利用剩餘紡織基礎籌組紡織事業，遂集資向上海誠孚信託公司將該廠廠房生財與遺存紡織機件等全部買受，定名為厚生公司（厚生冶坊係公司內業務之一部）。由德全任經理，籌備未久，於三十一年一月後先受敵機炸燬一部，嗣於三十一年六月後廠區陷於敵手，廠房機件等全部損失，迨至日寇投降，祇留荒場一片，原有房產機件等損失淨盡，以三十一年時價估計，損失國幣壹千壹百餘萬元。茲者天日重光，指賠有望，理合填具損失報告表三份，備文呈請

鑒賜核轉索賠，俾蘇民困。

謹呈

建設廳廳長董

21

17

附財產損失報告表三份契約照片三紙

具呈人厚生公司經理王德全

（通訊處上海金陵東路永興街京江棧二十五室轉）

22

中華民國三十六年五月十五日

26

附：厚生公司财产损失报告表（一九四七年五月十六日）

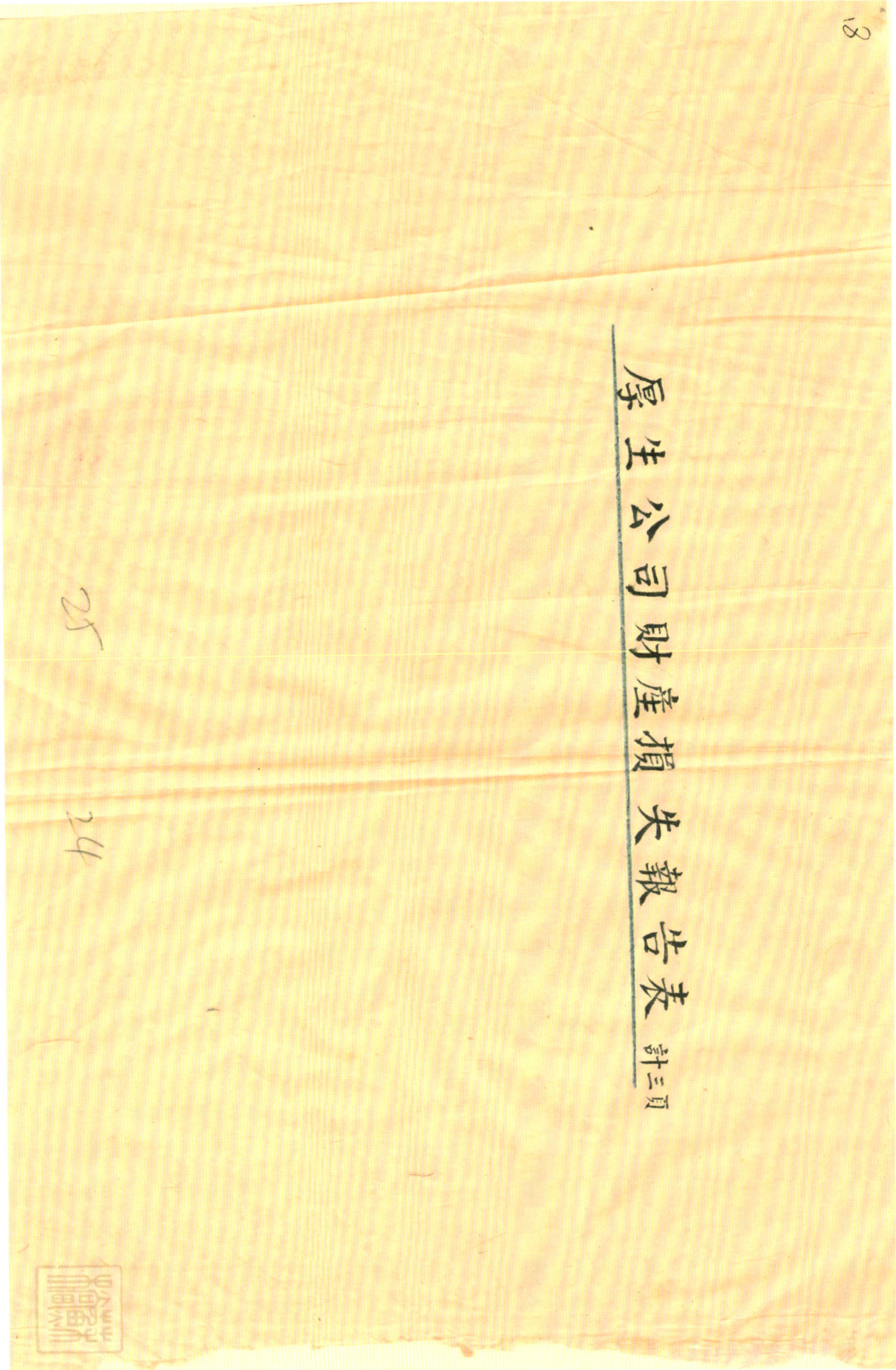
18

厚生公司財產損失報告表 計三頁

25 24

18

財產損失報告表

填送日期 36 年 5 月 16 日

損失年月日			事件	地點	損失項目	買購年月		單位	數量	價值（元）		證件
年	月	日				年	月			購置時價值	損失時價值	
31	6		被敵拆毀	啟東縣二廠鎮	（紡織部份）直立式開棉機	30	7	台	4	6,630	132,600	附買受契約証件照片
〃	〃		仝上	仝上	給棉機	〃	〃	〃	4	4,070	81,400	
〃	〃		仝上	仝上	梳棉機	〃	〃	〃	20	34,500	690,000	
〃	〃		仝上	仝上	頭道粗紡機	〃	〃	〃	16	46,800	936,000	
〃	〃		仝上	仝上	二道粗紡機	〃	〃	〃	23	71,760	1,435,200	
〃	1		被敵機炸毀	仝上	精紡機	〃	〃	〃	20	66,300	1,326,000	
〃	〃		仝上	仝上	搖紗機	〃	〃	〃	30	14,600	292,000	
〃	〃		仝上	仝上	布機	〃	〃	〃	52	12,670	253,400	
										小計257,330	小計5,146,600	

直轄機關學校團體或事業名稱　印信

受損失者　厚生公司
填報者　王德全
姓名　服務處所與所任職務　厚生公司經理
與受損失者之關係　股東兼經理
通訊地址　上海金陵東路永興街浙江棧二十五室轉
蓋章

27　26

20

財產損失報告表

填送日期 36 年 5 月 16 日

損失年月日			事件	地點	損失項目（房屋部份）	購置年月		單位	數量	價值（元）		證件
年	月	日				年	月			購置時價值	損失時價值	
31	7		被敵拆毀	啟東縣三廠鎮	辦事處	30	7	間	30	18,000	360,000	附買契約証件照片
〃	〃		〃	〃	正廳	〃	〃	〃	16	9,600	192,000	
〃	〃		〃	〃	天水池	〃	〃	座	1	1,000	20,000	
〃	〃		〃	〃	客房	〃	〃	間	14	7,000	140,000	
〃	〃		〃	〃	廠廚房	〃	〃	〃	10	4,000	80,000	
〃	〃		〃	〃	夫役雜物房	〃	〃	〃	21	8,400	168,000	
31	1		被敵機炸毀	〃	出貨處	〃	〃	〃	14	7,000	140,000	
31	7		被敵拆毀	〃	職工職員宿舍	〃	〃	〃	28	14,000	280,000	
31	7		〃	〃	人事科	〃	〃	〃	7	3,500	70,000	
〃	1		被敵機炸毀	〃	洋房	〃	〃	〃	6	4,200	84,000	
〃	8		被敵拆毀	〃	後廂房	〃	〃	〃	4	2,000	40,000	
〃	〃		〃	〃	荷花池	〃	〃	座	1	1,000	20,000	

直轄机關學校團体或事業名称　印信

受損失者　厚生公司

填報者　王德全

服務處所与所任職務　厚生公司經理

与受損失者之關係　股東兼經理

通訊地址　上海金陵東路永安街東江樓三十五號轉

蓋章

29

28

21

財產損失報告表

填送日期36年5月16日

損失年月日 年	月	日	事件	地點	損失項目	購置年月 年	月	單位	數量	價值(元) 購置時價值	損失時價值	證件
31	8		被敵拆毀	啟東縣久隆鎮	進貨處	30	7	間	18	9,000	180,000	附買賣契約証件照片
〃	〃		〃	〃	物料所	〃	〃	〃	18	9,000	180,000	
〃	〃		〃	〃	機工宿舍	〃	〃	〃	18	7,200	144,000	
〃	〃		〃	〃	紗棧	〃	〃	〃	23	11,500	230,000	
〃	〃		〃	〃	花棧	〃	〃	〃	62	31,000	620,000	
〃	〃		〃	〃	物料棧	〃	〃	〃	18	9,000	180,000	
〃	〃		〃	〃	大儲乜棧	〃	〃	〃	35	17,500	350,000	
31	9		〃	〃	工人宿舍	〃	〃	〃	234	70,200	1,404,000	
〃	〃		〃	〃	職員住宅	〃	〃	〃	75	37,500	750,000	
〃	〃		〃	〃	警房	〃	〃	〃	41	16,400	328,000	
										小計298,000	小計5,960,000	
										共計555,330	共計11,106,600	

直轄机关学校团体或事業名称　印信　受損失者厚生公司　填報者大德会

姓名　服務處所与所任職務　厚生公司經理

与受損失者關係　之同　係經理

通訊地址　上海金陵東路永興街宋江樓二十五號轉　蓋章

31　30

时利和冠记营造厂关于报送战时因公损失报告单致江苏省建设厅的呈（一九四七年八月二十六日）

84
事由
為呈送戰時因公損失報告單請鑒核備查賜予補救由
附件
如文
擬辦
批示
備考
第四科
案存
收文
字第
23762
號
30
日
字第
號
年
月
日
時到

竊廠商於戰前經營建築事業歷有年所且始終在
鈞廳督導之下承築公路工程凡數十起為工程便利計當購置卡車七輛往來工地運
輸工料迨二十六年秋季倭寇侵略淞滬變起全面抗戰是時廠商奉　令赴常熟福山
港口一帶担任搶建江防要塞公路及軍用急造公路等重要工程雖受敵寇慘烈炮火之
威脅亦奮不顧身涌夜搶趕各種重要工程次第大部完成而敵寇恃空襲暴力終
至於二十六年十一月間蘇常一帶均告失守是時廠商自置卡車七輛除蘇字牌照四輛在
鎮首被徵用外其餘三輛以及一切工具材料等等均遭損失查以上損失所在地點當時有
鈞廳前方總工程處處長沈公公達總工程司莊效震先生副總工程司王燕泉先生目睹損失
實情當可證明廠商在抗戰中因公遭受此鉅大損失養成破產現抗戰勝利　政府迭頒
明文催報戰時損失仰見賢明　當局體念人民之至意當能

85

賜予補救茲謹將 廠商所有戰時因公遭受損失之車輛工具材料等等據實繕具報告單

呈請

鑒核備查伏乞

批示祗遵

謹呈

江蘇省政府建設廳廳長董

附呈財產損失報告單一紙

時利和冠記營造廠

經理 殷冠三

122

中華民國三十六年八月二十六日

123

三、徐州地区战时损失调查

睢宁县政府、江苏省政府社会处关于填具抗战损失调查表的往来公文（一九四六年三月七至十五日）

睢宁县政府致江苏省政府社会处的呈（一九四六年三月七日）

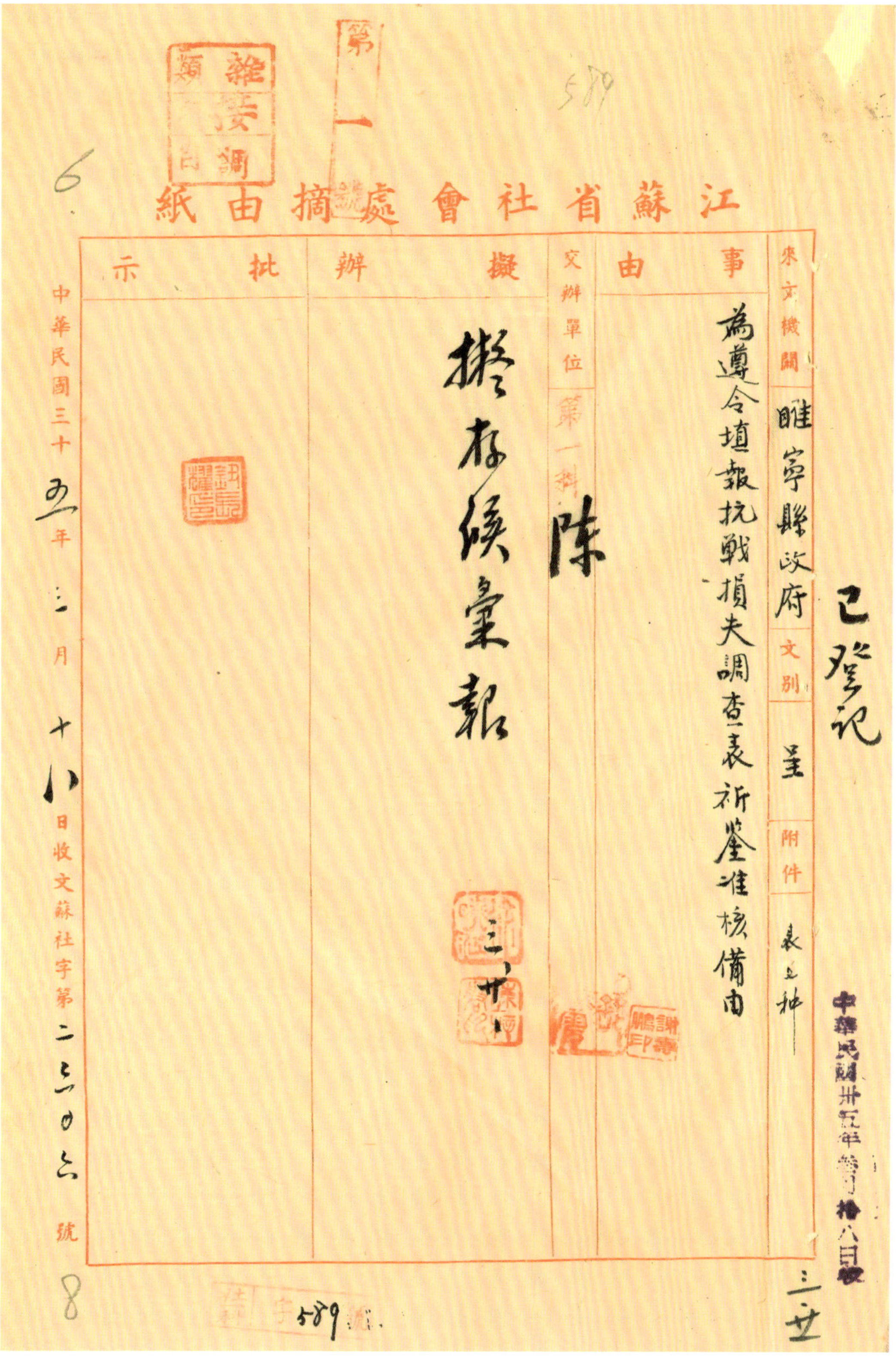
江苏省社会处摘由纸

来文机关：睢宁县政府
文别：呈
附件：表五种
事由：为遵令填报抗战损失调查表祈鉴准核备由
承办单位：第一科 陈
拟办：拟存候汇报
批示：

中华民国三十五年三月十八日收文苏社字第二五〇六号

已登记

中华民国卅五年三月拾八日收

江苏省政府 (卅)府社字第685號 35年3月15日收

雜 接 類 頭 文

第二號

社會處 民227

睢寧縣政府呈文

事由 為遵令填報抗戰損失調查表祈鑒准核備由

睢復社字第59號

中華民國三十五年三月七日

案奉

鈞府(卅五)府社一字第六四號代電附發抗戰損失調查表式七種飭依式查填具報等因遵經查填齊全理合備文呈報仰祈

鑒核彙報

謹呈

江蘇省政府主席王

附呈抗戰損失調查表七種

睢寧縣長朱伯鴻

附一：睢宁县政府财产直接损失汇报表（一九四六年三月一日）

重複

第三號

表1　人民團體機關私人通用
財產直接損失彙報表

事件　日軍進攻及日機轟炸

日期　二十七年五月二十日至三十四年七月二十五日

地點　睢寧縣城關及各大鎮

填報者睢寧縣政府　　　　填報日期三十五年三月一日

分類	損失時價值（國幣元）	重要物品項目及其數量
共計	1625000元	
建築物	600000元	樓房120間平房150間草房450間
器具	200000元	木器1500件陶瓷器等20000件
現款	200000元	法幣
圖書	150000元	古書1200部科學教育等新書20000部
儀器	55000元	化學實驗器20件物理等試驗器45件
文卷	毀損250本遺失450本	毀損250本遺失450本
醫藥用品	20000元	碘類100磅注射劑4000瓶藥片5000包
衣物	100000元	皮衣大衣共50件粗細布服及其他1000件
粮食	200000元	紅粮1000石麥5000石雜粮4000石
其他	100000元	

表 2 人民團體機關公司行號合作社及私人通用

財產間接損失彙報表

事件 日軍進攻及日機轟炸
日期 二十九年五月二十日至三十四年七月二十五日
地點 睢寧縣城關及各大鎮

填報者睢寧縣政府

三十五年三月一日

分類	實際價值共計	摘要說明
共計	1300000元	
遷移費	440000元	僱用車舟費及一切損失
防空設備費	130000元	簡單設備材料為木料石灰石料等
疏散費	130000元	包括車輛工資伙食等費
救濟費	100000元	
撫邮費	100000元	撫邮罹難公務員
生產減少	150000元	
盈利減少	250000元	

江苏省政府社会处致睢宁县政府的指令（一九四六年三月十五日）

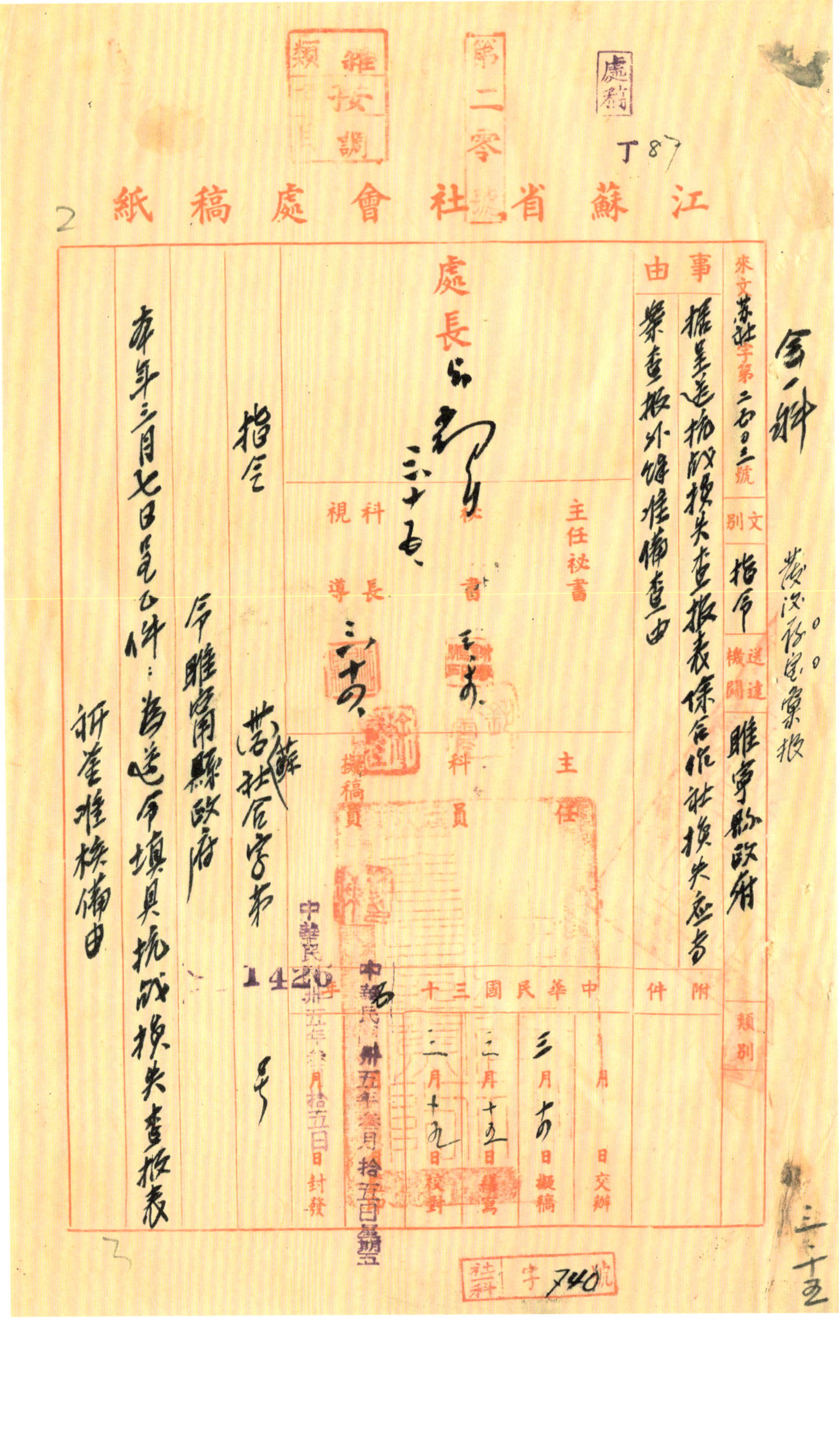

江蘇省社會處稿紙

T87

來文：蘇社字第二〇〇三號

文別：指令

送達機關：睢寧縣政府

事由：據呈送抗戰損失查報表係合作社損失應當彙查報外准備查由

處長　三/十五

主任秘書

秘書

科長　三/十四

視導

主任

科員

擬稿員

指令　社合字第　號

令睢寧縣政府

本年三月七日呈乙件：為送呈填具抗戰損失查報表祈鑒准核備由

附件

中華民國三十　年　月　日交辦　三月十四日擬稿　三月十五日繕寫　三月十九日校對　日封發

中華民國卅五年叁月拾五日發

社科字740號

第二一號

類目　雜　接調

呈悉。除合作社損失應由各案查報部邑外，餘准備查。

此令。　件存

縣長鈕〇〇

丰县县政府为呈报抗战损失查报表事致江苏省政府社会处的呈（一九四六年五月六日）

中華民國卅五年五月拾壹日收

合作室第三股

第三號

事由：呈送本縣抗戰損失查報表一七六份仰祈鑒賜核轉由

收文 社 字第4732號 中華民國卅五年五月拾壹日

附：如文

年 月 日 時到

擬辦

決定辦法

豐縣縣政府

文別：呈文

中華民國三十五年五月六日 社字第 號 張

案奉

鈞處三十五年一月四日蘇社合字第二一一文號代電，頒發抗戰損失查報表式二份，飭遵照填報並轉飭所屬查報彙轉等因，附發表式二份。奉此，正擬辦中，復奉寅齊代電飭同前因，奉此，遵即將查報表彙齊依式繕就，理合具文呈送，仰祈

收文 字第 號

鑒賜核轉。

謹呈

江蘇省社會處處長鈕

附呈：抗戰損失查報表一七六份

豐縣縣長董玉珏

6

附：江苏省丰县抗战损失调查表二种（一九四六年二月至四月）

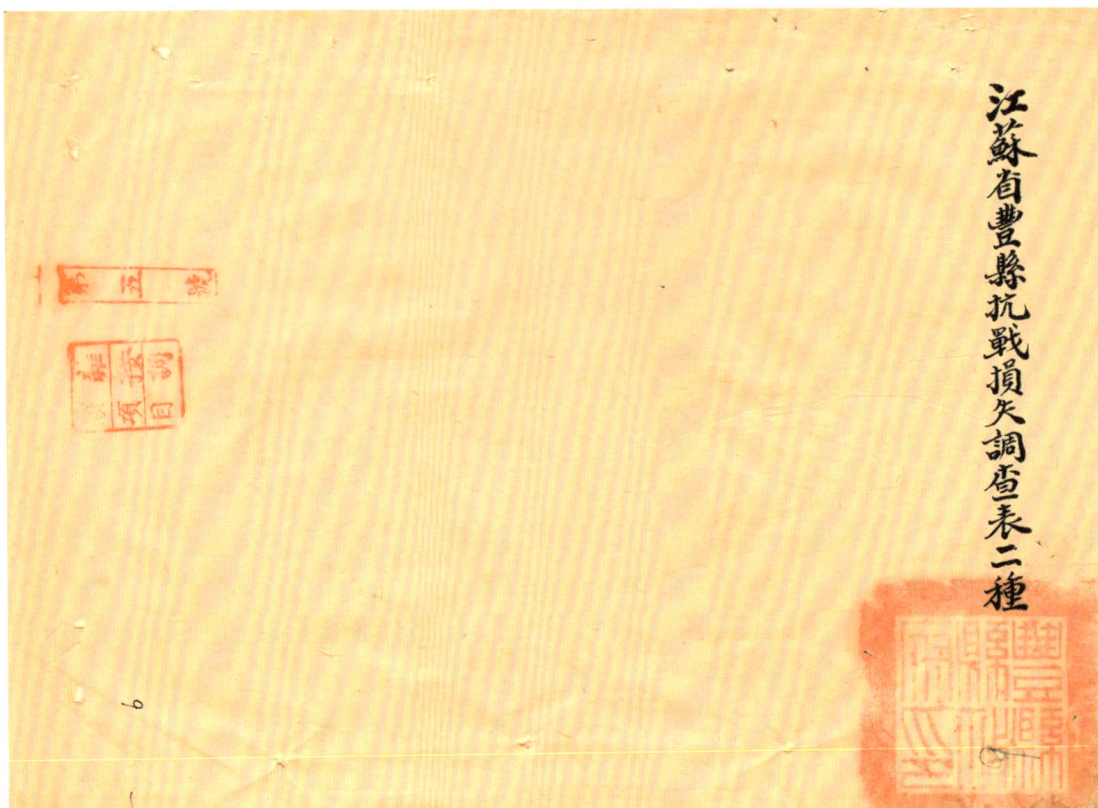

江蘇省豐縣抗戰損失調查表二種

第五號

調查項目

表式1. 人民團體機關私人通用

財產直接損失彙報表

事件（註一）日軍攻城

日期（註二）（或擬）二十七年五月十七日

地點（註一）城内

填報者 豐縣救濟院圖書館　　填報日期 三十五年四月十五日

第六號

調查項目

分類	損失時價值（國幣元）	損失物品名稱及數量
共計	253500元	
建築物	100000元	瓦房一百八十二間
器具	56000元	八百餘件
現款		二萬餘元
圖書	200000元	三千七百八十五册
儀器	70000元	八十二件
文卷		五百二十八册
醫藥用品	25000元	西藥五大箱
古物	2500元	四十五件
糧食		
其他		

表式1，人民團體機關私人適用

財產直接損失彙報表

事件（註一）日軍進攻豐城

日期（註二）（名稱）民國二十七年五月十七日

地點（註一）豐縣城內

填報者 豐縣縣政府　　　　填報日期 二十五年四月十日

分類	損失時價值（國幣元）	重要物品項目及其數量
共計	187500元	
建築物	130000元	瓦房二百餘間
器具	30000元	五百餘件
現款		
圖書	4000元	三百餘冊
儀器	15000元	二百餘件
文卷		
醫藥用品		
衣物	3500元	五百餘件
糧食	5000元	千餘市石
其他		

表式1，人民團體機關私人適用

財產直接損失彙報表

事件（註一）日軍進攻縣

日期（註二）（名稱）民國二十七年五月十七日

地點（註一）豐縣城內

填報者 豐縣縣立初級中學
豐縣縣立書院小學
豐縣縣立文廟小學
豐縣縣立女子小學

填報日期 三十五年四月十日

分類	損失時價值（國幣元）	重要物品項目及其數量
共計	416,500元	
建築物	195,000元	瓦房37間
器具	86,000元	課桌辦公桌及雜具1720件
現款	13,100元	
圖書	23,500元	一萬五千三百十七冊
儀器	79,000元	一千五百八十件
文卷		五百餘冊
醫藥用品	17,000元	千餘瓶
衣物	2,500元	千餘件
糧食	400元	十九市石
其他		

第九號

表式1，人民團體機關私人通用

財產直接損失彙報表

事件（註一）日本進時轟炸及焚燒

日期（註二）（名稱）民國二十七年五月十八日

地點（註一）豐縣縣城内及四關廂

填報者 豐縣第一區公所　　　　填報日期 三十五年三月二十九日

分類	損失時價值（國幣元）	要要物品項目及其數量
共計	1518790元	
建築物	336000元	瓦房75間，草房1107間
器具	152590元	大櫈19463張，木椅1855把，鋼絲床47架，皮箱291個，錫鍋61740、
現款	596700元	
圖書	12000元	四庫全書一部及其他各種圖書
儀器		
文卷		
醫藥用品	11300元	顯微鏡3架，中西藥品及器械等件、
衣物	214000元	海流皮衣31件，狐脊皮衣15件，羊毛皮衣201件，及其他線棉衣服、
10 糧食	16000元	小麥12100斤，黄豆18450斤，高粮250200斤、
其他	180200元	芝麻20520斤

第[illegible]號

表式1，人民團體機關私人通用

財產直接損失彙報表

事件（註一）因參加抗戰日寇配合偽軍焚燒及搶劫

日期（註二）（名稱）民國二十九年八月十七日

地點（註一）豐縣第一區高樓鄉張庄、

填報者 豐縣第一區公所　　　　填報日期 三十五年三月二十九日

分類	損失時價值（國幣元）	要要物品項目及其數量
共計	109000元	
建築物	13000元	瓦房10間、草房6間
器具	20500元	油碾又盤大車1輛、項床2架、沙缸80条，大鍋五口，油榨器5個、
現款	16000元	
圖書		
儀器		
文卷		
醫藥用品		
衣物	1500元	狐脊皮衣2件、羊毛皮衣3件
糧食	1000元	小麥6000斤、黄豆3600斤、
11 其他	57000元	柏板7摘，及騾馬驢等物、

表式1，人民團體機關私人適用

財產直接損失彙報表

事件（註一）日軍配合漢奸捕抗戰軍人時焚燒及搶劫

日期（註二）（名稱）民國三十年十月十六日

地點（註一）豐縣第一區丁蘭鄉王堂

填報者 豐縣第一區公所　　填報日期 三十五年三月二十九日

12

分類	損失時價值（國幣元）	重要物品項目及其數量
共計	23300元	
建築物	4900元	草屋7間
器具	2100元	大方棹2張 椅4把、磘1盤
現款		
圖書		
儀器		
文卷		
醫藥用品		
衣物	1300元	單棉衣被40餘件
糧食	15000元	小麥30000斤
其他		

表式1，人民團體機關私人適用

財產直接損失彙報表

事件（註一）日寇與中央軍作戰

日期（註二）（名稱）民國二十七年五月十八日

地點（註一）豐縣第一區李河鄉小胡莊

填報者 豐縣第一區公所　　填報日期 三十五年三月二十九日

13

分類	損失時價值（國幣元）	重要物品項目及其數量
共計	20990元	
建築物	6200元	草房35間、瓦房九間
器具	2800元	項床20架大漆棹40個
現款	7630元	
圖書	300元	
儀器		
文卷		
醫藥用品		
衣物	1250元	棉被105床、皮褥150床
糧食	960元	小麥黃豆高粱共28500斤
其他	1850元	燒毀樹木及騾馬等

表式1，人民團體機關私人通用
財產直接損失彙報表

事件（註一）日軍演習大礮轟炸
日期（註二）（名稱）民國三十二年四月二十一日
地點（註一）豐縣第一區丁蘭鄉賓堌寺

填報者豐縣第一區公所　　填報日期三十五年三月二十九日

分類	損失時價值（國幣元）	重要物品項目及其數量
共計	419000元	
建築物	400000元	瓦房9間
器具	15000元	學生課楳及櫈子240套
現款		
圖書	4000元	學生書籍
儀器		
文卷		
醫藥用品		
衣物		
糧食		
其他		

表式1，人民團體機關私人通用
財產直接損失彙報表

事件（註一）因參加抗戰日軍配合漢奸焚燒並搶劫
日期（註二）（名稱）民國二十八年六月二十八日
地點（註一）豐縣第一區丁蘭鄉張小樓

填報者豐縣第一區公所　　填報日期三十五年三月二十九日

分類	損失時價值（國幣元）	重要物品項目及其數量
共計	25700元	
建築物	13200元	瓦房15間、草房21間
器具	7000元	新汽車1輛、水晶楳1張及石槽石磄等物
現款	800元	硬幣300元、法幣500元
圖書	700元	名人字畫17幅及各科書籍
儀器		
文卷		
醫藥用品		
衣物	1450元	狐脊皮衣1件、羊皮衣6件、單棉衣共80件
糧食	1350元	小麥27000斤
其他	1200元	柏板3付、楊樹248棵

表式1，人民團體機關私人通用

財產直接損失彙報表

事件（註一）日軍與游擊隊作戰焚燒

日期（註二）（名稱）民國二十八年九月二十一日

地點（註一）豐縣第一區路口鄉小郭集

填報者豐縣第一區公所　　填報日期三十五年三月二十九日

分類	損失時價值（國幣元）	重要物品項目及其數量
共計	3364元	
建築物	1600元	草房8間
器具	450元	頂床2架、大櫈3個
現款		
圖書		
儀器		
文卷		
醫藥用品		
衣物	350元	單棉衣服被褥等物100餘件
糧食	192元	小麥1500斤黄豆1300斤高粱2000斤
其他	320元	

16

表式1，人民團體機關私人通用

財產直接損失彙報表

事件（註一）日軍焚燒

日期（註二）（名稱）民國二十九年六月二十五日

地點（註一）豐縣第一區亭台鄉邱堤口

填報者豐縣第一區公所　　填報日期三十五年三月二十九日

分類	損失時價值（國幣元）	重要物品項目及其數量
共計	185100元	
建築物	122000元	草房150間、樓房12間瓦房23間
器具	10500元	大床90張、大櫈105張、木椅80把銅床1架
現款		
圖書		
儀器		
文卷		
醫藥用品		
衣物	34800元	絲質衣服30件棉質衣服1170件
糧食	10800元	小麥36000斤
其他	7000元	

17

表式1，人民團體機關私人通用

財產直接損失彙報表

事件(註一) 日偽軍拆卸建築碉堡營房及焚燒

日期(註二) (名稱)民國二十七年五月十九日

地點(註一) 豐縣第一區鳳鳴鄉渠樓

填報者豐縣第一區公所

填報日期三十五年三月二十九日

分類	損失時價值(國幣元)	重要物品項目及其數量
共計	33100元	
建築物	15000元	瓦房35間
器具	9800元	辦公棹30張 課棹200張 大方棹40張
現款		
圖書	7000元	學校圖書館各種書籍
儀器		
文卷		
醫藥用品		
衣物		
糧食		
其他	1300元	學校圖樹木及運動用具等物

表式1，人民團體機關私人通用

財產直接損失彙報表

事件(註一) 日軍拆卸建築據點碉堡及焚燒

日期(註二) (名稱)民國二十七年五月十九日

地點(註一) 豐縣第一區鳳鳴鄉渠樓

填報者豐縣第一區公所

填報日期三十五年三月二十九日

分類	損失時價值(國幣元)	重要物品項目及其數量
共計	1551900元	
建築物	50000元	瓦房23間 樓房一間
器具	1900元	辦公棹15張 木椅20把 大車1輛
現款		
圖書		
儀器		
文卷		
醫藥用品		
衣物		
糧食		
其他	1500000元	各種大小樹木共約15000株

表式1，人民團體機關私人適用
財產直接損失彙報表

事件（註一）日軍進攻豐縣部隊時焚燒
日期（註二）（名稱）民國二十七年十一月十九日
地點（註一）豐縣第一區孫樓鄉鄧庄

填報者豐縣第一區公所　　填報日期三十五年三月二十九日

分類	損失時價值（國幣元）	重要物品項目及其數量
共計	15560元	
建築物	5790元	草房42間、瓦房3間、樓房2間
器具	1892元	油簸1盤、漆棹6張、大方棹18張、網絲床1個、石槽4個、
現款	780元	
圖書		
儀器		
文卷		
醫藥用品		
衣物	3760元	單棉衣服470件、被褥58件
糧食	2388元	小麥18600斤、黃豆30000斤、高粱30000斤、綠豆4800斤、芝麻3600斤
其他	950元	燒死馬2匹、牛1頭、柏板3付、

2

表式1，人民團體機關私人適用
財產直接損失彙報表

事件（註一）日軍初到時焚燒
日期（註二）（名稱）民國二十七年五月十九日
地點（註一）豐縣第一區龍霧鄉楊庄

填報者豐縣第一區公所　　填報日期三十五年三月二十九日

分類	損失時價值（國幣元）	重要物品項目及其數量
共計	13970元	
建築物	4900元	草房31間、瓦房6間
器具	1790元	大棹22張、椅子25把、木床45張、礶6盞
現款	1600元	
圖書	1500元	名人字畫8幅
儀器		
文卷		
醫藥用品		
衣物	3100元	緞被8床、皮褥105斤
糧食	630元	小麥4000斤、黃豆6000斤、高粱6500斤
其他	450元	楠木[illegible]子4称

1

表式1，人民團體機關私人通用
財產直接損失彙報表

事件（註一）日軍與抗戰部隊作戰焚燒
日期（註六）（名稱）民國三十二年七月十三日
地點（註一）豐縣第一區亭台鄉徐王庄

填報者豐縣第一區公所　　填報日期三十五年三月二十九日

分類	損失時價值（國幣元）	重要物品項目及其數量
共計	964800元	
建築物	350000元	草屋11間、瓦房6間
器具	56800元	大棹12張、椅子20把、石槽6個
現款		
圖書		
儀器		
文卷		
醫藥用品		
衣物	240000元	單棉衣服120件、緞被3床
糧食	260000元	小麥13000斤
其他	58000元	叔去牛馬各一頭

22

表式1，人民團體機關私人通用
財產直接損失彙報表

事件（註一）日本軍與抗戰部隊作戰時焚燒及搶劫
日期（註六）（名稱）民國三十二年七月十三日
地點（註一）豐縣一區亭台鄉大墓張庄

填報者豐縣第一區公所　　填報日期三十五年三月二十九日

分類	損失時價值（國幣元）	重要物品項目及其數量
共計	1134700元	
建築物	150000元	草屋[illegible]間
器具	278000元	大方桌14個、太平車四輛、大床8個
現款		
圖書		
儀器		
文卷		
醫藥用品		
衣物	300000元	單棉衣服200件、被20床
糧食	360000元	小麥18000斤
其他	46700元	燒死驢馬各一頭

23

第一三一號

表式1，人民團體機關私人適用

財產直接損失彙報表

事件（註一）日軍配合漢奸隊與抗戰部隊作戰焚燒及搶劫

日期（註二）（名稱）民國三十二年七月十三日

地點（註一）豐縣一區亭台鄉劉寨三庄、

填報者豐縣第一區公所　　填報日期三十五年三月二十九日

分類	損失時價值（國幣元）	重要物品項目及其數量
共計	1086000元	
建築物	500000元	草房13間瓦房9間
器具	101500元	大車1輛、椅子11把、木床14張、大方桌15个
現款	75000元	
圖書		
儀器		
文卷		
醫藥用品		
衣物	73500元	水獺大皮衣1件、灰鼠皮衣3件
糧食	336000元	小麥16800斤
其他		

44

第一四一號

表式1，人民團體機關私人適用

財產直接損失彙報表

事件（註一）日軍初到時焚燒

日期（註二）（名稱）民國二十七年五月十九日

地點（註一）豐縣一區十里鄉謝集村

填報者豐縣第一區公所　　填報日期三十五年三月二十九日

分類	損失時價值（國幣元）	重要物品項目及其數量
共計	12974元	
建築物	6900元	草屋51間、瓦房6間、
器具	1920元	木櫈40張、木床31張、礦7盤
現款		
圖書		
儀器		
文卷		
醫藥用品		
衣物	3200元	單棉衣服320件、棉被褥120床、
糧食	504元	小麥3000斤、豆4000斤、高粱5600斤
其他	450元	生畜及燒毀木等

45

第一五號

表式1. 人民團體機關私人適用

財產直接損失案報表

事件（註一）日偽軍拆卸建築據點

日期（註二）（名稱）民國三十二年四月十八日

地點（註一）豐縣第一區高樓鄉雙樓村

填報者豐縣第一區公所　　填報日期三十五年三月二十九日

分類	損失時價值（國幣元）	重要物品項目及其數量
共計	720000元	
建築物	520000元	瓦房13間、
器具		
現款		
圖書		
儀器		
文卷		
醫藥用品		
衣物		
糧食		
其他	200000元	摘木段子2棵

第一六號

表式1. 人民團體機關私人適用

財產直接損失案報表

事件（註一）日偽軍拆卸建築據點

日期（註二）（名稱）民國三十二年八月十七日

地點（註一）豐縣第一區十里鄉南傅庄

填報者豐縣第一區公所　　填報日期三十五年三月二十九日

分類	損失時價值（國幣元）	重要物品項目及其數量
共計	1080000元	
建築物	1080000元	瓦房21間、平樓3間、
器具		
現款		
圖書		
儀器		
文卷		
醫藥用品		
衣物		
糧食		
其他		

第二七号

表式1，人民團體機關私人通用
財產直接損失彙報表

事件（註一）日軍配合漢奸隊進攻駐蔡之抗戰部隊時焚燒及搶劫

日期（註二）（名稱）民國二十九年八月二十五日

地點（註一）豐縣第一區孫樓鄉朱窰村

填報者豐縣第一區公所　　填報日期三十五年三月二十九日

分類	損失時價值（國幣元）	重要物品種類及其數量
共計	48015元	
建築物	32500元	房間21間、平樓3間、草房11間
器具	1855元	大桌2張、漆椅15把、石槽11個、磚2盤
現款		
圖書		
儀器		
文卷		
醫藥用品		
衣物	3960元	被褥共31件、單棉衣服107件
糧食	7200元	小麥18000斤
其他	2500元	

28　　31

第二八号

表式1，人民團體機關私人通用
財產直接損失彙報表

事件（註一）日軍進攻縣城時焚燒

日期（註二）（陽曆）民國二十七年五月十八日

地點（註一）豐縣縣城南關門裡

填報者豐縣第一區公所　　填報日期三十五年三月二十九日

分類	損失時價值（國幣元）	重要物品種類及其數量
共計	1296元	
建築物		
器具	546元	辦公桌15張、大方桌5張、椅子18把、大掛鐘1個、油印機一架
現款	420元	
圖書		
儀器		
文卷	毀損	卷160宗、戶籍冊17本
醫藥用品		
衣物	210元	床帳4件、被12件、褥8件、
糧食		
其他	120元	木柴20000斤

29　　32

第一九號

表式1，人民團體機關私人適用

財產直接損失彙報表

事件（註一）日偽軍拆卸及搶劫

日期（註六）（名稱）民國三十二年四月十六日

地點（註一）豐縣第一區高樓鄉皇甫店圍村

填報者豐縣第一區公所　　填報日期三十五年三月二十九日

分　　類	損失時價值（國幣元）	重要物品項目及其數量
共計	3110900元	
建築物	1510000元	暗樓間6瓦房14間草房47間
器具	58900元	頂床4張隔扇4付漆棹75張椅子9把
現款		
圖書		
儀器		
文卷		
醫藥用品		
衣物	372000元	單棉衣服320件被褥178件
糧食	750000元	小麥25000斤
其他	420000元	柏樹21棵雜樹120棵

30

第三號

表式1，人民團體機關私人適用

財產直接損失彙報表

事件（註一）日軍進攻時之破壞

日期（註六）（名稱）民國二十八年五月十七日

地點（註一）三區大盛鄉李莊村

填報者　豐縣第三區公所　　填報日期三十五年三月三十日

分　　類	損失時價值（國幣元）	重要物品項目及其數量
共計	78000元	
建築物	1300元	瓦房10間草房50間
器具	300元	農具八十套
現款	500元	國幣洋400元銀圓100元
圖書		
儀器		
文卷		
醫藥用品		
衣物	25000元	皮衣十一身布衣五十身
糧食	50900元	麥秋糧共83000斤
其他		

31

表式1，人民團體機關私人適用

財產直接損失彙報表

事件（註一）被日軍偽軍損失

日期（註六）（名稱）民國二十七年七月三日

地點（註一）三區葦橋鄉青堌寺

填報者 豐縣第三區區公所　　　　填報日期三十五年三月三十日

分類	損失時價值（國幣元）	重要物品項目及其數量
共計	60000元	
建築物		
器具	1200元	農具57套
現款	15000元	國幣13000元銀圓200元
圖書		
儀器		
文卷		
醫藥用品		
衣物	15300元	皮衣15身布衣250身
糧食	25000元	秋子03200斤
其他	3500元	馬40匹牛20頭

32

表式1，人民團體機關私人適用

財產直接損失彙報表

事件（註一）日軍進攻時被其損失

日期（註六）（名稱）民國二十八年四月十二日

地點（註一）三區王寨鄉王寨村

填報者 豐縣第三區區公所　　　　填報日期三十五年三月三十日

分類	損失時價值（國幣元）	重要物品項目及其數量
共計	42000元	
建築物	10000元	瓦房10間草房30間
器具	5000元	辦公具30套
現款		
圖書	15000元	書籍2箱1架（內有四庫全書暨辭源數種）
儀器		
文卷	5箱	文卷
醫藥用品	1500元	藥品1箱
衣物		
糧食	10000元	谷子50000斤
其他	500元	自行車10輛

33

表式1，人民團體機關私人通用

財產直接損失彙報表

事件（註一）日軍進攻遊擊部隊

日期（註二）（名稱）民國二十八年十二月十日

地點（註一）三區輩橋鄉輩大庄

填報者　　　　填報日期三十五年三月三十日

分類	損失時價值（國幣元）	重要物品項目及其數量
共計	53700元	
建築物	1200元	樓房10間草房50間
器具	2090元	農具57套
現款	500元	銀圓350元紙幣150元
圖書		
儀器		
文卷	10套	
醫藥用品	1500元	藥針150盒
衣物	23000元	虎皮襖20身
糧食	25000元	麥豆高粱共55000斤
其他		自行車8輛

34

表式1，人民團體機關私人通用

財產直接損失彙報表

事件（註一）日軍偽軍燒殺

日期（註二）（名稱）民國三十年七月三日

地點（註一）三區邊庙鄉戴庄村

填報者豐縣第三區區公所　　　　填報日期三十五年三月三十日

分類	損失時價值（國幣元）	重要物品項目及其數量
共計	209500元	
建築物	10000元	樓房五間瓦房三十間草房五十間
器具	1500元	農具三十套
現款	150000元	紙洋銀元各半
圖書		
儀器	500元	十五件
文卷		
醫藥用品		
衣物	15000元	皮衣十五身布衣壹佰伍十身
糧食	30000元	麥50000斤秋25000斤
其他	2500元	馬十匹牛二十頭

35

表式1 人民團體機關私人適用
財產直接損失彙報表

第三五號

事件(註一) 日軍進攻時經過之損失

日期(註二) (名稱)民國二十八年四月十七日

地點(註一) 三區王寨鄉孫集村

填報者 豐縣第三區區公所　　填報日期三十五年三月三十日

分類	損失時價值(國幣元)	重要物品項目及其數量
共計	260700元	
建築物	1200元	樓房五間瓦房20間草房50間
器具	200元	農具10套
現款	1000元	紙洋800元銀元200元
圖書		
儀器		
文卷		
醫藥用品		
衣物	18300元	皮衣10身布衣80身
糧食	240000元	麥50000斤秋15000斤
其他		

表式1 人民團體機關私人適用
財產直接損失彙報表

第三六號

事件(註一) 日軍進攻我部隊

日期(註二) (名稱)民國二十八年五月三日

地點(註一) 三區順河鄉周屯村

填報者 豐縣第三區區公所　　填報日期三十五年三月三十日

分類	損失時價值(國幣元)	重要物品項目及其數量
共計	110000元	
建築物	15000元	樓房十間瓦房十五間草房二百五十間
器具	3000元	農具60套
現款	1500元	國幣洋1500元
圖書		
儀器		
文卷		
醫藥用品		
衣物	55000元	羊毛皮襖10身虎皮襖5身布衣五百身
糧食	35000元	麥55000斤
其他	500元	自行車七輛

第三七號

表式1，人民團體機關私人適用
財產直接損失彙報表

事件（註一）本區淪陷時期人民財產損失彙報表

日期（註二）（名稱）自民國二十七年四月一日至三十四年八月三十日止

地點（註一）

填報者 豐縣第二區區公所　　填報日期 三十五年三月一日

分類	損失時價值（國幣元）	損失物品項目及其數量
共計	874146000元	
建築物	3296000元	瓦房154間草房12480間橋樑4座
器具	1850000元	農具大小370000件
現款	70000000元	國幣70000000元
圖書		
儀器		
文卷		
醫藥用品		
衣物	400000000元	大小50000000元
糧食	400000000元	40000000元
其他		

38

第三八號

表式1，人民團體機關私人適用
財產直接損失彙報表

事件（註一）日軍進攻焚燒

日期（註二）（名稱）民國二十七年四月

地點（註一）第四區趙庄集

填報者 豐縣第四區公所　　填報日期 三十五年三月五日

分類	損失時價值（國幣元）	損失物品項目及其數量
共計	19001000元	
建築物	8000000元	木料磚瓦工瓦房二十間
器具	5000000元	桌椅鍋碗及收音機電話機等
現款	1000元	
圖書	900000元	圖書一千冊
儀器	3000000元	大小儀器共二十八件
文卷	700000元	共五十三卷
醫藥用品	800000元	
衣物	200000元	西裝十套皮衣九套
糧食	400000元	小麥五石
其他		

39

表式1，人民團體機關私人通用

財產直接損失彙報表

事件（註一）日偽出發搶掠時損失

日期（註二）（名稱）二十八年十二月九日

地點（註一）豐縣第五區單樓鄉王寨

填報者 王崇賜　　　　填報日期 三十五年 三 月二十日

分類	損失時價值（國幣元）	重要物品種類及其數量
共計	201000元	
建築物	45000元	
器具	26000元	
現款	38000元	
圖書	7000元	
儀器		
文卷		
醫藥用品		
衣物	35000元	
糧食	50000元	
其他		

表式1，人民團體機關私人通用

財產直接損失彙報表

事件（註一）日偽搶掠焚燒時損失

日期（註二）（名稱）二十八年三月八日

地點（註一）豐縣第五區單樓鄉蔣單樓

填報者：劉家楨　　　　填報日期 三十五年 三 月二十日

分類	損失時價值（國幣元）	重要物品種類及其數量
共計	57900元	
建築物	14000元	
器具	8000元	
現款	13000元	
圖書		
儀器		
文卷		
醫藥用品		
衣物	13500元	
糧食	9400元	
其他		

第四一號

表式1，人民團體機關私人通用
財產直接損失彙報表

事件（註一）日偽搶掠時損失。
日期（註二）（名稱）二十八年三月八日
地點（註一）豐縣第五區單樓鄉朱莊

填報者：朱義君　　填報日期三十五年三月二十日

分類	損失時價值（國幣元）	如系物品請註明其數量
共計	44500元	
建築物	12000元	
器具	7300元	
現款	8200元	
圖書		
儀器		
文卷		
醫藥用品		
衣物	10500元	
糧食	6500元	
其他		

第四二號

表式1，人民團體機關私人通用
財產直接損失彙報表

事件（註一）日偽搶掠時損失
日期（註二）（名稱）二十八年十二月九日
地點（註一）豐縣第五區單樓鄉王集

填報者王崇富　　填報日期三十五年三月二十日

分類	損失時價值（國幣元）	如系物品請註明其數量
共計	90400元	
建築物	20000元	
器具	15000元	
現款	8000元	
圖書		
儀器		
文卷		
醫藥用品		
衣物	18000元	
糧食	15000元	
其他	14400元	

表式1，人民團體機關私人適用

財產直接損失彙報表

事件（註一）日偽出發搶掠時損失

日期（註二）（名稱）三十年五月二十四日

地點（註一）豐縣第五區趙廟鄉小劉集

填報者：劉宗顏　　　　填報日期三十五年三月二十日

分類	損失時價值（國幣元）	重要物品項目及其數量
共計	15700元	
建築物	4000元	
器具	2000元	
現款	700元	
圖書		
儀器		
文卷		
醫藥用品		
衣物	8000元	
糧食	1000元	
其他		

表式1，人民團體機關私人適用

財產直接損失彙報表

事件（註一）日偽出發搶掠時損失

日期（註二）（名稱）三十年五月二十四日

地點（註一）豐縣第五區趙廟鄉小劉集

填報者：劉敬武　　　　填報日期三十五年三月二十日

分類	損失時價值（國幣元）	重要物品項目及其數量
共計	11800元	
建築物	3000元	
器具	2500元	
現款	500元	
圖書		
儀器		
文卷		
醫藥用品		
衣物	5000元	
糧食	800元	
其他		

第四五號

表式1，人民團體機關私人適用

財產直接損失彙報表

事件（註一）日偽出發搶掠時損失

日期（註二）（民國）二十八年八月六日

地點（註一）豐縣第五區單樓鄉張集

填報者張意誠　　填報日期三十五年三月二十日

分類	損失時價值（國幣元）	重要物品名目及其數量
共計	39300元	
建築物		
器具	6000元	
現款	15000元	
圖書	4300元	
儀器		
文卷		
醫藥用品		
衣物	14000元	
糧食		
其他		

46

第四六號

表式1，人民團體機關私人適用

財產直接損失彙報表

事件（註一）日偽出發搶掠焚燒損失

日期（註二）（民國）二十九年二月六日

地點（註一）豐縣第五區單樓鄉李庄村

填報者：李世德　　填報日期民國三十五年三月八日

分類	損失時價值（國幣元）	重要物品名目及其數量
共計	37000元	
建築物	12000元	
器具	10000元	
現款		
圖書		
儀器		
文卷		
醫藥用品		
衣物	5000元	
糧食	10000元	
其他		

47

第四七號

表式1，人民團體機關私人適用

財產直接損失彙報表

事件（註一）日偽出發搶掠

日期（註二）（名稱）民國二十八年八月六日

地點（註一）豐縣第五區單樓鄉張集村

填報者：張孝廉　　　　填報日期三十五年三月二十日

分類	損失時價值（國幣元）	重要物品項目及其數量
共計	30000元	
建築物		
器具		
現款	25000元	
圖書		
儀器		
文卷		
醫藥用品		
衣物	5000元	
糧食		
其他		

48

第四八號

表式1，人民團體機關私人適用

財產直接損失彙報表

事件（註一）日偽出發時損失

日期（註二）（名稱）民國二十八年八月六日

地點（註一）豐縣第五區單樓鄉王集村

填報者王作棟　　　　填報日期三十五年三月二十日

分類	損失時價值（國幣元）	重要物品項目及其數量
共計	32500元	
建築物		
器具		
現款	10200元	
圖書		
儀器		
文卷		
醫藥用品		
衣物	7000元	
糧食	15300元	
其他		

49

表式1，人民團體機關私人通用
財產直接損失彙報表

事件（註一）日偽軍駐紮該村時損失
日期（註二）（名稱）民國二十八年三月八日
地點（註一）豐縣第五區单楼鄉蔣单楼村

填報者：蔣天賜　　填報日期三十五年三月十八日

分類	損失時價值（國幣元）	重要物品項目及其數量
共計	24000元	
建築物	2000元	
器具	10000元	
現款	3000元	
圖書	2000元	
儀器	3000元	
文卷		
醫藥用品		
衣物	4000元	
糧食		
其他		

表式1，人民團體機關私人通用
財產直接損失彙報表

事件（註一）日偽軍出發搶掠焚燒
日期（註二）（名稱）民國三十年八月二十日
地點（註一）豐縣第五區单楼鄉蔣单楼村

填報者劉本田　　填報日期三十五年三月二十日

分類	損失時價值（國幣元）	重要物品項目及其數量
共計	12000元	
建築物	3000元	
器具	2000元	
現款	1000元	
圖書		
儀器		
文卷		
醫藥用品		
衣物	5000元	
糧食	1000元	
其他		

表式1，人民團體機關私人適用

財產直接損失彙報表

事件（註一）日偽軍出發搶掠焚燒

日期（註二）（名稱）民國二十八年三月八日

地點（註一）豐縣第五區單樓鄉蔣單樓村

填報者：李桂勝　　　　填報日期三十五年三月二十日

分類	損失時價值（國幣元）	重要物品明目及其數量
共計	29000元	
建築物	8000元	
器具	10000元	
現款		
圖書		
儀器		
文卷		
醫藥用品		
衣物	5000元	
糧食	6000元	
其他		

表式1，人民團體機關私人適用

財產直接損失彙報表

事件（註一）日軍經過焚燒搶掠

日期（註二）（名稱）民國二十七年四月十八日

地點（註一）豐縣第五區周庄鄉第四保周庄寨

填報者周蘭津　　　　填報日期三十五年三月二十日

分類	損失時價值（國幣元）	重要物品明目及其數量
共計	20000元	
建築物	8000元	
器具	5000元	
現款		
圖書		
儀器		
文卷		
醫藥用品	4000元	櫃臺棹椅板櫈及一切葯品盡行焚燒
衣物	2000元	
糧食	1000元	
其他		

第五三號

表式1，人民團體機關私人通用
財產直接損失彙報表

事件（註一）日軍經過搶掠
日期（註二）（名稱）民國二十七年四月十八日
地點（註一）豐縣第五區周庄鄉第六保許庄寨

填報者周海峯　　填報日期三十五年三月二十日

分類	損失時價值（國幣元）	重要物品項目及其數量
共計	14000元	
建築物		
器具	5000元	
現款		
圖書		
儀器		
文卷		
醫藥用品		
衣物	5000元	
糧食	4000元	
其他		

54

第五四號

表式1，人民團體機關私人通用
財產直接損失彙報表

事件（註一）日軍經過焚燒
日期（註二）（名稱）民國二十七年四月十八日
地點（註一）豐縣第五區周庄鄉第六保許庄寨

填報者許明倫　　填報日期三十五年三月二十日

分類	損失時價值（國幣元）	重要物品項目及其數量
共計	45000元	
建築物	30000元	
器具	1000元	
現款		
圖書		
儀器		
文卷		
醫藥用品		
衣物	6000元	
糧食	8000元	
其他		

55

表式1，人民團體機關私人適用

財産直接損失彙報表

事件（註一）日軍經過焚燒搶掠

日期（註二）（名稱）民國二十七年四月十八日

地點（註一）豐縣第五區周庄鄉第六保許庄寨

填報者 許紹祖　　　　填報日期 三十五年三月二十日

分類	損失時價值（國幣元）	重要物品種目及其數量
共計	43000元	
建築物	20000元	
器具	10000元	
現款		
圖書		
儀器		
文卷		
醫藥用品		
衣物	8000元	
糧食	5000元	
其他		

56

表式1，人民團體機關私人適用

財産直接損失彙報表

事件（註一）日軍進犯焚燒

日期（註二）（名稱）民國二十七年五月十八日

地點（註一）豐縣第五區周庄鄉許庄砦

填報者 王有爲　　　　填報日期 三十五年三月二十四日

分類	損失時價值（國幣元）	重要物品種目及其數量
共計	136500元	
建築物	15000元	
器具	35000元	
現款	500元	
圖書		
儀器		
文卷		
醫藥用品	35000元	
衣物	35000元	
糧食	1000元	
其他	15000元	

57

第五七號

表式1，人民團體機關私人通用
財產直接損失案報表

事件（註一）日軍出兆焚燒

日期（註六）（名稱）民國二十八年八月二十日

地點（註一）豐縣第五區齊同鄉後曹廟

填報者王汝舟　　填報日期三十五年三月二十日

分類	損失時價值（國幣元）	重要物品項目及其數量
共計	35000元	
建築物	8000元	
器具	10000元	
現款		
圖書		
儀器		
文卷		
醫藥用品		
衣物	9000元	
糧食		
其他	8000元	

58

第五八號

表式1，人民團體機關私人通用
財產直接損失案報表

事件（註一）日軍出兆焚燒

日期（註六）（名稱）民國二十九年十二月十日

地點（註一）豐縣第五區齊同鄉王小庄

填報者王志今　　填報日期三十五年三月三十日

分類	損失時價值（國幣元）	重要物品項目及其數量
共計	10600元	
建築物	3000元	
器具	2000元	
現款		
圖書		
儀器		
文卷		
醫藥用品		
衣物	2500元	
糧食	1500元	
其他	1600元	

59

表式1 人民團體機關私人適用

財產直接損失彙報表

事件（註一）日軍進攻豐常

日期（註二）（名稱）民國二十九年三月二十三日

地點（註一）豐縣第五區孔店鄉大劉集村

填報者劉本源　　　　填報日期三十五年三月二十日

分類	損失時價值（國幣元）	重要物品項目及其數量
共計	68500元	
建築物	50000元	
器具	2000元	
現款	1500元	
圖書		
儀器		
文卷		
醫藥用品	3000元	
衣物	5000元	
糧食	7000元	
其他		

60

表式1 人民團體機關私人適用

財產直接損失彙報表

事件（註一）日軍進攻豐常

日期（註二）（名稱）民國二十九年三月二十三日

地點（註一）豐縣第五區孔店鄉大劉集村

填報者劉立軌　　　　填報日期三十五年三月三十日

分類	損失時價值（國幣元）	重要物品項目及其數量
共計	24000元	
建築物	4000元	
器具	3000元	
現款	1000元	
圖書		
儀器		
文卷		
醫藥用品	4000元	
衣物	6000元	
糧食	6000元	
其他		

61

第六一號

表式1，人民團體機關私人適用
財產直接損失彙報表

事件（註一）日軍進攻豐常
日期（註二）（名稱）民國二十九年三月二十三日
地點（註一）豐縣第五區孔店鄉孔店村

填報者 孔凡先　　填報日期 三十五年三月三十日

分類	損失時價值（國幣元）	重要物品項目及其數量
共計	7000元	
建築物	3000元	
器具	1000元	
現款	500元	
圖書		
儀器		
文卷		
醫藥用品		
衣物	1000元	
糧食	1500元	
其他		

62

第六二號

表式1，人民團體機關私人適用
財產直接損失彙報表

事件（註一）日軍進攻豐常
日期（註二）（名稱）民國二十九年三月二十三日
地點（註一）豐縣第五區孔店鄉孔店村

填報者 邵德順　　填報日期 三十五年三月三十日

分類	損失時價值（國幣元）	重要物品項目及其數量
共計	8000元	
建築物	3000元	
器具	1500元	
現款	1000元	
圖書		
儀器		
文卷		
醫藥用品		
衣物	1500元	
糧食	1000元	
其他		

63

表式1，人民團體機關私人適用

財產直接損失彙報表

事件（註一）日軍進攻豐常

日期（註二）（名稱）民國二十九年二月二十三日

地點（註一）豐縣第五區孔店鄉孔店村

填報者孔祥集　　填報日期三十五年五月二十日

分類	損失時價值（國幣元）	重要物品項目及其數量
共計	11500元	
建築物	3000元	
器具	1500元	
現款	2000元	
圖書		
儀器		
文卷		
醫藥用品		
衣物	3000元	
糧食	2000元	
其他		

表式1，人民團體機關私人適用

財產直接損失彙報表

事件（註一）日軍進攻豐常

日期（註二）（名稱）民國二十九年三月二十三日

地點（註一）豐縣第五區孔店鄉大劉集村

填報者劉本修　　填報日期三十五年三月二十五日

分類	損失時價值（國幣元）	重要物品項目及其數量
共計	12500元	
建築物	2000元	
器具	1500元	
現款	1000元	
圖書		
儀器		
文卷		
醫藥用品	5000元	
衣物	2000元	
糧食	1000元	
其他		

第六五號

表式1，人民團體機關私人適用
財產直接損失案報表

事件(註一) 日軍進攻縣常
日期(註六) (名稱)民國二十九年三月二十三日
地點(註一) 豐縣第五區孔店鄉大劉集村

填報者 劉立坤　　　　填報日期 三十五年 三月三十日

分類	損失時價值(國幣元)	重要物品項目及其數量
共計	11500元	
建築物	3000元	
器具	1500元	
現款	2000元	
圖書		
儀器		
文卷		
醫藥用品		
衣物	3000元	
糧食	2000元	
其他		

69

第六六號

表式1，人民團體機關私人適用
財產直接損失案報表

事件(註一) 日軍攻擊縣常
日期(註六) (名稱)民國二十八年七月九日
地點(註一) 豐縣趙集鄉馬庄

填報者 馬行學等六户　　　　填報日期 三十五年三月二十三日

分類	損失時價值(國幣元)	重要物品項目及其數量
共計	13000元	
建築物	5000元	
器具	3000元	
現款		
圖書		
儀器		
文卷		
醫藥用品		
衣物	3000元	
糧食	2000元	
其他		

67

表式1. 人民團體機關私人通用

財產直接損失案報表

事件（註一）日軍攻擊縣常

日期（註二）（名稱）民國二十八年七月九日

地點（註一）豐縣趙集鄉孔屯

填報者 孔繁文　　填報日期 三十五年三月二十五日

分類	損失時價值（國幣元）	重要物品項目及其數量
共計	4000元	
建築物	1000元	
器具	1000元	
現款		
圖書		
儀器		
文卷		
醫藥用品	500元	
衣物	500元	
糧食	1000元	
其他		

表式1. 人民團體機關私人通用

財產直接損失案報表

事件（註一）日軍攻擊縣常

日期（註二）（名稱）民國二十八年七月九日

地點（註一）豐縣趙集鄉蔣屯

填報者 蔣作伍等五戶　　填報日期 三十五年三月二十五日

分類	損失時價值（國幣元）	重要物品項目及其數量
共計	14000元	
建築物	5000元	
器具	5000元	
現款		
圖書		
儀器		
文卷		
醫藥用品		
衣物	2000元	
糧食	2000元	
其他		

第六九號

表式1，人民團體機關私人通用
財產直接損失彙報表

事件（註一）日軍攻擊縣常
日期（註六）（名稱）民國二十八年四月九日
地點（註一）豐縣趙集鄉蔣屯

填報者 蔣作玉等三戶　　填報日期三十五年三月二十五日

分類	損失時價值（國幣元）	重要物品項目及其數量
共計	13000元	
建築物	3000元	
器具	4000元	
現款		
圖書		
儀器		
文卷		
醫藥用品		
衣物	3000元	
糧食	3000元	
其他		

70

第七零號

表式1，人民團體機關私人通用
財產直接損失彙報表

事件（註一）日軍攻擊縣常
日期（註六）（名稱）民國二十八年四月九日
地點（註一）豐縣趙集鄉蔣屯

填報者 蔣作運等六戶　　填報日期三十五年三月二十五日

分類	損失時價值（國幣元）	重要物品項目及其數量
共計	17000元	
建築物	7000元	
器具	1000元	
現款		
圖書		
儀器		
文卷		
醫藥用品		
衣物	3000元	
糧食	6000元	
其他		

71

表式1，人民團體機關私人適用

財產直接損失彙報表

事件（註一）日軍攻擊縣常

日期（註二）（名稱）民國二十八年〤月九日

地點（註一）豐縣趙集鄉蔣屯

填報者蔣作倫等五户　　填報日期三十五年三月二十五日

分類	損失時價值（國幣元）	重要物品項目及其數量
共計	12000元	
建築物	5000元	
器具	1000元	
現款		
圖書		
儀器		
文卷		
醫藥用品		
衣物	2000元	
糧食	4000元	
其他		

表式1，人民團體機關私人適用

財產直接損失彙報表

事件（註一）日軍攻擊縣常

日期（註二）（名稱）民國二十八年〤月九日

地點（註一）豐縣趙集鄉蔣屯

填報者蔣作田等二户　　填報日期三十五年三月二十五日

分類	損失時價值（國幣元）	重要物品項目及其數量
共計	8000元	
建築物	4000元	
器具	1000元	
現款		
圖書		
儀器		
文卷		
醫藥用品		
衣物	1000元	
糧食	2000元	
其他		

表式1，人民團體機關私人適用

財產直接損失彙報表

事件（註一）日軍出發攻擊縣常

日期（註二）（名稱）民國二十八年七月九日

地點（註一）豐縣第五區趙集鄉蔣屯

填報者 蔣作謀等六户　　　　填報日期 三十五年三月二十五日

分類	損失時價值（國幣元）	重要物品項目及其數量
共計	8500元	
建築物	4000元	
器具	1000元	
現款		
圖書		
儀器		
文卷		
醫藥用品		
衣物	1500元	
糧食	2000元	
其他		

74

表式1，人民團體機關私人適用

財產直接損失彙報表

事件（註一）日軍出發攻擊縣常

日期（註二）（名稱）民國二十八年七月九日

地點（註一）豐縣第五區趙集鄉蔣屯

填報者 蔣作謀等六户　　　　填報日期 三十五年三月二十五日

分類	損失時價值（國幣元）	重要物品項目及其數量
共計	8500元	
建築物	4000元	
器具	1000元	
現款		
圖書		
儀器		
文卷		
醫藥用品		
衣物	1500元	
糧食	2000元	
其他		

75

七五

表式1，人民團體機關私人適用

財產直接損失彙報表

事件（註一）日軍出發攻擊縣常

日期（註二）（名稱）民國二十八年〤月九日

地點（註一）豐縣第五區趙集鄉苗集

填報者 陸習聖等四戶　　填報日期 三十五年三月二十五日

分類	損失時價值（國幣元）	重要物品項目及其數量
共計	11000元	
建築物	3000元	
器具	1000元	
現款	3000元	
圖書		
儀器		
文卷		
醫藥用品		
衣物	3000元	
糧食	2000元	
其他		

76

七六

表式1，人民團體機關私人適用

財產直接損失彙報表

事件（註一）日軍出發攻擊

日期（註二）（名稱）民國二十八年〤月九日

地點（註一）豐縣趙集鄉苗成集

填報者 韓春蘭等六戶　　填報日期 三十五年三月二十五日

分類	損失時價值（國幣元）	重要物品項目及其數量
共計	12000元	
建築物	5000元	
器具	2000元	
現款		
圖書		
儀器		
文卷		
醫藥用品		
衣物	3000元	
糧食	2000元	
其他		

77

第十七號

表式1，人民團體機關私人適用
財產直接損失彙報表

事件(註一) 日軍出發攻擊縣常
日期(註二)(名稱) 民國二十八年七月九日
地點(註一) 豐縣趙集鄉蔣屯

填報者 蔣作相　　填報日期 三十五年三月二十五日

分類	損失時價值(國幣元)	重要物品項目及其數量
共計	13000元	
建築物	3000元	
器具	1000元	
現款		
圖書		
儀器		
文卷		
醫藥用品		
衣物	4000元	
糧食	5000元	
其他		

第十八號

表式1，人民團體機關私人適用
財產直接損失彙報表

事件(註一) 日軍出發攻擊縣常
日期(註二)(名稱) 民國二十八年七月九日
地點(註一) 豐縣趙集鄉蔣屯

填報者 蔣作明等二户　　填報日期 三十五年三月二十五日

分類	損失時價值(國幣元)	重要物品項目及其數量
共計	6400元	
建築物	2400元	
器具	1000元	
現款		
圖書		
儀器		
文卷		
醫藥用品		
衣物	1000元	
糧食	2000元	
其他		

表式1，人民團體機關私人適用

財產直接損失彙報表

事件（誌一）日軍出發攻擊縣常

日期（誌二）（名稱）民國二十八年〤月九日

地點（誌一）豐縣趙集鄉蔣屯

填報者蔣作勤等三户　　　　填報日期三十五年三月二十五日

分類	損失時價值（國幣元）	重要物品項目及其數量
共計	11000元	
建築物	3000元	
器具	2000元	
現款		
圖書		
儀器		
文卷		
醫藥用品		
衣物	4000元	
糧食	2000元	
其他		

表式1，人民團體機關私人適用

財產直接損失彙報表

事件（誌一）日軍出發攻擊縣常

日期（誌二）（名稱）民國二十八年〤月九日

地點（誌一）豐縣趙集鄉孔屯

填報者孫憲育等四户　　　　填報日期三十五年三月二十五日

分類	損失時價值（國幣元）	重要物品項目及其數量
共計	8500元	
建築物	3000元	
器具	1000元	
現款		
圖書		
儀器		
文卷		
醫藥用品		
衣物	1500元	
糧食	3000元	
其他		

表式1，人民團體機關私人通用

財產直接損失案報表

事件（註一）日軍出發攻擊縣常

日期（註二）（名稱）民國二十八年七月九日

地點（註一）豐縣趙集鄉馬庄

填報者 馬行雲等五户　　填報日期 三十五年三月二十五日

分類	損失時價值（國幣元）	貴重物品項目及其數量
共計	13000元	
建築物	6000元	
器具	1000元	
現款		
圖書		
儀器		
文券		
醫藥用品		
衣物	2000元	
糧食	4000元	
其他		

82

表式1，人民團體機關私人通用

財產直接損失案報表

事件（註一）日軍出發攻擊縣常

日期（註二）（名稱）民國二十八年七月九日

地點（註一）豐縣趙集鄉方庄

填報者 方慶榮等八户　　填報日期 三十五年三月二十五日

分類	損失時價值（國幣元）	貴重物品項目及其數量
共計	12000元	
建築物	5000元	
器具	1000元	
現款		
圖書		
儀器		
文券		
醫藥用品		
衣物	2000元	
糧食	4000元	
其他		

83

表式1，人民團體機關私人適用

財產直接損失彙報表

事件（註一）日軍出發攻擊縣常

日期（註二）（名稱）民國二十八年四月九日

地點（註一）豐縣趙集鄉蔣集

填報者蔣顯息等三戶　　　　填報日期三十五年三月二十五日

分類	損失時價值（國幣元）	重要物品項目及其數量
房屋	12000元	
建築物	6000元	
器具	2000元	
現款		
圖書		
儀器		
文卷		
醫藥用品		
衣物	2000元	
糧食	2000元	
其他		

表式1，人民團體機關私人適用

財產直接損失彙報表

事件（註一）日軍出發攻擊縣常

日期（註二）（名稱）民國二十八年四月九日

地點（註一）豐縣趙集鄉方屯

填報者方慶祥等六戶　　　　填報日期三十五年三月二十五日

分類	損失時價值（國幣元）	重要物品項目及其數量
房屋	9000元	
建築物	5000元	
器具	1000元	
現款		
圖書		
儀器		
文卷		
醫藥用品		
衣物	2000元	
糧食	1000元	
其他		

第人五號

表式1，人民團體機關私人適用

財產直接損失彙報表

事件（註一）日偽軍駐扎豐城出發搶掠

日期（註六）（名稱）民國二十八年九月六日

地點（註一）豐縣第五區許廟鄉許廟

填報者張敬陶　　填報日期三十五年三月二十日

分類	損失時價值（國幣元）	重要物品項目及其數量
共計	20000元	
建築物		
器具	5000元	
現款	8000元	
圖書		
儀器		
文卷		
醫藥用品		
衣物	3000元	
糧食	4000元	
其他		

第人六號

表式1，人民團體機關私人適用

財產直接損失彙報表

事件（註一）日偽軍駐扎單樓出發搶掠

日期（註六）（名稱）民國二十八年一月二十日

地點（註一）豐縣第五區許廟鄉袁油坊

填報者于為保　　填報日期三十五年三月二十日

分類	損失時價值（國幣元）	重要物品項目及其數量
共計	24000元	
建築物		
器具	6000元	
現款	4000元	
圖書		
儀器		
文卷		
醫藥用品		
衣物	9000元	
糧食	5000元	
其他		

表式1，人民團體機關私人適用

財產直接損失彙報表

事件（註一）日偽軍駐扎單樓出發搶掠

日期（註二）（名稱）民國二十八年十二月二十五日

地點（註一）豐縣第五區許廟鄉劉秦園

填報者 趙馬順　　　　填報日期 三十五年三月二十日

分類	損失時價值（國幣元）	重要物品項目及其數量
共計	22000元	
建築物		
器具	5000元	
現款	5000元	
圖書	3000元	
儀器		
文卷		
醫藥用品		
衣物	4000元	
糧食	5000元	
其他		

表式1，人民團體機關私人適用

財產直接損失彙報表

事件（註一）日偽軍駐扎單樓出發搶掠

日期（註二）（名稱）民國二十八年十二月二十五日

地點（註一）豐縣第五區許廟鄉丁菴

填報者 丁叔婁　　　　填報日期 三十五年三月二十日

分類	損失時價值（國幣元）	重要物品項目及其數量
共計	31000元	
建築物		
器具	5000元	
現款	8000元	
圖書		
儀器		
文卷		
醫藥用品		
衣物	8000元	
糧食	10000元	
其他		

表式1，人民團體機關私人適用

財產直接損失彙報表

事件（註一）日偽軍駐丸豐城出發搶掠

日期（註二）（名稱）民國二十八年三月四日

地點（註一）豐縣第五區許廟鄉丁堂

填報者丁叔鳳　　　　填報日期三十五年三月二十日

分類	損失時價值（國幣元）	重要物品項目及其數量
共計	30000元	
建築物		
器具	6000元	
現款	5000元	
圖書	5000元	
儀器		
文卷		
醫藥用品		
衣物	5000元	
糧食	9000元	
其他		

表式1，人民團體機關私人適用

財產直接損失彙報表

事件（註一）日偽軍駐丸豐城出發搶掠

日期（註二）（名稱）民國二十九年二月六日

地點（註一）豐縣第五區許廟鄉原寨

填報者王汝意　　　　填報日期三十五年三月二十日

分類	損失時價值（國幣元）	重要物品項目及其數量
共計	35000元	
建築物		
器具	5000元	
現款	7000元	
圖書	5000元	
儀器		
文卷		
醫藥用品		
衣物	8000元	
糧食	10000元	
其他		

第九一號

表式1，人民團體機關私人適用
財產直接損失彙報表
事件（註一）日偽軍駐扎豐城出發搶掠
日期（註二）（名稱）民國二十八年三月四日
地點（註一）豐縣第五區許廟鄉李庄

填報者李傳貴　　　　填報日期三十五年三月二十日

92

分類	損失時價值（國幣元）	重要物品種目及其數量
共計	45000元	
建築物		
器具	7000元	
現款	15000元	
圖書	5000元	
儀器		
文卷		
醫藥用品		
衣物	8000元	
糧食	10000元	
其他		

第九二號

表式1，人民團體機關私人適用
財產直接損失彙報表
事件（註一）日偽軍駐扎單樓出發搶掠
日期（註二）（名稱）民國二十九年二月二日
地點（註一）豐縣第五區許廟鄉董油坊

填報者董樹覺　　　　填報日期三十五年三月二十日

93

分類	損失時價值（國幣元）	重要物品種目及其數量
共計	23000元	
建築物		
器具	3000元	
現款	8000元	
圖書	9000元	
儀器		
文卷		
醫藥用品		
衣物	4000元	
糧食	5000元	
其他		

第九三號

表式1，人民團體機關私人適用

財產直接損失彙報表

事件（註一）日偽軍駐扎單樓出發搶掠

日期（註二）（名稱）民國二十九年二月二日

地點（註一）豐縣第五區許廟鄉埧上王莊

填報者 王廣雲　　填報日期 三十五年三月二十日

94

分類	損失時價值（國幣元）	重要物品項目及其數量
共計	34000元	
建築物		
器具	7000元	
現款	3000元	
圖書	4000元	
儀器		
文卷		
醫藥用品		
衣物	5000元	
糧食	15000元	
其他		

第九四號

表式1，人民團體機關私人適用

財產直接損失彙報表

事件（註一）日偽軍駐扎單樓出發搶掠

日期（註二）（名稱）民國二十九年二月二日

地點（註一）豐縣第五區許廟鄉王莊

填報者 王文富　　填報日期 三十五年三月二十日

95

分類	損失時價值（國幣元）	重要物品項目及其數量
共計	26000元	
建築物		
器具	5000元	
現款	8000元	
圖書	3000元	
儀器		
文卷		
醫藥用品		
衣物	5000元	
糧食	5000元	
其他		

表式1，人民團體機關私人通用

財產直接損失彙報表

事件（註一）日偽軍駐扎單樓出發搶掠

日期（註二）（農曆）民國二十九年三月六日

地點（註一）豐縣第五區許庙鄉

填報者 趙灿英　　　　填報日期 三十五年 三 月二十日

分類	損失時價值（國幣元）	重要物品項目及其數量
共計	30000元	
建築物		
器具	3000元	
現款	5000元	
圖書	5000元	
儀器		
文卷		
醫藥用品	8000元	
衣物	5000元	
糧食	4000元	
其他		

96

表式1，人民團體機關私人通用

財產直接損失彙報表

事件（註一）日偽軍駐扎單樓出發搶掠

日期（註二）（農曆）民國二十九年三月六日

地點（註一）豐縣第五區許庙鄉許庙

填報者 許永祥　　　　填報日期 三十五年 三 月二十日

分類	損失時價值（國幣元）	重要物品項目及其數量
共計	46000元	
建築物		
器具	6000元	
現款	10000元	
圖書	5000元	
儀器		
文卷		
醫藥用品		
衣物	10000元	
糧食	15000元	
其他		

97

表式1，人民團體機關私人通用
財產直接損失彙報表

事件（註一）日偽軍駐扎單樓搶掠
日期（註二）（名稱）民國二十九年二月二日
地點（註一）豐縣第五區許廟鄉許廟

填報者 許志俊　　填報日期 三十五年三月二十日

分類	損失時價值（國幣元）	重要物品項目及其數量
共計	29000元	
建築物		
器具	9000元	
現款	5000元	
圖書	2000元	
儀器		
文卷		
醫藥用品		
衣物	5000元	
糧食	8000元	
其他		

98

表式1，人民團體機關私人通用
財產直接損失彙報表

事件（註一）日偽軍駐扎單樓出發搶掠
日期（註二）（名稱）民國二十九年三月六日
地點（註一）豐縣第五區許廟鄉許廟

填報者 許敬亭　　填報日期 三十五年三月二十日

分類	損失時價值（國幣元）	重要物品項目及其數量
共計	40000元	
建築物	8000元	
器具	15000元	
現款	5000元	
圖書		
儀器		
文卷		
醫藥用品		
衣物	4000元	
糧食	8000元	
其他		

99

第九九號

表式1，人民團體機關私人適用

財產直接損失案報表

事件（註一）日偽軍駐扎單樓出發搶掠

日期（註二）（名稱）民國二十九年一月十四日

地點（註一）豐縣第五區許廟鄉胡庙

填報者邱德金　　填報日期三十五年三月二十日

分類	損失時價值（國幣元）	重要物品項目及其數量
共計	28000元	
建築物		
器具	5000元	
現款	7000元	
圖書	3000元	
儀器		
文卷		
醫藥用品		
衣物	5000元	
糧食	8000元	
其他		

表式1，人民團體機關私人適用

財產直接損失案報表

事件（註一）日偽軍駐扎單樓出發搶掠

日期（註二）（名稱）民國二十九年一月十四日

地點（註一）豐縣第五區許廟鄉梁樓

填報者曹彥聖　　填報日期三十五年三月二十日

分類	損失時價值（國幣元）	重要物品項目及其數量
共計	28000元	
建築物		
器具	5000元	
現款	8000元	
圖書	3000元	
儀器		
文卷		
醫藥用品		
衣物	7000元	
糧食	5000元	
其他		

表式1，人民團體機關私人通用

財產直接損失彙報表

事件（註一）日偽軍駐扎單樓出發搶掠

日期（註二）（名稱）民國二十九年一月十四日

地點（註一）豐縣第五區許廟鄉單樓

填報者王汝昌

填報日期三十五年三月二十日

分類	損失時價值（國幣元）	重要物品項目及其數量
共計	32000元	
建築物		
器具	7000元	
現款	8000元	
圖書	3000元	
儀器		
文卷		
102 醫藥用品		
衣物	5000元	
糧食	9000元	
其他		

表式1，人民團體機關私人通用

財產直接損失彙報表

事件（註一）日軍及偽軍駐扎單樓出發搶掠

日期（註二）（名稱）民國二十九年一月二十日

地點（註一）豐縣第五區許廟鄉後許廟

填報者王汝名

填報日期三十五年三月二十日

分類	損失時價值（國幣元）	重要物品項目及其數量
共計	50000元	
建築物		
器具	7000元	
現款	10000元	
圖書	3000元	
儀器		
文卷		
103 醫藥用品	20000元	
衣物	5000元	
糧食	5000元	
其他		

表式1，人民團體機關私人適用

財產直接損失彙報表

事件（註一）日偽軍駐扎單樓出發搶掠

日期（註二）（名稱）民國二十九年一月二十日

地點（註一）豐縣第五區許廟鄉後許廟

填報者于百銖　　填報日期三十五年三月二十日

分類	損失時價值（國幣元）	重要物品項目及其數量
共計	35000元	
建築物		
器具	7000元	
現款	5000元	
圖書	8000元	
儀器		
文卷		
醫藥用品		
衣物	5000元	
糧食	10000元	
其他		

表式1，人民團體機關私人適用

財產直接損失彙報表

事件（註一）日偽軍駐扎單樓出發搶掠

日期（註二）（名稱）民國二十九年一月二十日

地點（註一）豐縣第五區許廟鄉後許廟

填報者許錫社　　填報日期三十五年三月二十日

分類	損失時價值（國幣元）	重要物品項目及其數量
共計	25000元	
建築物		
器具	5000元	
現款	8000元	
圖書	2000元	
儀器		
文卷		
醫藥用品		
衣物	6000元	
糧食	4000元	
其他		

表式1，人民團體機關私人通用

財產直接損失彙報表

事件（註一）日偽軍駐孔單樓出發搶掠

日期（註二）（名稱）民國二十九年二月二日

地點（註一）豐縣第五區許廟鄉李樓

填報者 蔣天朗　　　　填報日期 三十五年三月二十日

分類	損失時價值（國幣元）	損失物品項目及其數量
共計	25000元	
建築物		
器具	8000元	
現款	7000元	
圖書		
儀器		
文卷		
醫藥用品		
衣物	5000元	
糧食	5000元	
其他		

表式1，人民團體機關私人通用

財產直接損失彙報表

事件（註一）日偽軍駐孔單樓出發搶掠

日期（註二）（名稱）民國二十九年二月二日

地點（註一）豐縣第五區許廟鄉李樓

填報者 蔣顯學　　　　填報日期 三十五年三月二十日

分類	損失時價值（國幣元）	損失物品項目及其數量
共計	65500元	
建築物		
器具	10000元	
現款	20000元	
圖書		
儀器		
文卷		
醫藥用品		
衣物	16000元	
糧食	18000元	
其他	1500元	

表式1 人民團體機關私人通用

財產直接損失彙報表

事件（註一）日軍駐扎豐城出發搶掠

日期（註二）（名稱）民國二十九年三月四日

地點（註一）豐縣第五區程集鄉大楊莊

填報者 孫式贊　　　　填報日期 三十五年三月二十日

分類	損失時價值（國幣元）	重要物品項目及其數量
共計	48000元	
建築物		
器具	8000元	
現款	15000元	
圖書		
儀器		
文卷		
醫藥用品		
衣物	10000元	
糧食	15000元	
其他		

108

表式1 人民團體機關私人通用

財產直接損失彙報表

事件（註一）日軍出發搶掠

日期（註二）（名稱）民國二十九年三月四日

地點（註一）豐縣第五區程集鄉大楊莊

填報者 孫善義　　　　填報日期 三十五年三月二十日

分類	損失時價值（國幣元）	重要物品項目及其數量
共計	17000元	
建築物		
器具	4000元	
現款	2500元	
圖書		
儀器		
文卷		
醫藥用品		
衣物	6000元	
糧食	4500元	
其他		

109

表式1，人民團體機關私人適用

財產直接損失案報表

事件（註一）日偽軍駐扎豐城出發搶掠

日期（註二）（名稱）民國二十九年三月四日

地點（註一）豐縣第五區社集鄉大楊庄

填報者 孫喜廷　　　　填報日期三十五年三月二十日

分類	損失時價值（國幣元）	重要物品項目及其數量
共計	62000元	
建築物		
器具	16000元	
現款	25000元	
圖書		
儀器		
文卷		
醫藥用品		
衣物	9000元	
糧食	12000元	
其他		

二

表式1，人民團體機關私人適用

財產直接損失案報表

事件（註一）日偽軍駐扎單樓出發搶掠

日期（註二）（名稱）民國二十九年二月六日

地點（註一）豐縣第五區社集鄉程集

填報者 王振江　　　　填報日期三十五年三月二十日

分類	損失時價值（國幣元）	重要物品項目及其數量
共計	23000元	
建築物		
器具	4500元	
現款	6000元	
圖書		
儀器		
文卷		
醫藥用品		
衣物	5000元	
糧食	4500元	
其他	3000元	

三

表式1，人民團體機關私人適用

財產直接損失案報表

事件（注一）日偽軍駐扎單樓出發搶掠

日期（注六）（名稱）民國二十九年二月六日

地點（注一）豐縣第五區趙集鄉趙集

填報者杜朗選　　填報日期三十五年三月二十日

112

分類	損失時價值（國幣元）	重要物品項目及其數量
共計	31000元	
建築物		
器具	7600元	
現款	2400元	
圖書		
儀器		
文卷		
醫藥用品		
衣物	12000元	
糧食	9000元	
其他		

表式1，人民團體機關私人適用

財產直接損失案報表

事件（注一）日偽軍駐扎劉堤灣出發搶掠

日期（注六）（名稱）民國三十一年四月九日

地點（注一）豐縣第五區趙集鄉梁飯棚

填報者王丕良　　填報日期三十五年三月二十日

113

分類	損失時價值（國幣元）	重要物品項目及其數量
共計	33000元	
建築物		
器具	8000元	
現款	6000元	
圖書		
儀器		
文卷		
醫藥用品		
衣物	10000元	
糧食	9000元	
其他		

表式1，人民團體機關私人通用

財產直接損失彙報表

事件(註一)日偽軍駐扎單樓出發搶掠

日期(註二)(公曆)民國二十九年二月六日

地點(註一)豐縣第五區程集鄉程集

填報者 程德俊　　　　填報日期三十五年三月二十日

分類	損失時價值(國幣元)	重要物品項目及其數量
共計	52000元	
建築物		
器具	9500元	
現款	18000元	
圖書		
儀器		
文卷		
醫藥用品		
衣物	14000元	
糧食	9000元	
其他	1500元	

表式1，人民團體機關私人通用

財產直接損失彙報表

事件(註一)日偽軍駐扎單樓出發搶掠

日期(註二)(公曆)民國二十九年二月六日

地點(註一)豐縣第五區程集鄉程集

填報者 陳朝棟　　　　填報日期三十五年三月二十日

分類	損失時價值(國幣元)	重要物品項目及其數量
共計	34500元	
建築物		
器具	8000元	
現款	12000元	
圖書		
儀器		
文卷		
醫藥用品		
衣物	8000元	
糧食	6500元	
其他		

表式1，人民團體機關私人通用

財產直接損失彙報表

事件（註一）日軍駐扎豐城出發搶掠

日期（註二）（名稱）民國二十八年一月六日

地點（註一）豐縣第五區程集鄉

填報者 孫炎狀　　　　填報日期 三十五年三月二十日

分類	損失時價值（國幣元）	重要物品項目及其數量
共計	17500元	
建築物		
器具	4000元	
現款	2500元	
圖書		
儀器		
文卷		
醫藥用品		
衣物	3000元	
糧食	8000元	
其他		

表式1，人民團體機關私人通用

財產直接損失彙報表

事件（註一）日軍駐扎豐城出發搶掠

日期（註二）（名稱）民國三十一年四月九日

地點（註一）豐縣第五區程集鄉梁飯棚

填報者 王丕義　　　　填報日期 三十五年三月二十日

分類	損失時價值（國幣元）	重要物品項目及其數量
共計	16500元	
建築物		
器具	5000元	
現款	4000元	
圖書		
儀器		
文卷		
醫藥用品		
衣物	3500元	
糧食	4000元	
其他		

第一一七號

表式1，人民團體機關私人通用

財產直接損失彙報表

事件（註一）日偽軍駐扎劉堤湾出發搶掠

日期（註六）（名稱）民國三十一年四月九日

地點（註一）豐縣第五區程集鄉梁飯棚

填報者 王丕顯　　填報日期三十五年三月二十日

分類	損失時價值（國幣元）	重要物品項目及其數量
共計	34000元	
建築物		
器具	7000元	
現款	5000元	
圖書		
儀器		
文卷		
醫藥用品		
衣物	6000元	
糧食	16000元	
其他		

118

第一一八號

表式1，人民團體機關私人通用

財產直接損失彙報表

事件（註一）日偽軍駐扎劉堤湾出發搶掠

日期（註六）（名稱）民國三十一年四月九日

地點（註一）豐縣第五區程集鄉梁飯棚

填報者 王丕剛　　填報日期三十五年三月二十日

分類	損失時價值（國幣元）	重要物品項目及其數量
共計	25500元	
建築物		
器具	7000元	
現款	4500元	
圖書		
儀器		
文卷		
醫藥用品		
衣物	6000元	
糧食	8000元	
其他		

119

第一一九號

表式1 人民團體機關私人適用

財產直接損失彙報表

事件(註一) 日偽軍駐扎蔣單樓搶掠燒殺

日期(註二) (名稱)民國二十九年二月六日

地點(註一) 豐縣第五區程集鄉第四保陳庄

填報者陳實德等九戶　　　　填報日期三十五年三月二十日

分類	損失時價值(國幣元)	重要物品項目及其數量
共計	217300元	
建築物	80000元	
器具	80000元	
現款	30000元	
圖書		
儀器		
文卷		
醫藥用品		
衣物	8500元	
糧食	5800元	
其他	4000元	

第一[illegible]號

表式1 人民團體機關私人適用

財產直接損失彙報表

事件(註一) 敵偽進攻

日期(註二) (名稱)二十八年七月四日

地點(註一) 李大樓

填報者夏慎行　　　　填報日期三十五年四月三日

分類	損失時價值(國幣元)	重要物品項目及其數量
共計	3665000元	
建築物	2500000元	瓦房二十餘間草房百餘間
器具	800000元	一百五十二件
現款		十萬元
圖書	50000元	五十六冊
儀器		
文卷		
醫藥用品		
衣物	300000元	二百餘件
糧食	15000元	二十市石
其他		

表式1、人民團體機關私人通用

財產直接損失彙報表

事件（註一）日軍進駐華山據點

日期（註六）（名稱）民國二十八年三月二日

地點（註一）豐縣第七區華山

填報者 毛愛貞　　填報日期 三五年 二 月十五日

122

分類	損失時價值（國幣元）	重要物品項目及其數量
共計	27369200元	
建築物	1300000元	燒樓房7間、瓦房8間、草房5間
器具	650000元	農具六十餘件木器40餘件
現款	4200元	
圖書	10000元	書100冊
儀器		
文卷		
醫藥用品		
衣物	280000元	衣服70餘件
糧食	23625000元	小麥135石充公土地四頃50畝
其他	1500000元	損失牲畜十餘頭

表式1、人民團體機關私人通用

財產直接損失彙報表

事件（註一）日軍進攻

日期（註六）（名稱）民國二十七年一月五日

地點（註一）畢窪

填報者 豐縣第七區毛樓鄉六保保長　　填報日期 三十五年 三 月二十一日

123

分類	損失時價值（國幣元）	重要物品項目及其數量
共計	9985000元	
建築物	25000元	木料100斤
器具	10000元	木桌10張
現款		
圖書		
儀器		
文卷		
醫藥用品		
衣物	7600000元	衣被100件
糧食	150000元	麥子1000斤
其他	2200000元	燒草房9間、瓦房8間

表式1 人民團體機關私人適用

財產直接損失案報表

事件（註一）鬼子進攻華山

日期（註二）（名稱）民國二十八年七月五日

地點（註一）豐縣七區華山

填報者 韓大恩　　填報日期 三十五年三月二十日

分類	損失時價值（國幣元）	實際物品項目及其數量
共計	20000元	
建築物	1910元	草房10間
器具	5000元	木桌四個、木箱三個
現款		
圖書		
儀器		
文卷		
醫藥用品		
衣物		
糧食	90元	小麥5斗、豆7石5斗
其他		

表式1 人民團體機關私人適用

財產直接損失案報表

事件（註一）日軍掃蕩

日期（註二）（名稱）民國二十八年七月三日

地點（註一）華山鎮

填報者 豐縣第七區華山鎮　　填報日期 三十五年三月二十日

分類	損失時價值（國幣元）	實際物品項目及其數量
共計	11800000元	
建築物	5000000元	瓦房50間、草房150間
器具	2000000元	
現款	1000000元	
圖書	500000元	
儀器		
文卷		
醫藥用品	1300000元	
衣物	1000000元	
糧食	1000000元	
其他		

表式1 人民團體機關私人通用

財產直接損失案報表

事件（註一）鬼子進攻

日期（註二）（名稱）民國二十八年三月十五日

地點（註一）大毛樓

填報者 豐縣第七區毛樓鄉一、二兩保保長　　填報日期三十五年三月二十日

分類	損失時價（國幣元）	重要物品項目及其數量
共計	11100000元	
建築物	500000元	木料1000斤
器具	500000元	桌100張
現款		
圖書		
儀器		
文卷		
醫藥用品		
衣物	4000000元	衣服308件
糧食	6000000元	小麥40000斤
其他	10000000元	瓦草房舍12間

表式1 人民團體機關私人通用

財產直接損失案報表

事件（註一）鬼子進攻

日期（註二）（名稱）民國二十八年七月十五日

地點（註一）渠樓

填報者 豐縣第七區毛樓鄉三保渠樓　　填報日期三十五年三月23日

分類	損失時價值（國幣元）	重要物品項目及其數量
共計	2370000元	
建築物	20000元	
器具		
現款		
圖書		
儀器		
文卷		
醫藥用品		
衣物	2000000元	衣被109件
糧食		
其他	350000元	馬三匹

第一二七號

表式1. 人民團體機關私人適用

財產直接損失彙報表

事件(誌一) 日軍進攻

日期(誌六) (名稱)民國三十一年九月十一日

地點(誌一) 豐縣七區蔣樓

填報者 豐縣第七區毛樓鄉五保蔣樓　　填報日期 三十五年 三 月二十三日

128

分類	損失時價值(國幣元)	重要物品項目及其數量
共計	3520000元	
建築物	20000元	木料 30000斤
器具		
現款		
圖書		
儀器		
文卷		
醫藥用品		
衣物		
糧食	1500000元	小麥1000石
其他	2000000元	燒房草46間

第一二八號

表式1. 人民團體機關私人適用

財產直接損失彙報表

事件(誌一) 鬼子進攻

日期(誌六) (名稱)民國二十八年一月五日

地點(誌一) 高樓

填報者 豐縣七區毛樓鄉四保保長　　填報日期 三十五年 三 月二十四日

129

分類	損失時價值(國幣元)	重要物品項目及其數量
共計	257685000元	
建築物	25000元	木料500斤
器具	60000元	桌 35張
現款		
圖書		
儀器		
文卷		
醫藥用品		
衣物	600000元	衣被 301件
糧食	7000000元	麥子5000斤
其他	250000000元	燒草瓦房各15間

第一二九號

表式1，人民團體機關私人適用

財產直接損失彙報表

事件（註一）徐州會時戰日軍進取隴海線

日期（註二）（名稱）民國二十七年五月二十八日

地點（註一）豐縣第七區華山

填報者 毛愛禮　　填報日期 三十五年二月十八日

分類	損失時價值（國幣元）	重要物品項目及其數量
共計	70155元	
建築物	67000元	焚燒草房140間、瓦房3間
器具	1800元	焚毀農具石器木器八十餘件
現款		
圖書		
儀器		
文卷		
醫藥用品		
衣物	185元	衣服三十餘件
糧食	70元	小麥兩石雜糧一石餘
其他	1100元	自衛槍6枝燒柴兩萬斤樹木五棵

130

第一三[illegible]號

表式1，人民團體機關私人適用

財產直接損失彙報表

事件（註一）日軍進攻我軍駐華山

日期（註二）（名稱）民國二十八年七月十五日

地點（註一）豐縣第七區華山

填報者 張增法　　填報日期 三十五年二月十八日

分類	損失時價值（國幣元）	重要物品項目及其數量
共計	8000元	
建築物	8000元	草房七間
器具		
現款		
圖書		
儀器		
文卷		
醫藥用品		
衣物		
糧食		
其他		

131

表式1 人民團體機關私人通用

財產直接損失彙報表

事件（註一）日軍進駐徐屯

日期（註二）（名稱）民國二十八年七月十五日

地點（註一）豐縣第七區徐庄

填報者 徐祥勛　　　　填報日期 三十五年二月十八日

分類	損失時價值（國幣元）	重要物品項目及其數量
共計	100000元	
建築物	80000元	草房100間
器具	10000元	大桌木箱各20個
現款		
圖書		
儀器		
文卷		
醫藥用品		
衣物	10000元	白布十疋棉衣單衣五十套
糧食		
其他		

132

表式1 人民團體機關私人通用

財產直接損失彙報表

事件（註一）日軍進駐華山

日期（註二）（名稱）民國二十八年七月十五日

地點（註一）豐縣第七區華山

填報者 張文禮　　　　填報日期 三十五年二月十八日

分類	損失時價值（國幣元）	重要物品項目及其數量
共計	30000元	
建築物	6000元	草房6間
器具	1000元	貨架兩個
現款		
圖書		
儀器		
文卷		
醫藥用品	8000元	中藥
衣物	15000元	灰鼠皮衣一件
糧食		
其他		

133

表式1，人民團體機關私人適用

財產直接損失彙報表

事件（註一）日偽軍進攻

日期（註六）（名稱）民國三十三年十月十八日

地點（註一）豐縣第七區華山鎮袁莊

填報者 高德修　　填報日期 三十五年 二 月十八日

134

分類	損失時價值（國幣元）	受損物品項目及其數量
共計	22520000元	
建築物	1080000元	瓦房八間草房46間
器具	590000元	農器及木器等物共百餘件
現款	300000元	
圖書	200000元	文學類書及科學書共80餘部
儀器		
文卷		
醫藥用品		
衣物	350000元	皮棉單夾衣共88件
糧食	15000000元	小麥500石豆500石雜糧50000斤
其他	5000000元	牲畜30餘頭自衛槍5枝

表式1，人民團體機關私人適用

財產直接損失彙報表

事件（註一）漢奸鬼子掃蕩

日期（註六）（名稱）民國二十八年四月二十日

地點（註一）豐縣第七區史樓鄉代屯

填報者 豐縣第七區代屯周慶山　　填報日期 三十五年 三 月二十日

135

分類	損失時價值（國幣元）	受損物品項目及其數量
共計	890000元	
建築物		
器具	30000元	酒缸二個
現款		
圖書		
儀器		
文卷		
醫藥用品		
衣物	200000元	
糧食	36000元	
其他	300000元	肥猪三口

表式1，人民團體機關私人適用

財産直接損失彙報表

事件（註一）日軍進攻由豐赴徐

日期（註二）（名稱）民國二十八年八月三日

地點（註一）豐縣第七區史樓鄉戴屯

填報者 豐縣七區戴屯　　填報日期 三十五年 三 月二十日

136

分類	損失時價值（國幣元）	重要物品種目及其數量
共計	750000元	
建築物		
器具		
現款		
圖書		
儀器		
文卷		
醫藥用品		
衣物		
糧食	150000元	
其他	600000元	馬五匹驢一頭

表式1，人民團體機關私人適用

財産直接損失彙報表

事件（註一）日軍掃蕩

日期（註二）（名稱）民國二十九年正月十五日

地點（註一）豐縣第七區史樓鄉戴屯

填報者 豐縣第七區戴屯莊傳心　　填報日期 三十五年 三 月二十日

137

分類	損失時價值（國幣元）	重要物品種目及其數量
共計	580000元	
建築物	300000元	草房六間被燒
器具	200000元	農器家具及日用品
現款		
圖書		
儀器		
文卷		
醫藥用品		
衣物		
糧食	80000元	
其他		

表式1，人民團體機關私人適用

財產直接損失彙報表

事件（註一）鬼子漢奸掃蕩

日期（註二）（名稱）民國二十九年

地點（註一）豐縣第七區史樓鄉小史樓

填報者 豐縣第七區小史樓史忠傑　　填報日期 三十五年 三 月二十日

138

分類	損失時價值（國幣元）	重要物品項目及其數量
共計	835000元	
建築物	300000元	門窗30對磚五萬塊
器具	400000元	農具及日用品等物
現款		
圖書		
儀器		
文卷		
醫藥用品		
衣物		
糧食	35000元	
其他	120000元	

表式1，人民團體機關私人適用

財產直接損失彙報表

事件（註一）買漢奸王相臣之允公樹木相臣派徐屯漢奸焚燒

日期（註二）（名稱）民國二十八年九月

地點（註一）豐縣第七區史樓鄉小張庄

填報者 豐縣第七區小張庄劉雲田　　填報日期 三十五年 三 月二十日

139

分類	損失時價值（國幣元）	重要物品項目及其數量
共計	900000元	
建築物	350000元	草房六間被燒
器具	300000元	農器及家具日常用品
現款		
圖書		
儀器		
文卷		
醫藥用品		
衣物		
糧食	250000元	
其他		

表式1，人民團體機關私人通用

財產直接損失彙報表

事件（註一）鬼子及漢奸南犯我周區大溝

日期（註六）（名稱）民國三十二年五月三日

地點（註一）豐縣第七區史樓鄉小張庄

填報者 豐縣第七區小張庄劉慎修　　填報日期三十五年三月二十日

分類	損失時價值（國幣元）	重要物品項目及其數量
共計	150000元	
建築物		
器具		
現款		
圖書		
儀器		
文卷		
醫藥用品		
衣物		
糧食		
其他	150000元	驢一頭

表式1，人民團體機關私人通用

財產直接損失彙報表

事件（註一）鬼子及漢奸南犯我周區大溝

日期（註六）（名稱）民國三十三年五月三日

地點（註一）豐縣第七區史樓鄉張大樓

填報者 豐縣第七區張大樓林占元　　填報日期三十五年三月二十日

分類	損失時價值（國幣元）	重要物品項目及其數量
共計	250000元	
建築物		
器具		
現款		
圖書		
儀器		
文卷		
醫藥用品		
衣物	100000元	
糧食		
其他	150000元	牛一頭

表式1 人民團體機關私人通用

財產直接損失彙報表

事件(註一) 鬼子漢奸掃蕩

日期(註二)(名稱) 民國二十八年八月二十日

地點(註一) 豐縣第七區史樓鄉大張庄

填報者 豐縣第七區大張庄　　填報日期 三十五年 三 月二十日

分類	損失時價值(國幣元)	損失物品項目及其數量
共計	400000元	
建築物		
器具		
現款		
圖書		
儀器		
文卷		
醫藥用品		
衣物	100000元	
糧食		
其他	300000元	馬一匹驢一頭

表式1 人民團體機關私人通用

財產直接損失彙報表

事件(註一) 鬼子漢奸掃蕩

日期(註二)(名稱) 民國三十一年七月

地點(註一) 豐縣第七區史樓鄉大張庄

填報者 豐縣第七區史樓鄉張德廣　　填報日期 三十五年 三 月二十日

分類	損失時價值(國幣元)	損失物品項目及其數量
共計	470000元	
建築物		
器具		
現款		
圖書		
儀器		
文卷		
醫藥用品		
衣物	350000元	
糧食		
其他	120000元	肥豬一口

表式1，人民團體機關私人適用
財產直接損失彙報表

事件(註一) 日軍進攻趙河涯之損失
日期(註二) (名稱)民國二十九年三月二十日
地點(註一) 豐縣七區趙河涯村

填報者 豐縣第七區趙河涯鄉　　填報日期三十五年三月二十一日

分類	損失時價值(國幣元)	重要物品項目及其數量
共計	6500000元	
建築物	3000000元	
器具	100000元	
現款	700000元	
圖書		
儀器		
文卷		
醫藥用品		
衣物	500000元	
糧食	1000000元	
其他	200000元	

表式1，人民團體機關私人適用
財產直接損失彙報表

事件(註一) 日軍進攻代套樓村損失
日期(註二) (名稱)民國二十九年六月十七日
地點(註一) 豐縣第七區葦坑鄉代套樓村

填報者 豐縣第七區代套樓村　　填報日期三十五年三月二十三日

分類	損失時價值(國幣元)	重要物品項目及其數量
共計	32200000元	
建築物	4500000元	
器具	1500000元	農具及用具
現款	1500000元	
圖書		
儀器		
文卷		
醫藥用品		
衣物	5000000元	逃難者所寄存之衣物
糧食	18000000元	麥4萬斤秋10萬斤
其他	700000元	

表式1，人民團體機關私人通用

財產直接損失彙報表

事件（註一）日軍進攻被炮火及机轟炸

日期（註二）（名稱）民國二十八年四月

地點（註一）豐縣尹小樓朱庄、尹寨門

填報者 豐縣第七區尹樓鄉公所　　填報日期三十五年 三 月二十二日

分類	損失時價值（國幣元）	重要物品項目及其數量
共計	15000000元	
建築物	10000000元	樓房草房共30間
器具	1500000元	
現款	500000元	
圖書		
儀器		
文卷		
醫藥用品		
衣物	1200000元	皮衣及器皿什物
糧食	2800000元	小麥7000斤秋粮5000斤
其他		

表式1，人民團體機關私人通用

財產直接損失彙報表

事件（註一）日軍進攻葦子坑損失

日期（註二）（名稱）民國二十九年二月二十四日

地點（註一）豐縣第七區葦子坑鄉葦子坑村

填報者 豐縣第七區葦坑鄉葦子坑村　　填報日期三十五年 三 月二十三日

分類	損失時價值（國幣元）	重要物品項目及其數量
共計	58100000元	
建築物	5000000元	
器具	2000000元	農具及用具
現款	1500000元	
圖書		
儀器		
文卷	150000元	葦子坑學校書籍
醫藥用品		
衣物	3500000元	
糧食	45000000元	麥10萬斤秋25萬斤
其他	1000000元	

表式1，人民團體機關私人通用

財產直接損失彙報表

事件（註一）

日期（註二）（名稱）

地點（註一）

填報者 胡樓鄉全鄉　　　　填報日期 三十五年 三 月二十五日

分類	損失時價值（國幣元）	重要物品項目及其數量
共計	165640000元	
建築物	98500000元	瓦房120間草房685間
器具	5830000元	車9輛桌椅木箱櫃253件
現款	19200000元	
圖書	3500000元	
儀器		
文卷		
醫藥用品	8200000元	
衣物	12700000元	古衣51套棉衣430套被330套
糧食	12500000元	小麥23萬斤秋糧83萬斤
其他	5210000元	馬15匹牛驢35頭猪羊120隻

表式1，人民團體機關私人通用

財產直接損失彙報表

事件（註一）

日期（註二）（名稱）

地點（註一）

填報者 王德存　　　　填報日期 三十五年 三 月二十一日

分類	損失時價值（國幣元）	重要物品項目及其數量
共計	1890000元	
建築物	390000元	瓦房三間草房十間
器具	250000元	車一輛
現款	30000元	
圖書	60000元	字典一部唐畫二幅
儀器		
文卷		
醫藥用品		
衣物	280000元	土布八十尺棉衣十二套皮襖一身
糧食	560000元	麥一千五百斤豆子一千斤秫各二千斤
其他	320000元	牛一頭驢二頭猪一隻

表式1，人民團體機關私人通用
財產直接損失彙報表

事件（註一）
日期（註二）（名稱）
地點（註一）

填報者 劉廣明　　填報日期 三十五年 三 月二十一日

分類	損失時價值（國幣元）	毀損物品項目及其數量
共計	810000元	
建築物	260000元	草房八間
器具	90000元	手把車一輛織布机一具
現款	10000元	
圖書		
儀器		
文卷		
醫藥用品		
衣物	190000元	棉衣十二套單衣九套土布四十八尺
糧食	200000元	小麥八百斤秋六百斤
其他	60000元	三羊四頭棉羊六頭

表式1，人民團體機關私人通用
財產直接損失彙報表

事件（註一）
日期（註二）（名稱）
地點（註一）

填報者 邵德勝　　填報日期 三十五年 三 月二十一日

分類	損失時價值（國幣元）	毀損物品項目及其數量
共計	1036000元	
建築物	280000元	草房十二間
器具	270000元	大車一輛手把車一輛床十二張
現款	6000元	
圖書		
儀器		
文卷		
醫藥用品		
衣物	200000元	土布八十九尺棉衣八套皮衣二套
糧食	190000元	麥八百斤秋七百斤
其他	90000元	牛一頭

表式1，人民團體機關私人適用
財產直接損失彙報表

事件（註一）
日期（註二）（名稱）
地點（註一）

填報者 陳元章　　填報日期三十五年三月二十一日

分類	損失時價值（國幣元）	重要物品項目及其數量
共計	1160000元	
建築物	250000元	草房十三間
器具	150000元	車二輛
現款	10000元	
圖書		
儀器		
文卷		
醫藥用品		
衣物	320000元	皮袍一身棉衣十六套單衣十三套布五尺
糧食	220000元	小麥一千二百斤黄豆一千三百斤谷子八百斤
其他	210000元	牛二頭驢一頭猪一隻棉羊三隻

152

表式1，人民團體機關私人適用
財產直接損失彙報表

事件（註一）
日期（註二）（名稱）
地點（註一）

填報者 彭元楨　　填報日期三十五年三月二十一日

分類	損失時價值（國幣元）	重要物品項目及其數量
共計	756000元	
建築物	150000元	草房八間
器具	60000元	大車一輛
現款	8000元	
圖書		
儀器		
文卷		
醫藥用品		
衣物	160000元	棉衣十套單衣八套
糧食	78000元	高粱一千五百斤
其他	300000元	牛驢各一頭猪二隻馬一頭

153

表式1，人民團體機關私人通用
財產直接損失彙報表

事件（註一）
日期（註二）（名稱）
地點（註一）

填報者 李保住　　　　填報日期三十五年 三 月二十一日

分類	損失時價值（國幣元）	重要物品項目及其數量
共計	1489000元	
建築物	690000元	瓦房二間草房十二間
器具	180000元	車一輛耙一個
現款	9000元	
圖書		
儀器		
文卷		
醫藥用品		
衣物	250000元	棉衣一三件皮袍一件單衣六件
糧食	260000元	小麥二斤秋糧五百斤
其他		

表式1，人民團體機關私人通用
財產直接損失彙報表

事件（註一）
日期（註二）（名稱）
地點（註一） 趙屯

填報者 趙思家　　　　填報日期三十五年 三 月二十一日

分類	損失時價值（國幣元）	重要物品項目及其數量
共計	1160000元	
建築物	240000元	草房十八間
器具	160000元	車二輛床十三張
現款	10000元	
圖書		
儀器		
文卷		
醫藥用品		
衣物	210000元	皮衣一套棉衣十件單衣九件土布二百尺
糧食	230000元	小麥一千一百斤黄豆一千四百斤秫秫六百斤
其他	210000元	牛驢各一頭猪二隻羊五隻

表式1，人民團體機關私人適用

財產直接損失彙報表

事件(註一) 日本同漢奸搶掠

日期(註二) (名稱)民國二十七年九月十三日

地點(註一) 豐縣第七區邢橋鄉

填報者 邢橋鄉全體民衆　　填報日期 三十五年三月二十二日

分類	損失時價值(國幣元)	重要物品項目及其數量
共計	21700000元	
建築物	1900000元	磚叁萬塊瓦九萬塊石灰五千斤
器具	4000000元	大車五輛桌子二十張耙十五個鋤二十張
現款	200000元	
圖書		
儀器		
文卷		
醫藥用品		
衣物	1300000元	棉被四十条棉袍一百身單衣二百身
糧食	12000000元	小麥十萬斤高梁五萬斤豆子七萬斤
其他	2300000元	牛十五頭驢十頭馬十二頭

表式1，人民團體機關私人適用

財產直接損失彙報表

事件(註一) 日軍進攻時

日期(註二) (名稱)民國二十八年文月十六日

地點(註一) 豐縣第七區楊樓鄉孟樓

填報者 李坤月　　填報日期 三十五年三月二十四日

分類	損失時價值(國幣元)	重要物品項目及其數量
共計	3550000元	
建築物	1200000元	共燒草房九間
器具	490000元	油鏈鍋輾等共二十八件
現款	520000元	
圖書		
儀器		
文卷		
醫藥用品		
衣物	870000元	棉袄單衣共二十四件豆油七百八十四斤
糧食	470000元	雜糧共四石棉籽一萬八千斤
其他		

第一五七號

表式1，人民團體機關私人適用

財產直接損失彙報表

事件（註一）日軍進攻時

日期（註二）（名稱）民國二十八年六月十六日

地點（註一）豐縣第七區楊樓鄉孟樓

填報者李厚望　　　　填報日期三十五年三月二十四日

分類	損失時價值（國幣元）	重要物品項目及其數量
共計	6295000元	
建築物	4000000元	共燒瓦房七間草房十四間
器具	850000元	大車磨槽家具等共四十二件
現款	125000元	
圖書		
儀器		
文卷		
醫藥用品		
衣物	740000元	皮棉袷單衣共四十二件土布280尺棉油580
糧食	580000元	麥子雜糧共二十四石
其他		

158

第一五八號

表式1，人民團體機關私人適用

財產直接損失彙報表

事件（註一）日軍進攻時

日期（註二）（名稱）民國二十八年六月十六日

地點（註一）豐縣第七區楊樓鄉孟樓

填報者李傳喜　　　　填報日期三十五年三月二十四日

分類	損失時價值（國幣元）	重要物品項目及其數量
共計	2270000元	
建築物	1600000元	共燒草房十一間
器具	180000元	磨家具共十二件
現款		
圖書		
儀器		
文卷		
醫藥用品		
衣物	250000元	棉袷單衣共十八件驢一頭
糧食	240000元	雜糧共三石八斗
其他		

159

160

表式1. 人民團體機關私人適用

財產直接損失彙報表

事件(註一) 日軍進攻時

日期(註二) (名稱) 二十九年五月七日

地點(註一) 豐縣第七區楊樓鄉蔣樓

填報者 張以貴　　填報日期 三十五年三月二十四日

分類	損失時價值(國幣元)	重要物品項目及其數量
共計	5025000元	
建築物	2800000元	共燒草房十三間瓦房六間
器具	965000元	大車磨糟家具等四十八件
現款	140000元	
圖書		
儀器		
文卷		
醫藥用品		
衣物	820000元	皮棉裌單共三五件棉花五百斤土布二百尺
糧食	300000元	麥子雜糧共十八石
其他		

161

表式1. 人民團體機關私人適用

財產直接損失彙報表

事件(註一) 日軍進攻時

日期(註二) (名稱) 二十九年五月七日

地點(註一) 豐縣七區楊樓鄉蔣樓

填報者 李忠田　　填報日期 三十五年三月二十四日

分類	損失時價值(國幣元)	重要物品項目及其數量
共計	590000元	
建築物	200000元	共燒草房三間
器具	140000元	家具十二件
現款		
圖書		
儀器		
文卷		
醫藥用品		
衣物	170000元	棉裌單衣共二十件
糧食	80000元	麥子三石
其他		

表式1，人民團體機關私人通用
財產直接損失彙報表

事件（註一）日軍進攻時
日期（註二）（名稱）二十九年三月八日
地點（註一）豐縣第七區楊樓鄉解樓

填報者 田忠文　　　　填報日期 三十五年 三 月二十四日

分類	損失時價值（國幣元）	重要物品項目及其數量
共計	1840000元	
建築物	1200000元	草房十間
器具	320000元	家具等二八件
現款		
圖書		
儀器		
文卷		
醫藥用品		
衣物	180000元	袂棉單衣共二十九件棉花150斤
糧食	140000元	麥子雜粮十五石之斗
其他		

162

表式1，人民團體機關私人通用
財產直接損失彙報表

事件（註一）日軍進攻時
日期（註二）（名稱）二十九年三月八日
地點（註一）豐縣第七區楊樓鄉解樓

填報者 李坤芳　　　　填報日期 三十五年 三 月二十四日

分類	損失時價值（國幣元）	重要物品項目及其數量
共計	13330000元	
建築物	6790000元	共燒草房十九間瓦房十間
器具	1230000元	大車鍋磨槽家具等共七五件
現款		
圖書		
儀器		
文卷		
醫藥用品		
衣物	980000元	皮單袂棉衣共三八件牛馬各一頭棉油一千斤
糧食	470000元	麥子雜粮共二八石棉籽二萬斤
其他		

163

第一六三號

表式1，人民團體機關私人適用

財産直接損失彙報表

事件(註一) 日軍進攻時

日期(註二) (名稱) 二十九年三月八日

地點(註一) 豐縣第七區楊樓鄉解樓

填報者 李坤明　　　　填報日期 三十五年三月二十四日

分類	損失時價值(國幣元)	重要物品項目及其數量
共計	3010000元	
建築物	1800000元	共燒草房十二間
器具	570000元	磨槽家具等共三十二件
現款	140000元	
圖書		
儀器		
文卷		
醫藥用品		
衣物	380000元	被單棉衣共二五件棉花二斤土布一百八十尺
糧食	120000元	麥子雜糧共十七石
其他		

第一六四號

表式1，人民團體機關私人適用

財産直接損失彙報表

事件(註一) 日軍進攻時

日期(註二) (名稱) 民國二十九年三月八日

地點(註一) 豐縣第七區楊樓鄉解樓

填報者 李雲亭　　　　填報日期 三十五年三月二十四日

分類	損失時價值(國幣元)	重要物品項目及其數量
共計	2927000元	
建築物	1600000元	共燒草房十一間
器具	790000元	家具共二十八件大車一輛
現款		
圖書		
儀器		
文卷		
醫藥用品		
衣物	280000元	被棉單衣共三十一件土布200尺牛驢各一頭
糧食	170000元	麥子雜糧共十九石八斗
其他		

第一六五號

表式1，人民團體機關私人通用

財產直接損失彙報表

事件（註一）八匪充公

日期（註二）（名稱）民國三十四年九月

地點（註一）豐縣第七區史樓鄉周宅址

填報者 豐縣第七區史樓鄉李瑞林　　填報日期 三十五年三月二十日

分類	價值（國幣元）	損失物品項目及其數量
共計	8745000元	
建築物	3325000元	瓦房十三間草房二十三間
器具	1500000元	農具及日常用品等
現款		
圖書		
儀器		
文卷		
醫藥用品		
衣物	500000元	
糧食	3120000元	
其他	300000元	

表式1，人民團體機關私人通用

財產直接損失彙報表

事件（註一）日軍進攻時被敵所燒

日期（註二）（名稱）民國二十八年六月十六日

地點（註一）豐縣第七區楊樓鄉孟樓

填報者 李厚斌　　填報日期 三十五年三月二十四日

分類	價值（國幣元）	損失物品項目及其數量
共計	5120000元	
建築物	2000000元	共燒草房十六間
器具	900000元	磨石槽家具等物共二十三件
現款		
圖書		
儀器		
文卷		
醫藥用品		
衣物	800000元	皮棉被單共三十七件土布八十尺等物
糧食	1300000元	麥豆高粱共十四石
其他		

表式1，人民團體機關私人通用

財產直接損失彙報表

事件（註一）日軍進攻時

日期（註二）（名稱）民國二十八年六月十六日

地點（註一）豐縣第七區楊樓鄉孟樓

填報者李厚浦　　填報日期三十五年三月二十四日

分類	損失時價值（國幣元）	重要物品項目及其數量
共計	276000元	
建築物	1500000元	共燒草房十間
器具	210000元	小車磨槽家具等共九件
現款		
圖書		
儀器		
文卷		
醫藥用品		
衣物	780000元	皮棉被單共五十七件土布15匹牛驢各一頭
糧食	270000元	綠豆五斗雜糧麥三石七斗
其他		

168

表式1，人民團體機關私人通用

財產直接損失彙報表

事件（註一）日寇進攻時所燒

日期（註二）（名稱）民國二十八年六月十六日

地點（註一）豐縣第七區楊樓鄉孟樓

填報者李傳郎　　填報日期三十五年三月二十四日

分類	損失時價值（國幣元）	重要物品項目及其數量
共計	2402000元	
建築物	1700000元	共燒草房十一間
器具	240000元	大車一輛磨槽家具等共十五件
現款	22000元	
圖書		
儀器		
文卷		
醫藥用品		
衣物	190000元	棉被單衣共十九件
糧食	250000元	雜糧麥共三石八斗
其他		

169

第一六九號

表式1，人民團體機關私人通用

財產直接損失彙報表

事件（註一）日軍進攻時被敵所燒

日期（註二）（名稱）民國二十八年六月十六日

地點（註一）豐縣第七區楊樓鄉孟樓

填報者 李忠冉　　填報日期 三十五年三月二十四日

分類	損失時價值（國幣元）	重要物品項目及其數量
共計	1730000元	
建築物	900000元	共燒草房六間
器具	200000元	磨槽門窓家具等五件
現款		
圖書		
儀器		
文卷		
醫藥用品		
衣物	350000元	棉袂單衣共二五件棉花一百二十斤
糧食	280000元	雜粮麥子共四石五斗
其他		

170

第一七〇號

表式1，人民團體機關私人通用

財產直接損失彙報表

事件（註一）日軍進攻時被敵所燒

日期（註二）（名稱）民國二十八年六月十六日

地點（註一）豐縣第七區楊樓鄉孟樓

填報者 孟献升　　填報日期 三十五年三月二十四日

分類	損失時價值（國幣元）	重要物品項目及其數量
共計	3660000元	
建築物	1800000元	草房十一間
器具	700000元	磨石槽家具等共十七件
現款	90000元	
圖書		
儀器		
文卷		
醫藥用品		
衣物	650000元	被棉單衣共四十五件
糧食	420000元	麥子二石高粱三石豆子一石等
其他		

171

表式7 人民體機關公司行號合作社及私人通用
財產間接損失彙報表

名稱：合作社（二十年九月十二日至二十七年五月十三日）

填報者：豐縣第四區區長彭世亨　　填報日期：三十五年三月五日

分類	實際價值共計	摘要說明
共計	3500000元	
遷移費	2000000元	遷移員工。
防空設備費	1000000元	員工挖防空壕。
疏散費	500000元	疏散員工路費。
救濟費		
撫卹費		
生產減少		
盈利減少		

172

表式7 人民體機關公司行號合作社及私人通用
財產間接損失彙報表

名稱：縣城居民（二十七年五月十八日至三十四年八月十日）

填報者：豐縣第一區區公所　　填報日期：三十五年三月二十九日

分類	實際價值共計	摘要說明
共計	85803500元	
遷移費	5937300元	二十七年五月十八日縣城失陷居民盡逃避四鄉另行建房居住，及搬運費按各該年實際物價及工費支如上數。
防空設備費	7500元	縣城失陷前民建防空洞十五個，共支款如上數。
疏散費	1296700元	縣城失陷居民逃避四鄉或外縣，在鄉者又時常疏散，按各年實際開支共如上數。
救濟費		
撫卹費		
生產減少	78562000元	淪陷後居民多失業，即有業者亦生產無形減少，按照各年物價高漲情形累計，減少生產如上數。
盈利減少		

173

表式7 人民團體機關公司行號合作社及私人通用

財產間接損失彙報表

名稱：皇甫杏園居民 （三十二年四月十六日至三十四年十月十一日）

填報者：豐縣第一區區公所　　填報日期三十五年三月二十九日

分類	實際價值共計	摘要說明
共計	1372700元	
遷移費	789700元	三十二年四月十六日該村房屋被日偽軍完全拆卸另建據點，居民逃散其他各村，先後另建房屋六十二間暫作棲身之所，共支工料費如上數。
防空設備費		
疏散費	213000元	該村被日偽軍佔據後居民同逃散他村，流浪數月，共用疏散費如上數。
救濟費		
撫卹費		
生產減少	370000元	該村三十二年小麥被日偽軍收去，而秋禾又失耕種，按當時秋糧價目估計全村減少生產共如上數。
盈利減少		

表式7 人民團體機關公司行號合作社及私人通用

財產間接損失彙報表

名稱 （二十八年七月十五日至三十四年八月七日）

填報者：豐縣第七區邢橋鄉全體民眾　　填報日期三十五年三月二十三日

分類	實際價值共計	摘要說明
共計	17000000元	
遷移費	2000000元	
防空設備費		
疏散費		
救濟費		
撫卹費		
生產減少	10000000元	
盈利減少	5000000元	

第一八五號

表式7 人民團體機關公司行號合作社及私人通用財產間接損失彙報表

名稱私人通用財產間損失彙報表（二十七年五月九日至三十四年八月十日）

填報者：壹縣第七區華山鎮高德修　　填報日期三十五年三月十日

分類	實際價值共計	摘要說明
共計	31100000元	
遷移費	8100000元	全家二十四口遷往他鄉八年約需如上數。
防空設備費		
疏散費		
救濟費		
撫卹費		
生產減少	15000000元	土地經敵偽佔據不能耕種。
盈利減少	8000000元	

第一七六號

表式7 人民團體機關公司行號合作社及私人通用財產間接損失彙報表

名稱私人財產間接損失（二十七年五月九日至三十四年八月十日）

填報者：壹縣第七區華山鎮毛愛理　　填報日期三十五年三月五日

分類	實際價值共計	摘要說明
共計	4400000元	
遷移費	1600000元	全家被迫逃往他鄉八年共計損失如上數。
防空設備費		
疏散費		
救濟費		
撫卹費		
生產減少	2500000元	
盈利減少	300000元	

表式7 人民體機關公司行號合作社及私人通用

財產間接損失彙報表

名称：豐縣第七區楊楼鄉

（二十七年四月十九日至三十四年八月九日）

填報者：豐縣第七區楊楼鄉鄉長王玉法　　填報日期三十五年三月二十四日

分類	價值共計	摘要說明
共計	79790000元	
遷移費	18970000元	
防空設備費		
疏散費		
救濟費		
撫卹費		
生產減少	24820000元	
盈利減少	36000000元	

178　181

表式7 人民體機關公司行號合作社及私人通用

財產間接損失彙報表

名称：豐縣第七區尹楼鄉大保信用合作社

（　年　月　日至　年　月　日）

填報者：豐縣第七區尹楼鄉大保合作社　　填報日期三十五年三月二十二日

分類	價值共計	摘要說明
共計	1500000元	
遷移費	1000000元	房舍被焚因之遷移。
防空設備費		
疏散費	500000元	
救濟費		
撫卹費		
生產減少		
盈利減少		

179　183

第一七九號

表式7. 人民團體機關公司行號合作社及私人通用

財產間接損失彙報表

名稱 民衆間接損失（二十七年五月十八日至三十四年八月十日）

填報者：豐縣第七區章坑鄉鄉公所　　填報日期 三十五年三月二十二日

分類	實際價值共計	摘要說明
共計	3650000元	
遷移費	1000000元	
防空設備費	150000元	
疏散費	500000元	
救濟費		
撫卹費		
生產減少	1000000元	
盈利減少	1000000元	

180

83

第一八〇號

表式7. 人民團體機關公司行號合作社及私人通用

財產間接損失彙報表

名稱 縣城商民（二十七年五月十八日至三十四年八月十日）

填報者：豐縣第一區區公所　　填報日期 三十五年三月二十九日

分類	實際價值共計	摘要說明
共計	136076500元	
遷移費	1286000元	商民於二十七年五月十八日縣城淪陷後遷至鄉間集鎮先後是存營業者三十一家，所需建築及搬運物品費如上數。
防空設備費	12500元	未淪陷前共建防空洞二十五個共用款如上數。
疏散費	213000元	商店停業先後支遣店員回籍及疏散至四鄉者共用疏散費如上數。
救濟費		
撫卹費		
生產減少	96589000元	淪陷後歷年物價逐漸飛漲按照各年實際情形累計減少生産約如上數。
盈利減少	37976000元	歷年物價逐漸高漲按照各年累計約如上數。

181

152

表式7 人民團體機關公司行號合作社及私人通用

財產間接損失報告表

名稱：收集間接損失（二十九年三月十二日至三十四年八月十日）

填報者：豐縣第七區趙河鄉鄉長　　填報日期：三十五年三月二十二日

分類	數額（國幣元）	摘要說明
共計	4300000元	
遷移費	500000元	
防空設備費	30000元	
疏散費	500000元	
救濟費		
撫卹費		
生產減少	3000000元	
盈利減少		

表式7 人民團體機關公司行號合作社及私人通用

財產間接損失報告表

名稱：豐縣第五區信用合作社區聯社（年月日至年月日）

填報者：王有爲　　填報日期：三十五年三月二十日

分類	數額（國幣元）	摘要說明
共計	1200000元	
遷移費		
防空設備費		
疏散費		
救濟費		
撫卹費		
生產減少	1200000元	本社之財產與房屋，被戰事損毀。
盈利減少		

四、连云港地区战时损失调查

灌云县政府、江苏省政府社会处为呈送抗战损失汇报表的往来公文（一九四六年三月十五日至四月五日）

灌云县政府致江苏省政府社会处的呈（一九四六年三月十五日）

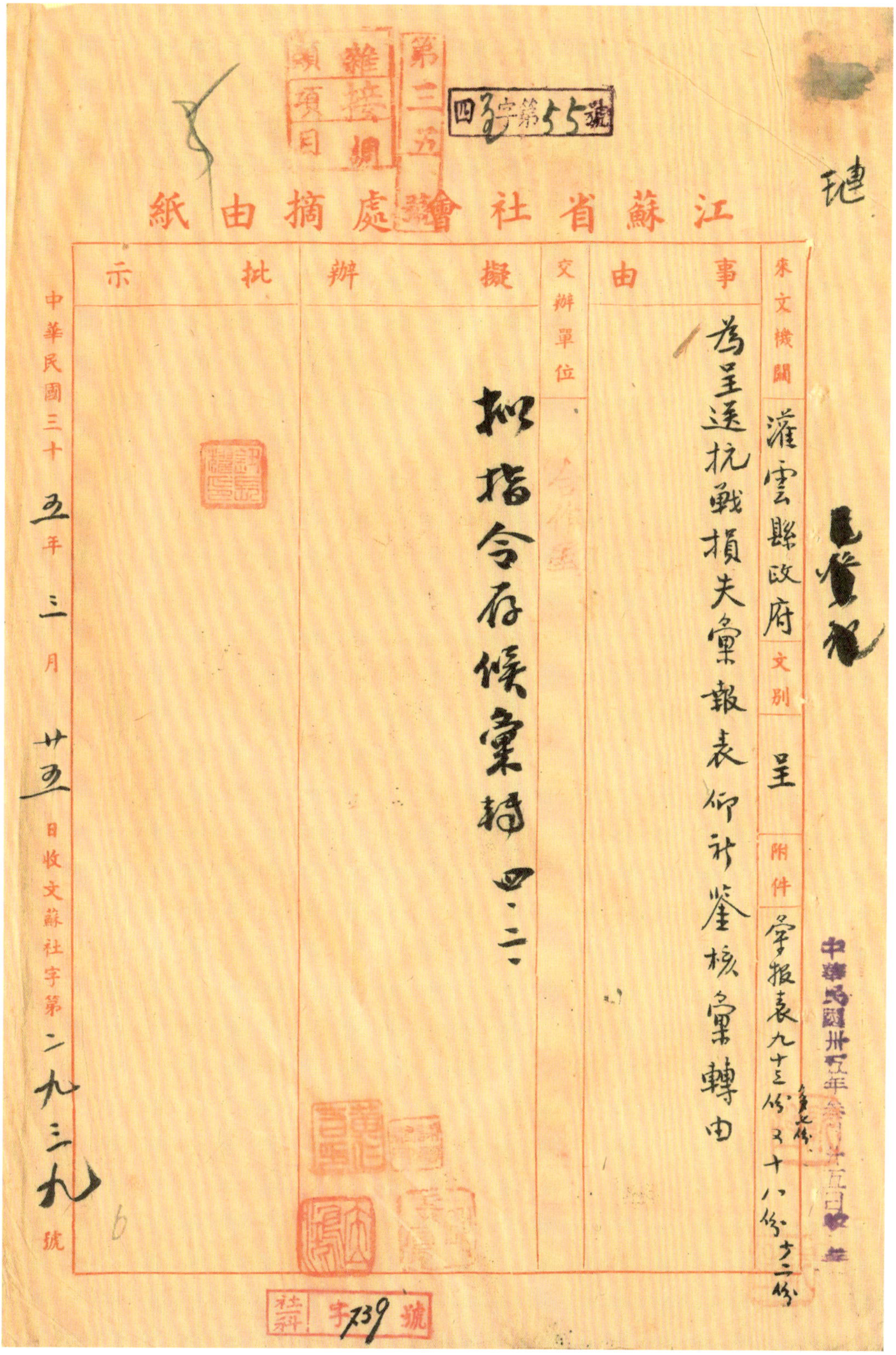

江蘇省社會處摘由紙

來文機關	灌雲縣政府
文別	呈
附件	報表九十三份又十八份十二份
事由	為呈送抗戰損失彙報表仰祈鑒核彙轉由
交辦單位	
擬辦	擬指令存候彙轉　四、二
批示	

中華民國三十五年三月廿五日收文蘇社字第二九三九號

社辦字739號

雜類項目　雜接類

第三六號

6

事由：為呈送抗戰損失彙報表仰祈鑒核彙轉由

附件：表壹百拾壹份

灌雲縣政府呈　社字第　號

中華民國三十五年二月十五日

1012

案奉

鈞處本年一月二十四日蘇社合字第二一七號代電檢發抗戰損失查報表式二份令仰轉飭查報彙轉等因奉此查本縣淪陷八載損失奇重惟以共軍盤踞未能普遍調查茲謹將尚堪推行政令之區域抗戰損失情形依式查填備文呈送仰祈

鑒核彙轉

謹呈

江蘇省社會處處長鈕

7

附呈直接損失彙報表九十三份間接損失彙報表十八份

灌雲縣縣長朱培福

監印 佟捷三

校對 張化熙

附：灌云县财产直间接损失汇报表

财產間接損失彙報表

塡報者灌雲縣立初級中學校　民國二十七年九月一日至二十八年二月二十五

分類	實際價值共計	摘要說明
共計	4200元	縣城經轟炸後本校遷移第四區鄉間杜大興莊曾築
遷移費	200元	防空地下室二所後因敵僞搜索無法開課遂致疏散
防空設備費	3000元	
疏散費	1000元	
救濟費		
撫邺費		
生產減少		
可得利潤減少		

财產間接損失彙報表

報者胡治庭灌雲縣第六區樂化鄉　民國二十八年　月　日至三十五年二月十八

類	實際價值共計	摘要說明
計	3120000元	因日寇侵佔灌河口後鹽擋潮圩失修至民國二十八年古曆七月十六日海潮漲漫淹沒禾苗土地變成斥滷一百三十七頃每年減少生產五千二百石
移費		
空設備費		
散費		
濟費		
邺費		
產減少	3120000元	
利減少	—	

財產間接損失報告表

填報者黃步益 灌雲縣第六區博議鄉 民國二十八年 月 日至三十五年二月十八日

分類	實際價值共計	摘要說明
共計	4800000元	因日寇侵佔灌河口後鹽區擋潮圩失修至民國二十八年古曆七月十六日海潮漲漫淹沒禾苗土地變成斥滷二百頃每年減少生產八千石
遷移費		
防空設備費		
疏散費		
救濟費		
撫卹費		
可能生產額減少	4800000元	
可獲純利額減少		

財產間接損失報告表

填報者孫益三 灌雲縣第六區中致鄉 民國二十八年 月 日至三十五年二月十八日

分類	實際價值共計	摘要說明
共計	2640000元	因日寇侵佔灌河口後鹽區擋潮圩失修至古曆七月十六日海潮漲漫淹沒禾苗土地變成斥滷一百三十頃地每年減少生產五千石
遷移費		
防空設備費		
疏散費		
救濟費		
撫卹費		
可能生產額減少	2640000元	
可獲純利額減少		

財產間接損失報表

填報者黄濟堂 灌雲縣第六區興睦鄉 民國二十八年 月 日至三十五年二月十八日

分類	實際價值共計	摘要說明
共計	3000000元	因日寇侵佔灌河口後鹽區擋潮圩失修至民國二十八年古曆七月十六日海潮漲漫淹沒禾苗土地變成斥滷一百四十頃每年減少生產五千石
遷移費		
防空設備費		
疏散費		
救濟費		
撫卹費		
生產減少	3000000元	
純利減少		

財產間接損失報表

填報者蔡提武 灌雲縣第六區武進鄉 民國二十八年 月 日至三十五年二月十八日

分類	實際價值共計	摘要說明
共計	4320000元	因日寇侵佔灌河口後鹽區擋潮圩失修至民國二十八年古曆七月十六日海潮漫淹沒禾苗土地變成斥滷一百八十頃地每年減少生產七三百石
遷移費		
防空設備費		
疏散費		
救濟費		
撫卹費		
生產減少	4320000元	
純利減少		

財產間接損失彙報表

填報者蔡守仁灌雲縣第六區友三鄉　民國二十八年　月　日至三十五年二月十八日

分類	實際價值共計	摘要說明
共計	2880000元	因日寇侵佔灌河口後鹽區擋潮圩失修至民國二十八年古曆七月十六日海潮漲漫淹沒禾苗土地變成斥滷一百二十頃地每年減少生產四千八百石
遷移費		
防空設備費		
疏散費		
救濟費		
撫卹費		
生產減少	2880000元	
純利減少		

財產間接損失彙報表

填報者程效周灌雲縣第六區河圖鄉　民國二十八年　月　日至三十五年二月十八日

分類	實際價值共計	摘要說明
共計	2880000元	因日寇侵佔灌河口後鹽區擋潮圩失修至民國二十八年古曆七月十六日海潮漲漫淹沒禾苗土地變成斥滷一百二十頃每年減少生產四千八百市石
遷移費		
防空設備費		
疏散費		
救濟費		
撫卹費		
生產減少	2880000元	
純利減少		

財產間接損失案報表

報告者殷培根灌雲縣第六區安樂鄉 民國二十八年 月 日至三十五年二月十八日

類	實際價值 共計	摘要說明
計	1920000元	因日寇侵佔灌河口後鹽區擋潮圩失修至民國二十八年古曆七月十六日海潮漲漫淹沒禾苗土地變成斥滷八十頃地每年減少生產三千二百石
遷移費		
防空設備費		
疏散費		
救濟費		
撫卹費		
產減少	1920000元	
利減少		

財產間接損失案報表

報告者張國屏灌雲縣第六區雙港鎮 民國二十八年 月 日至三十五年二月十八日

類	實際價值 共計	摘要說明
計	12000000元	因日寇侵佔灌河口鎮市一切生理停歇
遷移費		
防空設備費		
疏散費		
救濟費		
撫卹費		
產減少	12000000元	
利減少		

財產間接損失報表

填報者黃步階 灌雲縣第六區　　民國二十八年　月　日至三十五年二月十八日

分類	實際價值共計	摘要說明
共計		
遷移費	1000元	由八隊遷至漣水頭甲園蕩至阜寧庄旺九套樊莊七圩九港等處
防空設備費		
疏散費		
救濟費		
撫卹費		
生產減少	57600元	因敵進佔灌河口後墾區搶潮圩失修至民國二十八年古曆七月十六日海潮漲漫淹沒禾苗土地變成斥滷一百五十畝地每年減少生產一百二十石
利減少		

財產間接損失報表

者汪丹庭　　年　月　日至三十五年二月十五日

類	實際價值共計	摘要說明
計	2806700元	
移費	1000元	由八隊一遷水小朱圩一阜寧三套
防空設備費	500元	建設臨時地下室一處
疏散費		
救濟費		
撫卹費		
生產減少	2806700元	因日寇進佔灌河口後墾區搶潮圩失修致二八年古曆七月十六日海潮漲滿圩間毀壞五百畝地成斥滷每年生產量減少七百市石
純利減少		

財產間接損失彙報表

（灌雲縣第六區各鄉鎮損失彙報表）者區長張效農　民國二十八年　月　日至三十四年　月　日

類	實際價值共計	摘要說明
計		
移費		由八隊遷至漣水阜寧等處
設備費		建築防空地下室
散費		
濟費		
卹費		
產減少		因日寇進佔灌河口後鹽區溜坍失修至民國二十八年古曆七月十六日海潮漲漫淹沒禾苗土地變成斥鹵二千二百〇六頃五十畝每年減少生產四千〇二十石
利減少		因日寇侵佔灌河口後該鎮一切生理閉歇

財產間接損失彙報表

填報者灌雲縣政府田賦征收處　民國二十八年二月　日至三十四年八月　日

分類	實際價值共計	摘要說明
共計	1419100元	
遷移費	350元	由板浦遷至大唐圩轉遷杜大圩及小窑暨灃河西等處
防空設備費	280元	本處築地下室一所
疏散費	1280元	本處員役臨時疏散津貼
救濟費		
撫卹費		
產減少	1400000元	由二十八年二月間日人登陸後迄至三十四年八月計七年平均每年減征田賦二十萬元
利減少		

財產間接損失案報表

填報者灌雲縣公款公產管理處　　民國二十八年三月三日至三十五年二月十五日

分類	實際價值共計	摘要說明
共計	1150元	
遷移費	285元	由板浦遷大晏圩—南四隊—八道溝—四七圩—安泰莊—村腿—楊馬莊
防空設備費	465元	建築地下室一所
疏散費	400元	
救濟費		
撫卹費		
生產減少		
[illegible]減少		

財產間接損失案報表

填報者灌雲警察局　　年　月　日至　年　月　日

分類	實際價值共計	摘要說明
共計		本表因本局在縣城淪陷前已經裁撤故未遭受上列各項損失所有詳情業於直接損失表內註明是以未能填報
遷移費		
防空設備費		
疏散費		
救濟費		
撫卹費		
生產減少		
[illegible]利減少		

財產直接損失彙報表

事件 日寇木村部隊進攻時

日期 民國二十八年三月三日

地點 灌雲縣城

填報者 教產處　　填報日期 中華民國三十五年 2 月 15 日

分類	損失時價值（國幣元）	重要物品項目及其數量
共計	16550元	
建築物		
器具	5200元	鐵床四張 木床二張 保險箱二個 沙發椅四張 大桌二張 辦公桌四張 椅子四只 煤燈一只 櫃子六只
現款		
圖書	50元	政府會計一部 縣財政一部 會計法令一部 辭源一部 百科全書一部
儀器		
文卷		毀損
醫藥用品		
衣物	1300元	絲織品單夾衣卅件 棉織品十九件
糧食	10000元	米一市石 麵四袋 存公[illegible]小麥一百市石 豆類一百十五市石 包米三百五十市石
其他		

財產直接損失彙報表

事件 自七七事變後縣府為適應環境起見將警察局所轄撤改編為兩警察中隊嗣於二八年春復將警察中隊改為縣常備隊

日期 查局所編為中隊係在二十七年春間由中隊改為縣常備隊係在二十八年二月間

地點 由局改編成中隊係在縣城板浦由警察中隊改編成縣常備隊係在本縣[illegible]楊家集

填報者 灌雲縣警察局　　填報日期 中華民國三十五年 2 月 14 日

分類	損失時價值（國幣元）	重要物品項目及其數量
共計	6620	
建築物		
器具	桌子約共值160元 橙子共值60元 椅子共值50元	損失桌子16張 橙20條 椅7張
現款	文具損失約計80元	紙墨筆硯白板等
圖書		
儀器		
文卷		
醫藥用品		
衣物	約計70元	損失制服170套
糧食		
其他	槍械約計共值6000元 子彈共值200元	損失槍械150枝 子彈五〇〇粒

財產直接損失彙報表

事件　日機轟炸

日期　二十七年五月二十一日

地點　江蘇省灌雲縣板浦東大街

填報者　灌雲縣政府田賦徵收處　　　填報日期　中華民國三十五年 2 月 15 日

分類	損失時價值（國幣元）	重要物品項目及其數量
共計	8390.00	
建築物	7000.00	辦公室六間串房三間宿舍五間計十四間
器具	660.00	寫字台十二張兩屜辦公桌八張大餐桌一張串椅十四架算盤二十把
現款	130.00	硯台二十方紅藍墨水缸四盒鋼板二塊油印機一架掛鐘三架玻璃板八塊
圖書		
儀器	40.00	十六件儀器一合
文卷		
醫品		
衣物	56000	被褥十六床單夾衣四十件
糧食		
其他		

財產直接損失彙報表

事件　日軍掃蕩

日期　民國二十八年至三十三年

地點　灌雲縣第六區各鄉鎮損失彙報表

填報者　張敬農　　　填報日期　中華民國三十五年 2 月 17 日

分類	損失時價值（國幣元）	重要物品項目及其數量
共計	587954 元	
建築物	251750 元	民房二百十五間草房三百四十八間
器具	35230 元	牛車二輛桌椅八百二十張鍋二口銅錫器一百三十七件 [illegible] 床三張
現款	10940 元	法幣七千五百四十元銀洋三千四百元
圖書	2180 元	辭源辭海大辭典原文說明水力學建築材料高等理化教學西洋文學書二十三種
儀器	1500 元	滑尺甲種繪儀
文卷		
醫品		
衣物	171857 元	單夾棉皮衣三千七百十四件
糧食	62817 元	大米八石五斗小麥三百十石二斗包米十五石
其他	51680 元	牛驢一百十四隻豬羊一百五十五隻七九步槍八枝駁殼槍二枝

財產直接損失彙報表

事件 日軍掃蕩
日期 民國三十年二月至三十二年十一月
地點 灌雲縣第六區黃河鄉

填報者 周立泉　　填報日期 中華民國三十五年 2月 17日

分類	損失時價值（國幣元）	重要物品項目及其數量
共計	20100元	
建築物	400元	草房兩間
器具	4500元	牛車兩輛鍋二口大棹二張椅子六張
現款	4500元	法幣二千八百元銀洋一千七百元
圖書		
儀器		
文卷		
醫藥用品		
衣物	1200元	單夾衣五十八件
糧食	7650元	
其他	1850元	

財產直接損失彙報表

事件 日軍掃蕩
日期 民國二十九六月至三十二年十一月
地點 灌雲縣第六區自新鄉

填報者 陳一峯　　填報日期 中華民國三十五年 2月 17

分類	損失時價值（國幣元）	重要物品項目及其數量
共計	71380元	
建築物		
器具	7500元	棹椅十七張錫器一百三十七件
現款		
圖書		
儀器		
文卷		
醫藥用品		
衣物	55230元	單衣四百二十件夾衣三百九十件棉衣五十三件皮衣九件
糧食	11250元	小麥七十五石
其他	6400元	耕牛十七隻驢六駝

財產直接損失報告表

事件　日軍掃蕩

日期　民國二十九至三十二年

地點　灌雲縣第六區安樂鄉

填報者　殷培根　　填報日期　中華民國三十五年 2 月 17 日

分類	損失時價值（國幣元）	重要物品項目及其數量
共計	22905元	
建築物		
器具		
現款		
圖書		
儀器		
文卷		
醫藥用品		
衣物	20550元	單衣二百三十六件夾衣一百十六件布四丈尺
糧食	2355元	小麥十五石七斗
其他		

財產直接損失報告表

事件　日軍掃蕩

日期　民國二十九年十二月二十九日

地點　灌雲縣第六區育武鄉

填報者　王玄周　　填報日期　中華民國三十五年 2 月 17 日

分類	損失時價值（國幣元）	重要物品項目及其數量
共計	6750元	
建築物		
器具		
現款		
圖書		
儀器		
文卷		
醫藥用品		
衣物	3450元	紗織品單衣七十件夾衣十八件棉衣二十二件皮袍五件
糧食	2550元	米五石五斗
其他	750元	肥猪五口

損失彙報表

事件　日軍掃蕩

日期　民國二十八年三月至三十一年

地點　灌雲縣第六區双港鎮

填報者張國屏　　　填報日期　中華民國三十五年2月17日

分類	損失時價值（國幣元）	重要物品項目及其數量
共計	135460元	
建築物	93000元	瓦房一百二十四間
器具		
現款		
圖書		
儀器		
文卷		
醫藥用品		
衣物	36980元	綿織品布十七尺，棉布三十六尺，綿織品單夾棉五百件，皮袍二十六件
糧食	5480元	米三石，小麥四石四斗
其他		

財產直接損失彙報表

事件　日軍掃蕩

日期　民國二十八年七月至三十年九月

地點　灌雲縣第六區平民鄉

填報者張希韜　　　填報日期　中華民國三十五年2月11日

分類	損失時價值（國幣元）	重要物品項目及其數量
共計	2990元	
建築物		
器具		
現款		
圖書		
儀器		
文卷		
醫藥用品		
衣物	750元	單衣二十件　夾衣九件　棉衣六件
糧食	1040元	小麥五石二斗
其他	1200元	耕牛八隻

財產直接損失案報表

事件 日寇進攻灌河口時焚擄

日期 民國二十八年三月一日

地點 六區興睦鄉八隊

填報者 王丹庭　　填報日期 中華民國三十五年2月15日

分類	損失時價值（國幣元）	重要物品項目及其數量
共計	13250元	
建築物	4000	瓦屋三間草屋四間
器具	1150	大桌四張櫃櫥三架椅子八張床三張
現款	1120	法幣九百二十元銀元二百枚
圖書	2180	辭源康熙大辭典原文版測量水力學建築材料高等理化數學及西洋洋文學書二十種
儀器	1500	
文卷		
醫藥用品		
衣物	1450	絲織品單十五件棉衣三十五件被褥八床
糧食	1850	小麥五市石包米十五市石豆類二十市石五斗
其他		

財產直接損失案報表

事件 日軍掃蕩

日期 民國二十九年七月十二日

地點 灌雲縣第六區中致鄉

填報者 孫益三　　填報日期 中華民國三十五年2月17

分類	損失時價值（國幣元）	重要物品項目及其數量
共計	18220元	
建築物		
器具		
現款		
圖書		
儀器		
文卷		
醫藥用品		
衣物	8640元	單衣六十八件夾衣四十九件棉衣七十一件皮袍二十九件
糧食	3432元	小麥十五石六斗
其他	6750元	耕牛十五隻肥豬十一口肥羊二十二隻

财产直接损失汇报表

事件　日軍掃蕩
日期　民國二十八年至三十二年
地點　灌雲縣第六區武進鄉

填報者蔡提武　　填報日期中華民國三十五年九月17日

分類	損失時價值（國幣元）	重要物品項目及其數量
共計	28946元	
建築物	18500元	瓦房十八间草房三十间
器具	4500元	大桌三十張椅子二十九張
現款		
圖書		
儀器		
文卷		
醫品		
衣物	8520元	絲織單衣二百八十件 棉衣二百八十二件夾一百五十件被[illegible]件
糧食	1476元	
其他		

财产直接损失汇报表

事件　日軍掃蕩
日期　民國二十八年至三十年
地點　灌雲縣第六區博議鄉

填報者黄步益　　填報日期中華民國三十五年2月17日

分類	損失時價值（國幣元）	重要物品項目及其數量
共計	202080元	
建築物	1291.00元	瓦房七十间草房二百六十七间
器具	2230.0元	大桌二百四十張椅橙四百五十張
現款		
圖書		
儀器		
文卷		
醫品		
衣物	21500元	絲織品單衣一百三十六件夾四十二件棉二十五件被三十件
糧食	3500元	小麦十五石六斗
其他	2568●元	耕牛三十八隻肥猪四十一口肥羊六十二隻

財產直接損失彙報表

事件　日軍掃蕩

日期　民國二十八年二月至三十二年

地點　灌雲縣第六區興睦鄉

填報者 蔡守仁　　填報日期 中華民國三十五年2月17日

分類	損失時價值（國幣元）	重要物品項目及其數量
共計	26820元	
建築物		
器具		
現款	5320元	法幣三千八百二十元銀洋一千五百元
圖書		
儀器		
文卷		
醫藥用品		
衣物	5250元	絲織品單衣四十六件夾衣五十五件棉衣六十件皮袍十四件
糧食	15100元	小麥七十五石五斗
其他	1150元	牛驢十五隻七九步槍二枝

財產直接損失彙報表

事件　日軍掃蕩

日期　民國二十八年二月至三十二年

地點　灌雲縣第六區興睦鄉

填報者 黃濟堂　　填報日期 中華民國三十五年2月17日

分類	損失時價值（國幣元）	重要物品項目及其數量
共計	26820元	
建築物		
器具		
現款	5320元	法幣三千八百二十元銀洋一千五百元
圖書		
儀器		
文卷		
醫藥用品		
衣物	5250元	絲織品單衣四十六件夾衣五十五件棉衣六十件皮袍十四件
糧食	15100元	小麥七十五石五斗
其他	1150元	牛驢十五隻七九步槍二枝

財產直接損失彙報表

事件 日軍掃蕩
日期 民國二十九年至三十一年十一月
地點 灌雲縣第六區友三鄉

報告者 蔡守仁　　填報日期 中華民國三十五年 2月17

分類	損失時價值（國幣元）	重要物品項目及其數量
共計	3927元	
建築物		
器具		
現款		
圖書		
儀器		
文卷		
醫藥用品		
衣物	1377元	單衣一百十六件夾衣三十七件
糧食	750元	小麥五石
其他	1800元	肥猪七口肥羊八頭

財產直接損失彙報表

事件 日軍掃蕩
日期 民國二十八年二月至三十一年十一月
地點 灌雲縣第六區樂化鄉

胡治庭　　填報日期 中華民國三十五年 2月17

分類	損失時價值（國幣元）	重要物品項目及其數量
共計	11760元	
建築物	6750元	草房四十五間
器具	280元	棹椅二十八張
現款		
圖書		
儀器		
文卷		
醫藥用品		
衣物	1740元	絲織品單衣三十件夾衣十一件棉衣十七件
糧食	1940元	小麥九石七斗
其他	1050元	耕牛七隻

財產直接損失彙報表

事件　日軍掃蕩

日期　民國二十八年六月十三日

地點　灌雲第六區西安鄉

王恒文　　　填報日期　中華民國三十五年

分類	損失時價值（國幣元）	重要物品項目及其數量
共計	5800元	
建築物		
器具		
現款		
圖書		
儀器		
文卷		
醫藥用品		
衣物	850元	綿織品單衣61件夾衣15件棉衣7件皮袍2件
糧食	1750元	小麥　75石
其他	3200元	耕牛7隻驢1匹歐克槍2枝七九步槍6枝

財產直接損失彙報表

事件　日軍掃蕩

日期　民國二十八年三月至三十一年五月

地點　灌雲縣第六區河圍鄉

程敬周　　　填報日期　中華民國三十五年　月

分類	損失時價值（國幣元）	重要物品項目及其數量
共計	7150元	
建築物		
器具		
現款		
圖書		
儀器		
文卷		
醫藥用品		
衣物	5450元	綿織品單夾棉一百二十九件皮袍六件
糧食	1700元	小麥八石五斗
其他		

財產直接損失彙報表

事件　日軍拆毀
日期　民國三十年七月
地點　雙港鎮

填報者　區長張效農　　　　填報日期中華民國三十五年二月十八日

分類	損失時價值（國幣元）	損失物品項目及其數量
共計	8600元	
建築物	4500元	民房十五間
器具	3000元	書位桌一百五十張
現款		
圖書	1000元	全部圖書館被毀
儀器		
文卷	100元	卷宗二十件
醫藥用品		
衣物		
糧食		
其他		

財產直接損失彙報表

事件　縣城淪陷後日軍下鄉搜索
日期　民國二十八年二月二十五日
地點　灌雲縣第四區杜大圩莊

填報者　灌雲縣立初級中學校　　　　填報日期中華民國三十五年二月一日

分類	損失時價值（國幣元）	重要物品項目及其數量
共計	法幣7500元	
建築物		
器具	1200元	辦公桌十三張籃足球各兩個
現款		
圖書	300元	辭源辭海萬有文庫
儀器	6000元	顯微鏡一架化學儀器及動植礦標本壹千餘件
文卷		
醫藥用品		
衣物		
糧食		
其他		

灌雲縣第二區抗戰財產損失彙報表

三十五年二月二十三日

造報計四十九份

財產直接損失彙報表

事件　灌雲縣第二區抗戰財產損失彙報表

日期

地點

填報者　第二區長宋瑒　　　　填報日期　中華民國三十五年二月二十三日

分類	損失時價值（國幣元）	重要物品項目及其數量
共計	貳拾叁萬伍仟壹百肆拾壹元	
建築物	捌萬玖仟貳百貳拾元	
器具	陸萬壹仟貳百伍拾壹元	
現款	壹仟柒百陸拾元	
圖書	貳萬肆仟叁百零伍元	
儀器		
文卷		
醫品	壹仟元	
衣物	貳萬伍仟陸百玖拾貳元	
糧食	壹萬柒仟壹百叁拾陸元	
其他	壹萬肆仟柒百肆拾柒元	

財產直接損失彙報表

事件 日軍進攻

日期 民國二十八年三月十日

地點 灌雲二區義恒鄉陳樓莊

者 陳錫車　　填報日期 中華民國三十五年二月十四日

類	損失時價值（國幣元）	重要物品項目及其數量
計	伍百叁拾元	
建築物	壹百弍拾元	草房四間
器具	壹百叁拾元	農具用具等
現物		
圖書		
儀器		
文卷		
醫品		
衣物	壹百陸拾元	被褥衣服等
糧食	壹百弍拾元	雜糧三石七斗
其他		

財產直接損失彙報表

事件 日軍進攻

日期 民國二十八年三月十日

地點 灌雲縣第二區義恒鄉陳樓莊

填報者 陳百川　　填報日期 中華民國三十五年二月十四日

分類	損失時價值（國幣元）	重要物品項目及其數量
共計	壹仟弍百弍拾元	
建築物	壹百捌拾元	瓦房三間
器具	伍拾元	用具等
現物		
圖書	叁百元	古書時書
儀器		
文卷		
醫品		
衣物	五百元	皮衣被褥布服等
糧食	壹百玖拾元	雜糧六石三斗
其他		

財產直接損失彙報表

事件　日軍進攻
日期　民國二十八年三月十日
地點　灌雲縣第二區義恒鄉陳樓莊

填報者　陳理宗　　　　填報日期　中華民國三十五年二月十四日

分類	損失時價值（國幣元）	重要物品項目及其數量
共計	柒百叁拾元	
建築物	壹百陸拾元	草房三間草砲樓一座
器具	貳百貳拾元	器物用具等
現款		
圖書		
儀器		
文卷		
醫藥用品		
衣物	貳百捌拾元	皮衣被褥布服等
糧食		雜糧二石三斗
其他		

財產直接損失彙報表

事件　日軍進攻
日期　民國二十八年三月十日
地點　灌雲二區義恒鄉陳樓莊

填報者　陳開舜　　　　填報日期　中華民國三十五年二月十四日

分類	損失時價值（國幣元）	重要物品項目及其數量
共計	捌百陸拾元	
建築物	貳百貳拾元	瓦屋二間草房四間
器具	壹百肆拾元	農具用物等
現款		
圖書		
儀器		
文卷		
醫藥用品		
衣物	叁百捌拾元	皮衣被褥衣服等
糧食	壹百貳拾元	雜糧三石五斗
其他		

財產直接損失彙報表

事件 日軍進攻

日期 民國二十八年三月十日

地點 灌雲二區義桓鄉陳樓莊

填報者曹立道　　填報日期 中華民國三十五年二月十四

分類	損失時價值(國幣元)	重要物品項目及其數量
共計	捌百弍拾五元	
建築物	叁百陸拾元	草房十二間
器具	壹百弍拾元	農具用具等
現物		
圖書		
儀器		
文卷		
醫品		
衣物	壹百伍拾元	被褥衣服等
糧食	壹百玖拾五元	雜粮六石四斗
其他		

財產直接損失彙報表

事件 日軍進攻

日期 民國二十八年三月十日

地點 灌雲二區義桓鄉陳樓莊

填報者陳開播　　填報日期 中華民國三十五年二月十四日

分類	損失時價值(國幣元)	重要物品項目及其數量
共計	弍百弍拾陸元	
建築物	玖拾元	草房三間
器具	伍拾元	農具用物等
現物		
圖書		
儀器		
文卷		
醫品		
衣物	伍拾元	衣服被褥等
糧食	叁拾陸元	雜粮一石二斗
其他		

財產直接損失彙報表

事件　日軍進攻
日期　民國二十八年三月十日
地點　灌雲二區義恒鄉陳樓莊

填報者仲擇三　　填報日期中華民國三十五年二月十四日

分類	損失時價值（國幣元）	重要物品項目及其數量
共計	壹百陸拾五元	
建築物	捌拾元	草屋四間
器具	拾五元	農具用物等
現款		
圖書		
儀器		
文卷		
醫藥用品		
衣物	貳拾元	被褥衣服等
糧食	伍拾元	雜糧一石〤斗
其他		

財產直接損失彙報表

事件　日軍進攻
日期　民國二十八年三月十日
地點　灌雲二區義恒鄉陳樓莊

填報者吳萬義　　填報日期中華民國三十五年二月十四日

分類	損失時價值（國幣元）	重要物品項目及其數量
共計	壹百拾陸元	
建築物	肆拾元	草屋四間
器具	拾捌元	農具用物等
現款		
圖書		
儀器		
文卷		
醫藥用品		
衣物	貳拾貳元	衣服被褥等
糧食	叁拾陸元	雜糧一石二斗
其他		

財產直接損失彙報表

事件 日軍進攻
日期 民國二十八年三月十日
地點 灌雲二區義恒鄉陳樓莊

填報者 陳錫珍　　填報日期 中華民國三十五年二月十四日

分類	損失時價值（國幣元）	負要物品項目及其數量
共計	壹百柒拾弍元	
建築物		
器具		
現物		
圖書		
儀器		
文卷		
醫藥品		
衣物	叁拾弍元	被褥衣服等
糧食	陸拾元	雜粮二石
其他	捌拾元	布四疋

財產直接損失彙報表

事件 日軍進攻
日期 民國二十八年十月至二十九年三月
地點 灌雲二區石羊鄉韓莊

填報者 韓殿沛　　填報日期 中華民國三十五年二月十七日

分類	損失時價值（國幣元）	負要物品項目及其數量
共計	壹仟陸伯捌拾五元	
建築物		
器具	捌拾五元	金戒子一只
現物		
圖書		
儀器		
文卷		
醫藥品		
衣物	壹伯元	單棉衣十三件
糧食		
其他	壹仟伍伯元	手槍一枝步槍五枝子彈共二百十三粒

財產直接損失報告表

事件　日軍掃蕩
日期　民國二十九年八月二十日
地點　灌雲二區石羊鄉趙莊

填報者趙家燕　　填報日期中華民國三十五年一月二十七日

分類	損失時價值（國幣元）	重要物品項目及其數量
共計	壹仟肆百元	
建築物		
器具		
現款		
圖書		
儀器		
文卷		
醫藥用品		
衣物		
糧食		
其他	壹仟肆百元	駁壳槍一枝步槍一枝子彈四百八十六粒

財產直接損失報告表

事件　日軍掃蕩
日期　民國三十年一月七日
地點　灌雲二區天一鄉鄧莊

填報者王新鑑　　填報日期中華民國三十五年二月十四日

分類	損失時價值（國幣元）	重要物品項目及其數量
共計	貳仟零伍拾元	
建築物		
器具	伍百元	農具器具等
現款		
圖書		
儀器		
文卷		
醫藥用品	柒百元	羚羊角虎骨酒等
衣物	伍百元	被褥衣服等
糧食	叁百伍拾元	雜粮一石三斗
其他		

財産直接損失彙報表

事件 日軍進攻
日期 民國二十八年三月十六日
地點 灌雲縣第二區白蜆鄉後馬圩

填報者馬少如　　填報日期 中華民國三十五年 二 月

分類	損失時價值（國幣元）	重要物品項目及其數量
共計	弍仟弍百陸拾元	
建築物	壹百柒拾元	木料十七根
器具	弍百陸拾元	農具用物等拾三件
現物	叁拾元	掛錶一隻首飾五兩
圖書		
儀器		
文卷		
醫品	叁百元	岐南香珠六個
衣物	四百元	被褥衣服等十五件
糧食	玖百元	包米五石小麥三石毛豆一石
其他	弍百元	廠造七九步槍弍支

財産直接損失彙報表

事件 日軍搜索
日期 民國二十八年三月十四日
地點 灌雲二區義恒鄉曹莊

填報者曹自新　　填報日期 中華民國三十五年 二 月 十五 日

分類	損失時價值（國幣元）	重要物品項目及其數量
共計	伍伯伍拾元	
建築物		
器具		
現物		
圖書		
儀器		
文卷		
醫品		
衣物	弍伯肆拾元	皮袄被褥衣服等
糧食		
其他	叁伯拾元	手槍一枝廠造步槍一枝土步槍三枝子彈共156粒

財產直接損失報表

事件	日軍進攻
日期	民國二十八年三月八日
地點	灌雲二區天一鄉西宋莊

填報者宋恩康　　填報日期中華民國三十五年二月十四日

分類	損失時價值（國幣元）	重要物品項目及其數量
共計	壹仟伍伯捌拾元	
建築物	陸伯伍拾元	瓦房三間草房十二間
器具	陸伯伍拾元	大桌板凳條几板門神柜廚具及農具等
現款		
圖書		
儀器		
文卷		
醫藥用品		
衣物	弍伯元	棉夾單衣及被褥等
糧食	捌拾元	雜粮二石八斗
其他		

財產直接損失報表

事件	日軍進攻
日期	民國二十八年三月八日
地點	灌雲二區天一鄉西宋莊

填報者宋恩露　　填報日期中華民國三十五年二月十四日

分類	損失時價值（國幣元）	重要物品項目及其數量
共計	壹仟弍伯柒拾元	
建築物	陸伯肆拾元	瓦房三間草房十二間
器具	陸百元	板門大桌神柜板凳廚具及農具等
現款		
圖書		
儀器		
文卷		
醫藥用品		
衣物	壹伯伍拾元	棉夾單衣及被褥等
糧食	捌拾元	雜粮三石
其他		

財產直接損失彙報表

事件　日軍進攻

日期　民國二十八年三月八日

地點　灌雲二區天一鄉西宋莊

填報者宋玉如　　填報日期 中華民國三十五年二月十六日

分類	損失時價值（國幣元）	重要物品種目及其數量
共計	式仟陸伯陸拾元	
建築物		
器具	伍伯元	板門大桌板凳神柜厨具及農具等
現款		
圖書	捌伯元	古書新書（洋裝平裝）約八百冊字畫十軸
儀器		
文卷		
醫品		
衣物	肆伯元	皮衣棉夾單衣及被褥等
糧食	捌拾元	雜粮二石八斗
其他	壹伯陸拾元	步槍一枝子彈一百二十粒

財產直接損失彙報表

事件　日軍進攻

日期　民國二十九年七月十一日至三十年九月十六日止

地點　灌雲縣第二區天適鄉王集

填報者于友仁　　填報日期 中華民國三十五年二月　日

分類	損失時價值（國幣元）	重要物品種目及其數量
共計	叁仟零伍拾元	
建築物		
器具		
現款		
圖書		
儀器		
文卷		
醫品		
衣物	玖百玖拾元	皮袍被子杭綢褂褲呢夾袄駝絨袍共計十六件
糧食		
其他	式仟零陸拾元	駁殼槍式支七九步槍三支六五步槍一支子彈五千七百五十粒

財產直接損失彙報表

事件　日軍進攻
日期　民國二十八年三月八日
地點　灌雲二區天一鄉西宋莊

填報者　宋星如　　填報日期　中華民國三十五年　二　月　十六　日

分類	損失時價值（國幣元）	重要物品項目及其數量
共計	壹仟柒伯玖拾元	
建築物	陸伯肆拾元	瓦房三間草房十二間
器具	柒伯元	板門大桌条几神柜板凳厨具及農具等
現款		
圖書		
儀器		
文卷		
醫藥品		
衣物	弍伯元	棉夾單衣及被褥等
粮食	壹伯元	雜粮三石五斗
其他	壹伯五拾元	步槍一支子彈一百粒

財產直接損失彙報表

事件　日軍進攻
日期　民國二十八年三月八日
地點　灌雲二區天一鄉西宋莊

填報者　宋光樞　　填報日期　中華民國三十五年　二　月　十六　日

分類	損失時價值（國幣元）	重要物品項目及其數量
共計	伍仟壹伯元	
建築物	捌伯元	瓦房二間瓦砲樓三間草房十間
器具	陸伯元	大桌板凳条几厨具板門及農具等
現款		
圖書	弍仟元	古書新書(洋裝平裝)共約二千冊字畫三十軸
儀器		
文卷		
醫藥品		
衣物	五伯元	皮衣棉夾單衣及被褥等
粮食	玖拾元	雜粮三石
其他	叁伯元	步槍三枝子彈二百粒

第九八號

財產直接損失彙報表

事件 日軍掃蕩
日期 民國三十一年七月二十八日
地點 灌雲二區長漸鄉臧莊

填報者 臧璧　　填報日期 中華民國三十五年二月十三日

分類	損失時價值（國幣元）	重要物品項目及其數量
共計	壹萬壹仟壹百元	
建築物		
器具	五百元	小車一輛牛皮繩二条掛鐘一架香案全堂
現款		
圖書		
儀器		
文卷		
醫藥用品		
衣物	陸仟五百元	被褥衣服等
糧食	叁仟陸百元	雜粮十二石
其他		

第九九號

財產直接損失彙報表

事件 日軍進攻
日期 民國二十九年四月二十一日
地點 灌雲二區長漸鄉新柳村

填報者 呂垣周　　填報日期 中華民國三十五年二月十七日

分類	損失時價值（國幣元）	重要物品項目及其數量
共計	壹萬伍千陸百弍拾捌元	
建築物	弍千零叁拾元	瓦房十四間
器具	弍千肆伯柒拾元	大桌条几椅子板凳床大柜鐘等
現款		
圖書	壹千零伍拾元	古書及字畫等
儀器		
文卷		
醫藥用品		
衣物	壹千肆伯玖拾元	皮衣棉衣夾衣單衣被褥等
糧食	肆千肆伯六十五元	雜粮三十一石
其他	肆千壹伯拾柒元	駁殼槍二枝廠造步槍六枝六五步槍二枝子彈共七百五十粒

事件 日軍進攻
日期 民國二十八年三月四日
地點 灌雲二區天適鄉恒豐莊

填報者 張義奎　　　　填報日期 中華民國三十五年 二 月 十六 日

分類	損失時價值（國幣元）	重要物品項目及其數量
共計	弍仟玖伯玖拾元	
建築物	陸伯元	草房十五間
器具	陸伯柒拾元	板門大桌椅子茶几条几神柜大鐘厨具及農具等
現款		
圖書		
儀器		
文卷		
醫品		
衣物	肆伯五拾元	皮袍棉衣被褥等
糧食	柒伯五拾元	雜粮二十四石八斗
其他	伍伯弍拾元	牛四只驢二只

財產直接損失彙報表

事件 日軍進攻
日期 民國二十八年三月四日
地點 灌雲二區天適鄉恒豐莊

填報者 張季層　　　　填報日期 中華民國三十五年 二 月 十六 日

分類	損失時價值（國幣元）	重要物品項目及其數量
共計	肆仟玖百陸拾元	
建築物	弍仟叁百元	平台砲樓一座瓦房五間草房十九間
器具	捌百伍拾元	大車大桌茶几条几椅子板門厨具及農具等
現款		
圖書		
儀器		
文卷		
醫品		
衣物	伍伯弍拾元	皮衣被褥衣服等
糧食	伍伯柒拾元	雜粮二十一石五斗
其他	柒伯弍拾元	水牛一只黃牛二只驢一只松木一百八十株

财产直接损失汇报表

事件　日军飞机轰炸
日期　民国二十七年十二月一日
地点　灌云第二区东门镇

填报者方菊如　　填报日期中华民国三十五年二月十七日

分类	损失时价值（国币元）	重要物品项目及其数量
共计	玖仟玖百陆拾元	
建筑物	伍仟元	瓦市房一所计十四间
器具	四仟元	神柜大桌板凳大椅木床长凳方桌方凳共计二十九件
现款		
图书	壹百贰拾元	尺牍古文洋装书十八本
仪器		
文卷		
医药用品		
衣物	七百六拾元	皮袍被子夹袄单褂裤计二十一件
粮食	八拾元	贰石
其他		

财产直接损失汇报表

事件　日军进攻
日期　民国二十八年二月至三十年一月止
地点　灌云二区石岑乡顾庄

填报者顾少民　　填报日期中华民国三十五年二月十四

分类	损失时价值（国币元）	重要物品项目及其数量
共计	壹仟贰百捌拾元	
建筑物	伍百元	长房料五棵松木八棵板门六付
器具	叁拾元	碗盏百余个
现款	叁拾元	银器玉器等
图书	壹百元	字典及地图等
仪器		
文卷		
医药用品		
衣物	伍百元	衣服被褥等
粮食	捌拾元	杂粮二石五斗
其他	肆拾元	银镯二个土枪六枝

財產直接損失彙報表

事件　日軍進攻

日期　民國二十八年至三十三年止

地點　灌雲二區石岑鄉顧莊

填報者　顧燦　　　填報日期　中華民國三十五年二月十八

分類	損失時價值(國幣元)	重要物品項目及其數量
共計	壹仟零陸拾陸元	
建築物	伍百肆拾元	瓦房九間
器具	壹百零陸元	大柜大桌椅子板凳銀器四兩
現物		
圖書	弍百弍拾元	古字畫四幅古書千餘冊
儀器		
文卷		
醫品		
衣物	壹百元	單夾棉綢二十件
糧食	玖拾元	雜粮三石
其他	拾元	土槍三枝

財產直接損失彙報表

事件　日軍進攻

日期　民國二十八年至三十三年

地點　灌雲二區石岑鄉顧莊

填報者　顧品崗　　　填報日期　中華民國三十五年二月十八

分類	損失時價值(國幣元)	重要物品項目及其數量
共計	壹仟零叁拾壹元	
建築物	叁百伍拾元	瓦房四間草屋三間
器具	弍百零陸元	大柜椅子大桌牙凳大床皮箱等
現物		
圖書	拾伍元	古字畫三幅
儀器		
文卷		
醫品		
衣物	壹百弍拾元	單夾棉綢衣及帳子等
糧食	弍百肆拾元	雜粮八石
其他	壹百元	手槍一枝子彈五十粒

財產直接損失彙報表

事件 日軍進攻

日期 民國三十年九月十二日至三十一年一月七日

地點 灌雲二區天一鄉鄧莊

填報者 王見倫　　填報日期 中華民國三十五年二月十七

分類	損失時價值(國幣元)	重要物品項目及其數量
共計	壹仟捌百伍拾元	
建築物		
器具	伍百元	農具用物等
現款		
圖書		
儀器		
文卷		
醫藥用品		
衣物	肆百元	被褥衣服等
糧食	肆百伍拾元	雜粮伍石壹斗
其他	伍百元	土步槍乙枝子彈伍十粒

財產直接損失彙報表

事件 日軍進攻

日期 民國二十八年四月十八日

地點 灌雲二區天一鄉薄莊

填報者 薄培桐　　填報日期 中華民國三十五年二月十四日

分類	損失時價值(國幣元)	重要物品項目及其數量
共計	壹佰元	
建築物		
器具	肆拾元	農具用物等
現款		
圖書		
儀器		
文卷		
醫藥用品		
衣物	肆拾元	被褥衣服等
糧食	貳拾元	雜粮六斗
其他		

財產直接損失彙報表

事件 日軍進攻
日期 民國二十八年四月十八日
地點 灌雲二區天一鄉薄莊

填報者 薄培榆　　　　填報日期 中華民國三十五年 二 月 十七 日

分類	損失時價值（國幣元）	重要物品項目及其數量
共計	壹伯零八元	
建築物		
器具	叁拾元	農具用物等拾伍件
現款		
圖書		
儀器		
文卷		
醫藥用品		
衣物	貳拾捌元	被褥衣服等
糧食	伍拾元	雜糧壹石五斗
其他		

財產直接損失彙報表

事件 日軍進攻
日期 民國二十九年三月初七日
地點 灌雲二區石羊鄉六保戴莊

填報者 戴慕周　　　　填報日期 中華民國三十五年 二 月 十七

分類	損失時價值（國幣元）	重要物品項目及其數量
共計	柒百拾元	
建築物	貳百元	草房叁間
器具		
現款		
圖書		
儀器		
文卷		
醫藥用品		
衣物	貳百元	被子棉袍單夾衣共八件
糧食	叁百拾元	小麥玖斗包米壹石四斗蔴豆捌斗
其他		

財產直接損失報表

事件　日本人造橋

日期　民國二十九年三月至三十年五月

地點　灌雲縣二區東門鎮

填報者王震遠　　填報日期　中華民國三十五年二月十一日

分類	損失時價值（國幣元）	重要物品項目及其數量
共計	叁萬四仟元	
建築物	壹萬陸仟壹百元	瓦房四拾八間草屋拾壹間（油坊）
器具	壹萬捌仟元	土榨十六盤大缸弍百八十口小缸六十口油桶六拾個
現物		
圖書		
儀器		
文卷		
醫品		
衣物		
糧食		
其他		

財產直接損失報表

事件　日機轟炸

日期　民國二十七年十二月一日

地點　灌雲二區東門鎮

填報者王蔭遠　　填報日期　中華民國三十五年二月十一

分類	損失時價值（國幣元）	重要物品項目及其數量
共計	壹萬捌仟五百元	
建築物	伍千元	瓦屋叁拾壹間
器具	弍仟五百元	板凳条几大桌大椅大缸大林皮箱衣橱等
現物		
圖書	壹萬元	古畫叁箱古書四橱
儀器		
文卷		
醫品		
衣物	壹仟元	棉衣單衣等陸拾件
糧食		
其他		

財產直接損失彙報表

事件 日本飛機轟炸及進攻

日期 民國二十七年十二月一日至三十三年八月

地點 灌雲二區東門鎮租王蔭遠房屋

填報者 唐啟發　　填報日期 中華民國三十五年二月十一日

分類	損失時價值(國幣元)	重要物品項目及其數量
共計	四仟柒百元	
建築物		
器具	弍仟元	大桌四張賬桌弍張大柜弍隻山架四張椅子六張大床弍張柜台四合板凳六条
現物	壹仟弍百元	洋釘桐油青油魁麻苧麻清鍋原鍋瓷器等
圖書		
儀器		
文卷		
醫藥品		
衣物	壹仟伍百元	被子單衣皮衣等四拾四件
糧食		
其他		

財產直接損失彙報表

事件 日軍過境駐莊擄掠

日期 民國二十八年四月十八日

地點 灌雲二區天一鄉蒲莊

填報者 蒲培棠　　填報日期 中華民國三十五年二月十四日

分類	損失時價值(國幣元)	重要物品項目及其數量
共計	捌拾四元	
建築物		
器具	叁拾元	農具用物等五件
現物		
圖書		
儀器		
文卷		
醫藥品		
衣物	叁拾元	被褥衣服等十五件
糧食	弍拾四元	雜粮柒斗
其他		

財產直接損失彙報表

事件　日軍拆毀
日期　民國二十八年二月至三十四年五月止
地點　灌雲二區守望鎮北極宮(前三育小學校校址)

填報者守望鎮長馬秉寅　　填報日期　中華民國三十五年二月十八日

分類	損失時價值(國幣元)	重要物品項目及其數量
共計	叁萬柒仟陸佰肆拾陸元	
建築物	式萬陸仟元	瓦房三十六間
器具	壹萬零陸百肆拾陸元	大桌板凳椅子小凳伍桌辦公桌參桌黑板玻璃橱等
現款		
圖書	壹仟元	古書時書等
儀器		
文卷		
醫藥用品		
衣物		
糧食		
其他		

財產直接損失彙報表

事件　日機轟炸
日期　民國二十七年十二月一日
地點　灌雲二區東門鎮

填報者王洛川　　填報日期　中華民國三十五年二月十一日

分類	損失時價值(國幣元)	重要物品項目及其數量
共計	捌仟伍百元	
建築物	壹仟元	瓦房九間
器具	壹仟元	大桌大椅条几茶几角桌大床藤床大小柜等
現款		
圖書	伍仟元	陳彭年中堂一幅王石谷山水二幅祝之三大草一卷及古畫等
儀器		
文卷		
醫藥用品		
衣物	壹仟伍百元	皮衣棉衣及被褥等
糧食		
其他		

財產直接損失彙報表

事件 日軍進攻
日期 民國三十三年十月
地點 灌雲二區天適鄉徐莊

填報者 徐順之　　填報日期 中華民國三十五年二月十八日

分類	損失時價值（國幣元）	重要物品項目及其數量
共計	捌仟元	
建築物	伍仟元	草屋五間草包樓二間
器具	貳仟伍百元	大桌椅子板凳等
現物		
圖書		
儀器		
文卷		
醫品		
衣物		
糧食		
其他	伍百元	大磚大柴麥草

財產直接損失彙報表

事件 日軍進攻
日期 民國二十九年三月七日
地點 灌雲二區石羊鄉戴陽寺莊

填報者 戴天民　　填報日期 中華民國三十五年二月十七日

分類	損失時價值（國幣元）	重要物品項目及其數量
共計	貳仟叁百貳拾元	
建築物	壹仟元	瓦堂屋三間草房二間
器具	伍百元	大櫃站櫃大桌板凳面床等
現物		
圖書		
儀器		
文卷		
醫品		
衣物	伍百元	皮袍被褥衣服等
糧食	叁百貳拾元	雜糧四石八斗
其他		

第一一八號

財產直接損失報告表

事件　日軍進攻

日期　民國二十八年四月十八日

地點　灌雲二區天一鄉薄莊

填報者薄培堯　　　填報日期　中華民國三十五年二月十四日

分類	損失時價值(國幣元)	重要物品項目及其數量
共計	壹百陸拾元	
建築物		
器具	壹百元	農具用物等
現款		
圖書		
儀器		
文卷		
醫藥用品		
衣物	叁拾元	衣服等
糧食	叁拾元	雜糧九斗
其他		

第一一九號

財產直接損失報告表

事件　日軍掃蕩

日期　民國二十九年三月七日

地點　灌雲二區天一鄉丁圩

填報者杜秉國　　　填報日期　中華民國三十五年二月十八日

分類	損失時價值(國幣元)	重要物品項目及其數量
共計	玖仟伍百元	
建築物	肆仟元	瓦房九間草房六間
器具	貳仟元	大桌椅子條几大柜板凳床及厨具等
現款		
圖書	壹仟元	古書時書(平裝洋裝)名人字畫等
儀器		
文卷		
醫藥用品		
衣物	壹仟元	皮衣棉夾軍衣及被褥等
糧食	壹仟伍百元	雜糧十二石五斗
其他		

財產直接損失彙報表

事件 日軍出發

日期 民國三十年五月十二日

地點 灌雲二區長漸鄉

填報者 陳炳餘　　填報日期 中華民國三十五年二月十七日

分類	損失時價值(國幣元)	重要物品項目及其數量
共計	壹仟六百五拾元	
建築物		
器具	四百弍拾元	大車四輛
現物		
圖書		
儀器		
文卷		
醫品		
衣物	壹仟弍百叁拾元	皮衣棉單衣被褥等
糧食		
其他		

財產直接損失彙報表

事件 日軍出發

日期 民國三十年五月十二日

地點 灌雲二區長漸鄉一保陳莊

填報者 陳汝權　　填報日期 中華民國三十五年二月十七日

分類	損失時價值(國幣元)	重要物品項目及其數量
共計	壹仟玖百元	
建築物		
器具	叁百陸拾元	農具用物等
現物		
圖書		
儀器		
文卷		
醫品		
衣物	玖百弍拾元	衣服皮衣被褥等
糧食	伍百元	雜糧二石
其他	壹百弍拾元	手槍一枝子彈五粒

財產直接損失彙報表

事件 日軍出發

日期 民國三十年五月十二日

地點 灌雲二區長灘鄉陳莊

填報者陳筱華　　填報日期 中華民國三十五年 二 月 十七 日

分類	損失時價值（國幣元）	重要物品項目及其數量
共計		
建築物		
器具	六百元	大車泥車等
現物		
圖書		
儀器		
文卷		
醫品		
衣物	八百元	被褥帳衣服等
糧食		
其他	玖百六拾元	套步槍壹支子彈五拾弍粒法幣五百六十元

財產直接損失彙報表

事件 日軍損毀

日期 民國二十九年秋至三十年春

地點 灌雲二區湯金鎮

填報者孫耀川　　填報日期 中華民國三十五年 二 月 十四 日

分類	損失時價值（國幣元）	重要物品項目及其數量
共計		
建築物	壹萬元	瓦樓房一所計弍拾六間
器具	五千元	各項家具計捌拾五件器皿計三十八件
現物		
圖書	壹千元	收藏古今名人字畫三十幀珍書籍十一部
儀器		
文卷		
醫品		
衣物		
糧食		
其他		

財產直接損失彙報表

事件　日軍損毀
日期　民國二十九年五月至三十年七月十一日
地點　灌雲二區湯全鎮

填報者孫玉輝　　　填報日期　中華民國三十五年二月十四日

分類	損失時價值（國幣元）	重要物品項目及其數量
共計	叁仟元	
建築物	式仟叁百元	西瓦川堂三間門二十三付樓板五間房料五間等
器具	式百元	花盆二十對花缸式對水缸酒甕共二十口
現物	五百元	梨木一丈樹段五棵皮桶条木式拾棵
圖書		
儀器		
文卷		
醫品		
衣物		
糧食		
其他		

財產直接損失彙報表

事件　日軍掃蕩
日期　民國二十八年三月至三十年四月
地點　灌雲二區伊東鄉河口莊

填報者曹伯五　　　填報日期　中華民國三十五年二月二十日

分類	損失時價值（國幣元）	重要物品項目及其數量
共計	玖仟伍百元	
建築物	叁仟式百元	瓦房五間草房十間
器具	壹仟叁百元	大桌椅凳床板門廚具農具等
現物		
圖書	壹仟柒百元	古時書及名人書畫等
儀器		
文卷		
醫品		
衣物	捌百元	皮棉衣及被褥等
糧食	壹仟伍百元	雜糧七石六斗
其他	壹仟元	古松林六百餘株

灌雲縣第五區財產直接損失彙報表貳拾捌份

財產直接損失彙報表

事件 日寇進攻江蘇省漣阜灌沭四縣聯防指揮部

日期 三十一年七月二十一日

地點 五區圖靖鄉馬福央庄

填報者 馬福央　　填報日期 中華民國三十五年2月15日

分類	損失時價值（國幣元）	損失物品項目及其數量
共計	123.950元	
建築物	95.000元	瓦房瓦炮樓三十一間草房三十三間
器具	9.500元	桌椅櫥橱箱櫃等件
現款		
圖書	650元	初中小學課本辭源襍書等二十八件
儀器		
文卷		
醫藥用品		
服著物	5,3000元	便衣二十一套皮袍七件
糧食	13,500元	麥類五十石毛米一百二十石豆類八十石
其他		

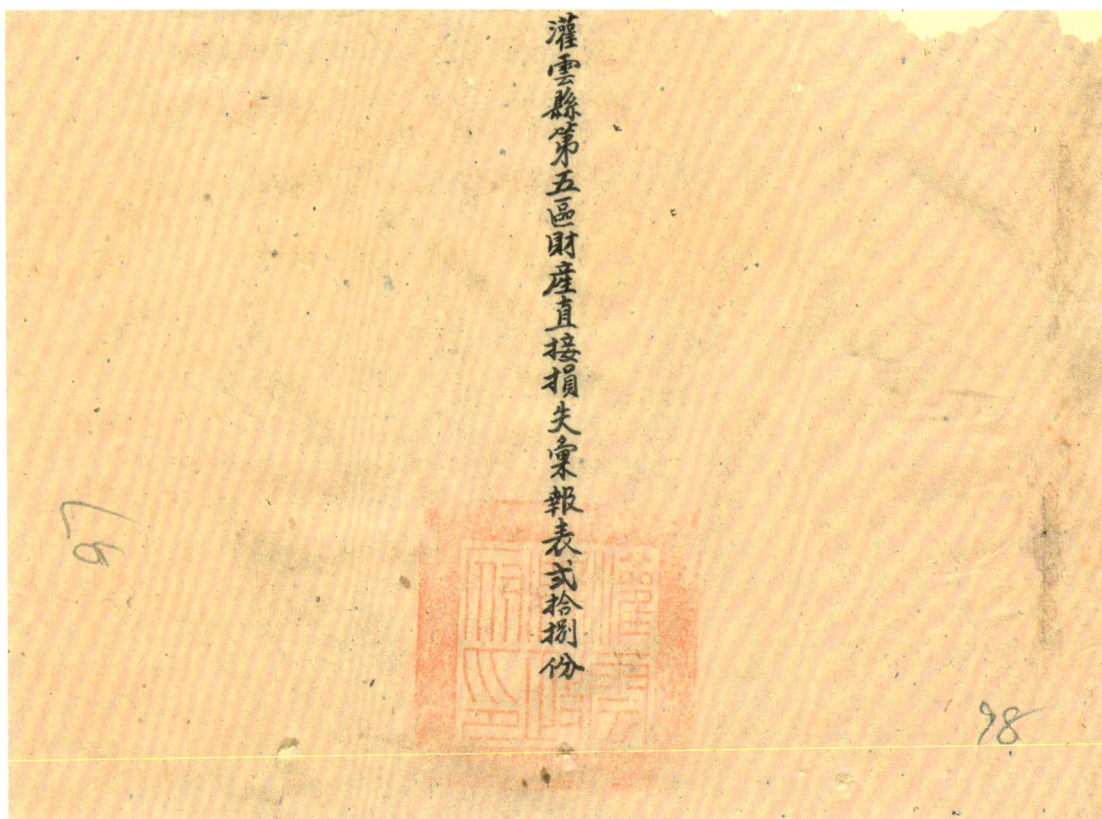

財產直接損失彙報表

事件 敵人出發掃蕩

日期 二十九年十月十五日

地點 五區振朐鄉大朱村

填報者 楊理（内包楊培根等二户）　填報日期 中華民國三十五年 五 月 15 日

分類	損失時價值（國幣元）	重要物品項目及其數量
共計	32,830元	
建築物	30,000元	瓦房八間草房十八間
器具	1,200元	桌椅棚床櫈子等
現款		
圖書	250元	師範五年書籍全本辭源二部雜說十五部
儀器		
文卷		
醫藥品		
衣物	850元	男女衣八套皮袍二件棉被五條
糧食	530元	小麥二石包米十二石豆類十石
其他		

財產直接損失彙報表

事件 敵人進攻我八十九軍一一八師三四九旅

日期 三十年二月二十六日

地點 五區柴浦鄉德興莊

填報者 李宗瑶　填報日期 中華民國三十五年 二 月 一五 日

分類	損失時價值（國幣元）	重要物品項目及其數量
共計	54,700元	
建築物	39,000元	瓦房二十六間
器具	12,000元	桌椅棚櫃床箱等件
現款		
圖書	500元	高中書全課本三部辭源三部雜書二十部
儀器		
文卷		
醫藥品		
衣物	1,000元	學生裝七套單夾棉便衣十五套皮袍四件
糧食	2,200元	小麥二十石包米三十石豆類二十石
其他		

財產直接損失報告表

事件 敵人尾襲我營第一團
日期 二十八年三月十五日
地點 五區藩北鄉王長興莊

填報者王發長　　填報日期 中華民國三十五年 2 月 15 日

分類	損失時價值（國幣元）	重要物品項目及其數量
共計	9,650元	
建築物	8,500元	瓦房七間草房二十五間
器具	300元	大桌五張，櫃三架，床凳等二十件
古物		
圖書		
儀器		
文卷		
醫藥用品		
衣物		
糧食	850元	麥七石包米二十石豆類十石
其他		

財產直接損失報告表

事件 敵人出發掃蕩
日期 二十九年一月二十日
地點 五區藩北鄉小園莊

填報者潘雨坪　　填報日期 中華民國三十五年 二 月 十五 日

分類	損失時價值（國幣元）	重要物品項目及其數量
共計	9,860元	
建築物	8,400元	瓦房三間草房三十間
器具	240元	大桌櫥櫃板凳等類計二十五件
古物		
圖書		
儀器		
文卷		
醫藥用品		
衣物	320元	被子五床大小便衣單夾棉計拾套
糧食	900元	麥五石包米拾五石豆類拾石
其他		

財產直接損失彙報表

事件　日寇進攻我八十九軍一一八師
日期　三十年二月二十六日
地點　五區華浦鄉德興莊

填報者李蘭蓀　　填報日期中華民國三十五年二月十六日

分類	損失時價值（國幣元）	重要物品項目及其數量
共計	62,100元	
建築物	45,000元	瓦房三十間
器具	14,000元	桌椅櫥柜床箱等木器具
現款		
圖書	150元	初中小學課本全部計四十本
儀器		
文卷		
醫品		
衣物	410元	便衣二十一套皮袍五件
糧食	2,540元	麥十八石包米四十石豆類二十五石
其他		

財產直接損失彙報表

事件　日寇進攻我軍第八九軍一一八師三四九旅時被焚毀（日寇蝦明部隊）
日期　三十年二月二十四日
地點　灌雲縣第五區靖東鄉程七圩

填報者程光遠　　填報日期中華民國三十五年二月　日

分類	損失時價值（國幣元）	重要物品項目及其數量
共計	28,050元	
建築物	20,000元	樓房五間瓦石房五間
器具	2,000元	書櫥二架書桌二張餐桌三張衣柜二張茶櫥二架
現款		
圖書	1,000元	中國史一部辭源一部英漢字典一部高級中學及大學課本全套參考書五部小說十部經書全部
儀器		
文卷		
醫品		
衣物	2,300元	西服四套便服八套皮大衣二件毛衫二套皮鞋三雙皮鞋三雙棉被三條
糧食	1,350元	麥類豆類包米共計四十五石
其他	1,400元	自行車二輛驢一頭牛一頭

財產直接損失彙報表

事　件　日寇進攻我軍第八十九軍一一八師三四九旅時焚毀(日寇蝦明部隊)

日　期　三十年二月二十四日

地　點　灌雲縣第五區靖東鄉程七圩

填報者程趙衡　　填報日期　中華民國三十五年　月　日

分類	損失時價值(國幣元)	重要物品項目及其數量
共計	34,000元	
建築物	18,000元	樓房四間瓦房四間草房二間
器具	2,000元	餐桌三張書桌二張架床三張大椅六張長桌二張
現款		
圖書		
儀器		
文卷		
醫藥用品		
衣物	3,200元	棉衣四套夾衣六套綢衣四套皮袍二件
糧食	9,800元	麥類二十六石黃豆十三石包米十石
其他	1,000元	自行車二輛驢一頭磨二盤

財產直接損失彙報表

事　件　日寇進攻我軍第八九軍一一八師三四九旅時焚毀(日寇蝦明部隊)

日　期　民國三十年二月二十四日

地　點　灌雲縣第五區靖東鄉程七圩

填報者程占百　　填報日期　中華民國三十五年　月　日

分類	損失時價值(國幣元)	重要物品項目及其數量
共計	31,600元	
建築物	18,000元	樓房五間瓦石房四間
器具	2,600元	桌五張床三張橱三架板凳十條椅八張鍋五口
現款		
圖書		
儀器		
文卷		
醫藥用品		
衣物	3,000元	皮衣三件綢衣六件布衣五件棉衣六件棉被四條
糧食	8,000元	麥類十八石包米十三石豆類十石
其他		

財產直接損失彙報表

事件 日寇進攻我軍第八九軍一一八師三四九旅時毀焚(日寇蝦明部隊)

日期 民國三十年二月二十四日

地點 灌雲縣第五區靖東鄉程七圩

填報者 程芳三　　填報日期 中華民國三十五年　月　日

分類	損失時價值(國幣元)	重要物品項目及其數量
共計	36,250元	
建築物	25,000元	樓房五間瓦石房四間砲樓一座
器具	1,600元	方桌三張長桌三張木床三張板凳十條大櫥二架小櫥二架皮箱二隻木箱二隻鍋四口
現款		
圖書	150元	初級中學課本全套辭源一部學生字典一部
儀器		
文卷		
醫藥品		
衣物	2,500元	棉被六條棉衣四套單衣八套皮衣三件
糧食	7,000元	麥類二十一石包米七石豆類七石
其他		

財產直接損失彙報表

事件 日寇進攻我軍第八九軍一一八師三四九旅時焚毀(日寇蝦明部隊)

日期 民國三十年二月二十四日(舊曆)

地點 灌雲縣第五區靖東鄉程七圩

報者 程茂棠　　填報日期 中華民國三十五年 二 月

類	損失時價值(國幣元)	重要物品項目及其數量
計	40,500元	建築物器具衣物糧食其他
築物	25,000元	樓房六間瓦石房四間草房四間
器具		
現款		
圖書		
儀器		
文卷		
醫藥品		
衣物	3,000元	皮袍四件夾綢袍三件棉衣褲三套西服二套單衣九套呢帽二頂皮鞋三雙棉被四條
糧食	7,500元	小麥十一石大麥七石包米十石豆類十一石
其他	3,000元	鐘一架自行車二輛驢二頭帽筒二對古畫二箱

財產直接損失彙報表

事件　日寇進攻我軍第八十九軍一一八師三四九旅焚毀（日寇虾䃼明部隊）

日期　民國三十年二月二十四日（舊曆）

地點　灌雲縣第五區靖東鄉程七圩

填報者程筱樓　　　填報日期 中華民國三十五年 二 月

分類	損失時價值（國幣元）	重要物品項目及其數量
共計	36,500元	建築物器具圖書衣物糧食其他
建築物	23,000元	樓房五間瓦石房四間砲樓一座草房五間
器具	2,000元	書桌二張餐桌二張條桌一張銅床一張木架床三張衣橱二架皮箱六隻大椅十張長杌十條
現款		
圖書	1,000元	英文字典一部國文字典一部中國文學史一部高級中學課本全部文學類小說十部辞源一部
儀器		
文卷		
醫藥用品		
衣物	3,000元	大衣二件皮袍三件棉袍五件大褂卜四件毛質衣褲二套皮鞋二雙棉被五條
糧食	6,000元	大麥五石小麥五石包米八石黄豆四石江豆六石秫秫三石
其他	1,500元	座鐘二架自行車一輛驢一頭磨二盤

109

財產直接損失彙報表

事件　日寇進攻我軍第八九軍一一八師三四九旅焚毀（日寇為駐响虾䃼明部）

日期　民國三十年二月二十四日

地點　灌雲縣第五區靖東鄉程七圩

填報者程七圩莊全体佃農（三十三戶）　　　填報日期 中華民國三十五年 二 月 日

分類	損失時價值（國幣元）	重要物品項目及其數量
共計	147,200元	
建築物	55,200元	草房一百三十八間
器具	22,000元	餐桌六十張板凳一百二十條木床七十張鍋一百口
現款		
圖書		
儀器		
文卷		
醫藥用品		
衣物	25,000元	棉被七三條棉衣褲八十套布單衣一百五十套
糧食	28,000元	豆類麥類包米共計一百一十石山芋千八十担
其他	17,000元	牛五十隻驢二十隻牛車二十五輛鐵犂二十張草一千七百担

110

財產直接損失彙報表

事件　日寇蝦明部隊進攻八九軍一一八師三四九旅時焚擄

日期　民國三十年二月二十三日（舊曆）

地點　第五區靖東鄉田七圩

填報者　田應　　　　填報日期　中華民國三十五年二月十五日

分類	損失時價值（國幣元）	重要物品項目及其數量
共計	20,500元	
建築物	3,000元	草屋三間
器具	4,200元	大桌二張凳子六只椅子八只書櫥一架水缸二口
現款		
圖書	500元	王雲五大辭典一部英漢辭典一部初中課本二十本
儀器		
文卷		
醫品		
衣物	4,500元	皮衣二件毛織品三件被褥六床單夾衣四十五件
糧食	5,500元	小麥三石包米十五石豆類十石
其他	2,800元	自行車一輛大座鐘一架畫四幀

財產直接損失彙報表

事件　日寇蝦明部隊進攻八九軍一一八師三四九旅時被焚擄

日期　民國三十年二月二三日（舊曆）

地點　第五區靖東鄉田七圩

填報者　田誘子　　　　填報日期　中華民國三十五年二月十五日

分類	損失時價值（國幣元）	重要物品項目及其數量
共計	14,000元	
建築物	4,800元	瓦堂屋二間草厨房二間
器具	9,200元	橱櫃二只大桌二張木床二架椅子六只皮箱四只
現款		
圖書	400元	辭源一部百科全書一部大辭典一部新舊小説二十本
儀器		
文卷		
醫品		
衣物	3,800元	皮衣二件絲織品二十六件棉織品四十八件被褥七件
糧食	5,000元	小麥四市石·大麥一市石包米十二市石·豆類八市石·
其他		

財產直接損失彙報表

事　件　日寇蝦明部隊進攻我八十九軍第一一七師三四九旅時焚毀

日　期　民國三十年二月二十四日

地　點　灌雲縣第五區靖東鄉周八圩

填報者周夢良等八户　　　填報日期　中華民國三十五年　二月　　日

分類	損失時價值（國幣元）	重要物品項目及其數量
共計	30,300元	
建築物	20,000元	瓦石房五間草房十五間
器具	3,500元	大桌九張板門十二付
現物	3,000元	牛十隻猪十三口
圖書		
儀器		
文卷		
醫品		
衣物	2,500元	棉被十一條雜衣十八件
粮食	1,300元	雜粮七十石
其他		

財產直接損失彙報表

事　件　日寇蝦明部隊進攻我軍第八九軍一一八師三四九旅時焚毀

日　期　民國三十年二月二十四日

地　點　灌雲縣第五區靖東鄉王業泰莊

填報者王業泰全体住户（30户）　　　填報日期　中華民國三十五年　二月　　日

分類	損失時價值（國幣元）	重要物品項目及其數量
共計	132,000元	
建築物	36,000元	草房一百十間
器具	20,000元	餐桌六十張長桌三十張板櫈一百二十條
現物		
圖書		
儀器		
文卷		
醫品		
衣物	28,000元	棉被一百條棉衣七十五件單夾衣一百件
粮食	35,000元	麥類八十石豆類四十五石包米六十石
其他	13,000元	犁二十張雜農具一百三十件

財產直接損失彙報表

事件 日冦蝦明部隊進攻我軍第八九軍一一八師三四九旅時焚毀

日期 民國三十年二月二十四日

地點 灌雲縣第五區靖東鄉毛三莊

填報者毛三莊全體佃農(三十五户)　　填報日期 中華民國三十五年 二月 日

分類	損失時價值(國幣元)	重要物品項目及其數量
共計	150000元	
建築物	60000元	草房一百五十六間
器具	34,000元	餐桌五九張長桌四十張長櫈一百三十條椑三十張牛車十一輛
現物	20,000元	豬五十口牛十四隻驢八頭
圖書		
儀器		
文卷		
醫品		
衣物	14,500元	棉被八十條棉衣一百二十件布單衣七十件
糧食	22,000元	麥類二十九石包米六十石豆類三十八石
其他		

財產直接損失彙報表

事件 日冦蝦明部隊進攻八十九軍一一八師三四九旅時焚擄

日期 民國三十年二月二十三日

地點 第五區靖東鄉田七圩莊

填報者田七圩被難佃農(五户)　　填報日期 中華民國三十五年 二月 日

分類	損失時價值(國幣元)	重要物品項目及其數量
共計	26,500元	
建築物	8,000元	草房十二間
器具	5,000元	牛車二輛平車三輛大桌三張板凳十張椑四張木床三張農具四十件鍋三口
現物		
圖書		
儀器		
文卷		
醫品		
衣物	4,500元	粗布衣單夾共六十件棉被四件
糧食	6,000元	小麥八斗包米五石秫秫三石豆類十石
其他	3,000元	大小牛六頭

財產直接損失彙報表

事　件　日寇蝦明部隊進攻我第八九軍第一一七師三四九旅焚毀

日　期　民國三十年二月二十四日

地　點　灌雲縣第五區靖東鄉程七圩

填報者程捷磨　　　　填報日期 中華民國三十五年 二月　日

分類	損失時價值（國幣元）	重要物品項目及其數量
共計	13,900元	
建築物	3,000元	草房六間
器具	1,500元	餐桌三張書桌三張板門三付椅六隻
現款	1,000元	驢一頭猪二隻
圖書	600元	中學課本全套古書十部
儀器		
文卷		
醫品		
衣物	4,000元	皮衣五件綢衣十二件布衣八件
糧食	3,800元	麥類四石豆類九石包米七石
其他		

財產直接損失彙報表

事　件　日寇進攻我軍第八九軍一一八師三四九旅焚毀（日寇蝦明部隊）

日　期　民國三十年二月二十四日

地　點　灌雲縣第五區靖東鄉毛三莊

填報者毛偶仙　　　　填報日期 中華民國三十五年 二月　日

分類	損失時價值（國幣元）	重要物品項目及其數量
共計	45,300元	
建築物	28,000元	樓房三間瓦石房十間草房三間砲樓二座
器具	4,000元	大桌四張書桌三張長桌二張大椅十張穩柜三張衣櫥四架長凳二十張木床四張大鍋五口
現款		
圖書	800元	辭源一部字典二部經書全套歷史小說八部
儀器		
文卷		
醫品		
衣物	3,500元	皮袍三件棉袍四件綢衣十件布夾衣六套被子八條
糧食	6,000元	麥類十三石包米七石豆類十二石
其他	3,000元	牛驢各一頭自行車二輛牛車二輛

財產直接損失報告表

事件

日期 民國二十九年二月十二日第二次二十九年八月十日

地點 莽牛莊

者 許石屏　　　　塡報日期 中華民國三十五年　　月

類	損失時價值（國幣元）	重要物品項目及其數量
計	471380元	
築物	470000元	瓦川廳四間瓦砲樓一間草房六間草車屋五間
具	1000元	鐵犁三張耩三步
現物	100元	綿羊二頭
圖書		
儀器		
文卷		
醫品		
衣物		
糧食	280元	黃豆十五石（口斗）
其他		

財產直接損失報告表

事件

日期 民國二十九年二月十二日

地點 莽牛莊

塡報者 許效超　　　　塡報日期 中華民國三十五年　　月　　日

分類	損失時價值（國幣元）	重要物品項目及其數量
共計	425100元	
建築物	424000元	瓦北屋八間外草屋四間
器具	1100元	大桌三張大床四張椅凳二十張神柜一具
現物		
圖書		
儀器		
文卷		
醫品		
衣物		
糧食		
其他		

財產直接損失彙報表

事件

日期 民國二十九年二月十二日

地點 莽牛莊

填報者許屋太　　填報日期 中華民國三十五年　月　日

分類	損失時價值（國幣元）	重要物品項目及其數量
共計	531170元	
建築物	530000元	瓦大樓三間草屋十間
器具	1170元	神柜一具大床四張凳十張大桌二張椅十八張
現款		
圖書		
儀器		
醫藥用品		
服著物		
糧食		
其他		

財產直接損失彙報表

事件

日期 民國二十九年二月十二日

地點 莽牛莊

填報者許一泓　　填報日期 中華民國三十五年　月　日

分類	損失時價值（國幣元）	重要物品項目及其數量
共計	151000元	
建築物	150000元	瓦廳房三間
器具	1000元	条桌一張椅凳二十張大榻一張大桌五張大床一張
現款		
圖書		
儀器		
醫藥用品		
服著物		
糧食		

財產直接損失彙報表

事件
日期 民國二十九年二月十二日
地點 莽牛莊

填報者莊其謙　　填報日期 中華民國三十五年　月　日

分類	損失時價值（國幣元）	會毀物品項目及其數量
共計	62700元	
建築物	62000元	草堂屋五間 草鍋屋二間
器具	700元	条桌一張小桌一張大小缸三口大桌三張椅凳十五張大床二張
現款		
圖書		
儀器		
文卷		
醫藥用品		
衣物		
糧食		
其他		

財產直接損失彙報表

事件
日期 民國二十九年二月十二日
地點 莽牛莊

填報者許偉武　　填報日期 中華民國三十五年　月　日

分類	損失時價值（國幣元）	會毀物品項目及其數量
共計	20,100元	
建築物	20000元	草屋三間
器具		
現款	100元	驢二頭
圖書		
儀器		
文卷		
醫藥用品		
衣物		
糧食		
其他		

财产直接损失案报表

事件

日期 民國二十九年二月十二日

地點 莽牛莊

填報者 許綉章　　　　填報日期 中華民國三十五年　月　日

分類	損失時價值（國幣元）	重要物品項目及其數量
共計	40000元	
建築物	40000元	草屋五間
器具		
現欵		
圖書		
儀器		
文卷		
醫藥用品		
衣物		
粮食		
其他		

江苏省政府社会处致灌云县政府的指令（一九四六年四月五日）

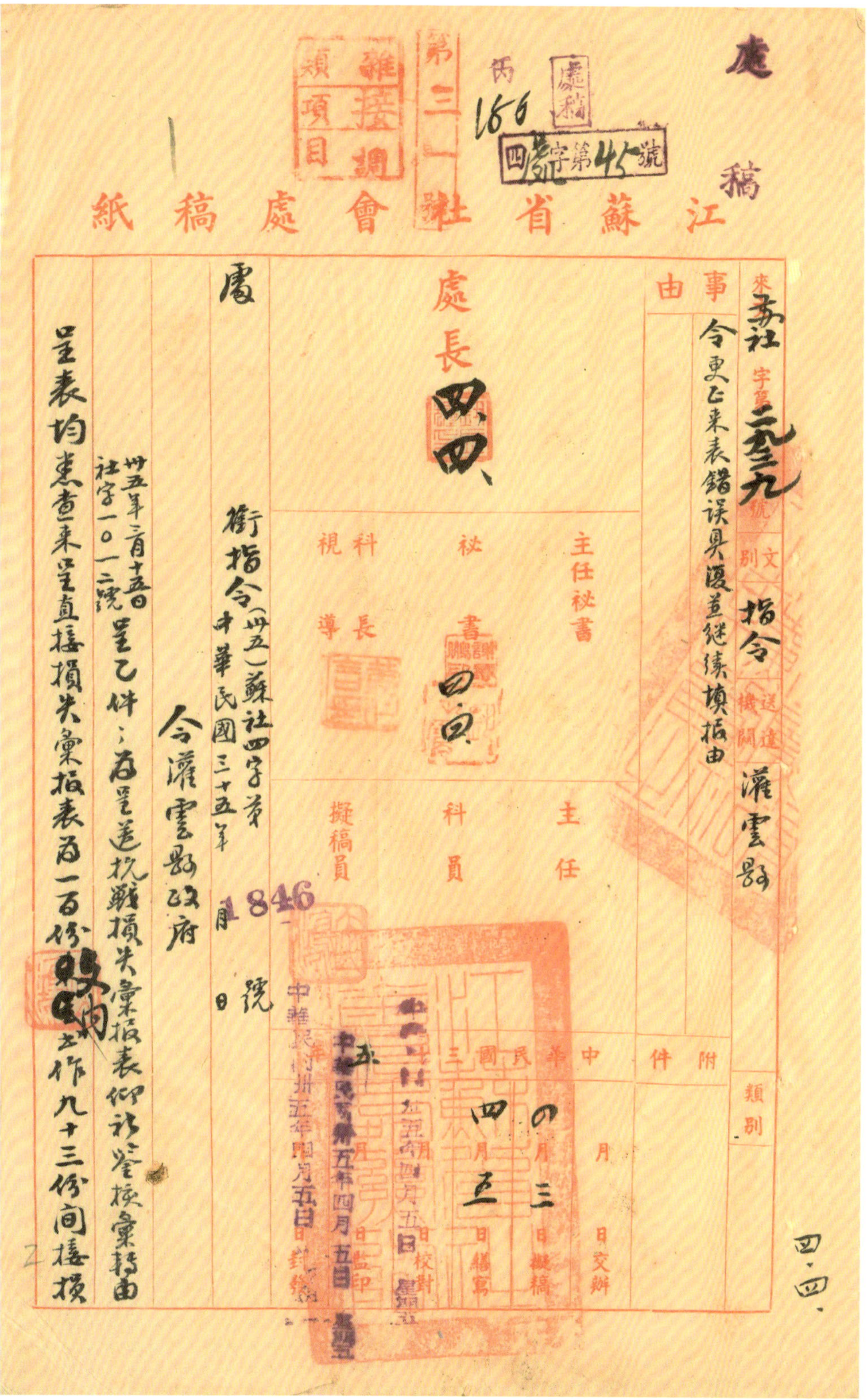

處 稿

丙 186

處稿

四處字第45號

第三一一號

雜項 接項 調目

江蘇省社會處稿紙

來文：社字第二九三九號

文別：指令

送達機關：灌雲縣

事由：令更正來表錯誤具復並繼續填報由

處長 四、四、

主任秘書

秘書 四、四、

科長

視導

主任

科員

擬稿員

處 衔 指令（卅五）蘇社四字第　號

中華民國三十五年　月　日

1846

令灌雲縣政府

卅五年三月十五日社字一〇一二號呈乙件：為呈送抗戰損失彙報表仰祈鑒核彙轉由

呈表均悉。查來呈直接損失彙報表爲一百份，[改]作九十三份，間接損

中華民國三十五年 四月三日擬稿 四月五日繕寫 四月五日校對 四月五日監印 四月五日封發

附件

類別

四、四、

雜類 接調 項目

第三一號

失業報表為十六份，來呈誤作十八份，又查間接損失業報表填報丙區長張鼓豐農（灌雲縣第六區各鄉鎮損失業報表）於實際價值共計欄內亦未填列數字，仰迅一更正，兹補發該關於此項表式應填全式二份，以便存轉，至該縣未填送各區仍仰轉飭迅即查填具報為要，來表存候彙轉。

此令

處長鈕〇〇

五、其他地区战时损失调查

盐城耀盐电汽公司关于敌寇毁坏公司并强迫诈取电机请求追回并责令日军全部赔偿损失事致江苏省政府的呈
（一九四六年二月十八日）

江苏省政府 (35)府财字第1617号 35年11月3日收

第四科

财政厅 第一科

提呈

盐城耀盐公司 呈

由	拟办	批示	备考
为敌寇毁坏耀盐电汽公司并强迫诈取电机请求赐予登记以凭追回并责令日军全部赔偿损失由			

呈　字第　号　年　月　日　时到

江苏省财政厅 收文 财字第3913号 民国35年4月4日

江苏建设厅 收新字第2808号 35年4月11日

收文 丁收文第247号 4月4日

附件　号

呈為日寇毀壞耀鹽電汽公司並強迫詐取電機請求賜予登記以憑追回並責令日本軍部全部賠償損失俾便早日復興地方事業事竊鹽城耀鹽電汽公司係二十五年春由繼重等呈准建設委員會成立先後購辦英商泰和洋行壹百匹馬力柴油機及德商禪臣洋行弍百匹馬力柴油機均附有發電機暨應用電器等件公司股東盡力為地方服務一再增加資本毫未取得官利紅利在二十六年年終結算電機等資產已達十五萬元不幸日寇於二十七年春以飛機狂炸鹽城繼即佔領到處縱火人民遷避一空雖不久撤退而城市已成瓦礫公司房屋亦多被燬日寇臨行並携去輕便小零件及汽油發動機僅剩有機器間及兩架柴油機電機日寇既撤繼重等回城整頓修理準備復興不意日寇仍不斷以飛機槍射因此停頓至三十年秋日寇又復佔領鹽城認公司電機為「軍管理」監視雖嚴尚未舉動至三十三年秋忽有駐鹽敵寇三河洋行松井茂長隨同敵商全海湧據稱

120

係揚州三河洋行之經理及漢奸翻譯劉甦臣等到鹽向繼重等恐嚇謂電機已屬「軍管理」即將由上海敵軍部派一六二八部隊起運彼等為維持「友好」起見尚可酌給津貼繼重等以公司資本及地方事業為重堅决不允立約收款彼等竟帶同敵駐鹽憲兵迫令至阮頌珊宅內談話拘禁並以電刑軍犬相威脅一面取出彼等寫就之約紙迫令簽押當時僅能要求同樣多寫一份以便日後証明現仍留存繼重處一面即派敵軍數十人包圍公司持槍站立屋頂監視保護工人拆除電機不准旁人靠近事後調查計刼去柴油機連同電機各兩部變壓器叁架電表數十隻皮線銅絲暨電器零件搬運一空未及兩個月日寇即宣告投降聞此機件尚存上海北四川路某處究係敵一六二八部隊飭運抑係松井等私人詐取在當時交通不便不及詳細追查今幸我國已戰爭勝利凡國內一切公私產權均可依照規定章程呈請登記追償為此具呈仰祈

229

鈞長電鑒，俯准賜予登記，以憑責令日本賠償，一面飭將日犯松井戊長、金海湧、漢奸劉甦臣等拘押治罪，並懇咨請上海市長派員檢查上項機件，予以封存。至於登記逾期，因繼重僻處江北，交通阻塞，尚乞特予通融。所請是否有當，仰乞

指令祇遵。謹呈

江蘇省政府主席王

鹽城耀鹽電汽公司經理吳繼重

董事長凌慧菴

股東代表凌燮臣

徐尚卿 押

吳品彝

中華民國三十五年二月十八日

臨時通信處：鎮江中正路二一三號羅奇轉

通信處：鹽城新西鎮西河帮三號

淮阴县政府关于益淮玻璃厂被日寇摧毁恳请向日本要求赔偿损失事致江苏省政府的呈（一九四七年三月十三日）

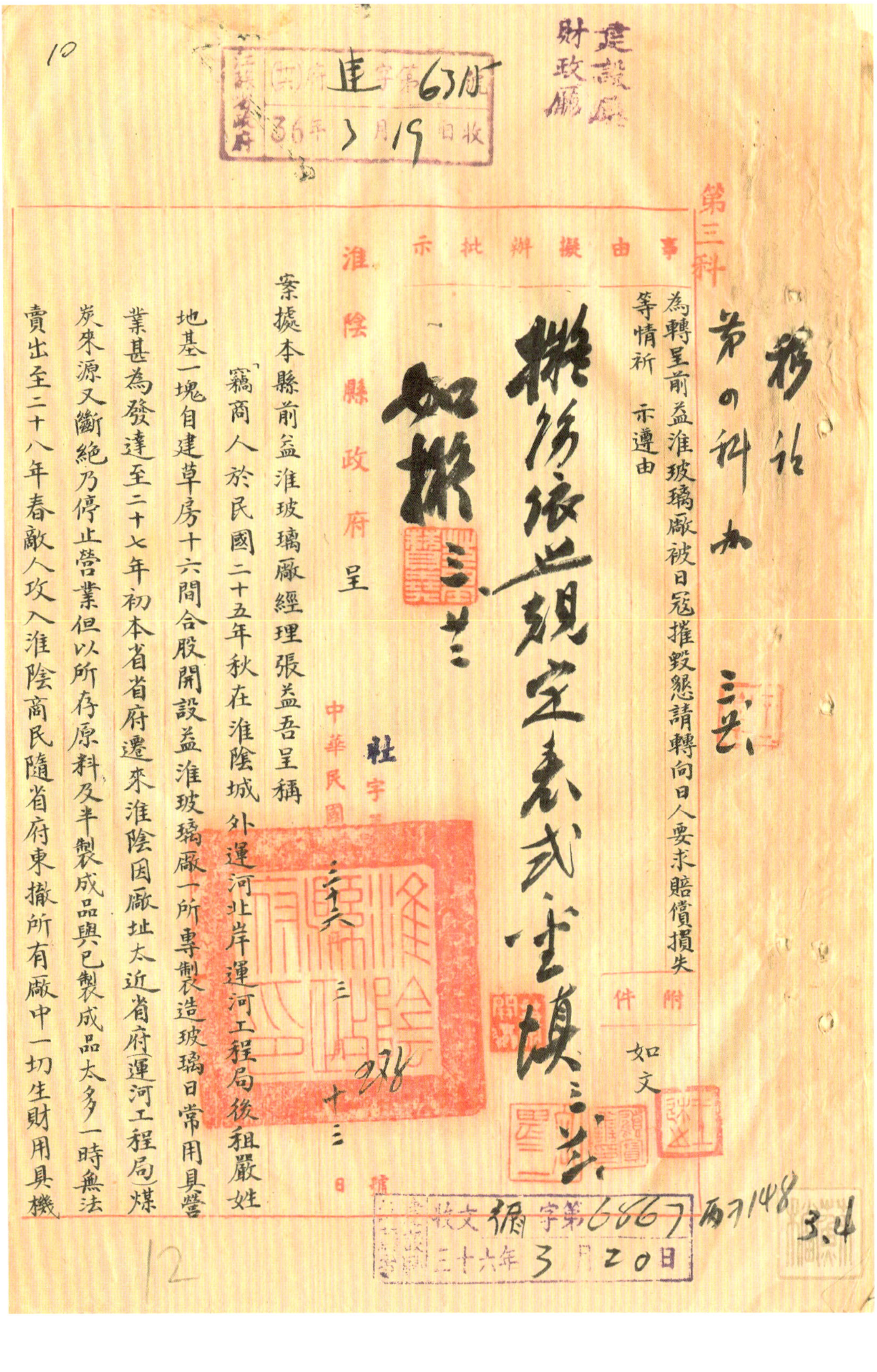

建設廳
財政廳

江蘇省政府 (收)件 建字第6311號 36年3月19日收

第三科

事由：為轉呈前益淮玻璃廠被日寇摧毀懇請轉向日人要求賠償損失等情祈 示遵由

擬辦：擬飭依照規定表式填呈 三·廿

批示：如擬 三·廿

附件：如文

淮陰縣政府呈 社字第 號

中華民國三十六年三月十三日

案據本縣前益淮玻璃廠經理張益吾呈稱「竊商人於民國二十五年秋在淮陰城外運河北岸運河工程局後租嚴姓地基一塊自建草房十六間合股開設益淮玻璃廠一所專製造玻璃日常用具營業甚為發達至二十七年初本省省府遷來淮陰因廠址太近省府（運河工程局）煤炭來源又斷絕乃停止營業但以所存原料及半製成品與已製成品太多一時無法賣出至二十八年春敵人攻入淮陰商民隨省府東撤所有廠中一切生財用具機

收文 字第6867號 三十六年3月20日

器模型及原料等均存廠中僅有一門房徐大看管後據其報告廠房先為日人扣馬後為拆作燃料大爐上各種磚數萬塊均為日人拆除作防守碉堡之用所有器材一部為其變賣一部為其分給偽方人員商民於本年一月底回淮後即往廠址察看則見一片空地草木均無僅餘破磚碎片已為附近居民作牆垣之用為此呈報詳情（附清單）懇鈞府准轉層峯向日寇要求賠償以便恢復營業」等情附呈損失清單乙份據此經查所呈損失各情尚屬實在應如何辦理之處理合抄同損失清單據情備文轉呈仰祈

鑒核示遵

謹呈

江蘇省政府主席 王

附抄呈損失清單乙份

淮陰縣縣長陳天秩

高邮县政府关于报送樊川大新电灯厂材料损失事致江苏省政府的呈（一九四七年九月二十五日）

建設廳

事由：為轉報本縣樊川大新電燈廠材料損失表仰祈鑒核示遵由

擬辦

批示

附件：如文

高郵縣政府呈　郵建　中華民國三十六年九月二十五日　號

案據本縣樊川大新電燈廠經理徐祉卿呈以民廠計有引擎一部交流發電機一部直流發電機一部以及電器材料均於民國二十九年九月十二日悉數為日寇林田部隊拆卸運走房屋同遭焚燬公司証件亦告損失為此報請鑒核准予轉報責令賠償所有機器俾便復業等情據核所稱尚屬寔在損失情形並經該管區長証明屬寔理合將該廠材料損失表抄呈一份備文呈報仰祈

鑒核示遵寔為公便！

謹呈

江蘇省建設廳收文 建字第10483號 三十六年10月3日

99

江蘇省政府主席王

計呈送材料損失表一份

高郵縣縣長張冠球

146

附：高邮县樊川镇大新电灯厂材料损失表

100

高郵縣樊川鎮大新電燈廠材料損失表

名稱	數量	容量	性質	備註
立式双缸引擎	一座	六〇匹	燃油	德造謙信洋行
發電機	一座	二〇KW	交流	英商[illegible]利洋行瑞典製造
〃〃	一座	五KW	直流	德造羅森德洋行
銅線	八〇磅		六號	
〃	一三〇磅		一〇號	
電器材料	二〇〇盞			
電杆木	一二〇根			
電表石板	全付			

147

江都县政府关于更正战时损失表事致江苏省建设厅的呈（一九四八年三月三十一日）

事由：為呈送更正戰時損失表仰祈
鑒核賜轉由

決定

擬辦

附件

江都縣政府呈 （卅七）都建字第三一六四號

中華民國三十七年三月三十一日

案奉
鈞廳（卅七）建自四字第三九〇號訓令為該縣戰時損失報表核與現定不符轉飭更正重報等因奉此遵即轉飭更正前來理合檢同原具文呈送仰祈
鑒核賜轉實為公便！

謹呈

江蘇省建設廳廳長董

附呈江蘇省江都縣收復區工礦商業財物損失調查表計大華食品商店順興祥蚕錢號大同源記茶食店三星園茶食號慶昌茶食號各式二份

江都縣縣長王景濤

附：江苏省江都县收复区工矿商业财物损失调查表

江蘇省江都縣收復區工礦商業財物損失調查表

損失	損失日期	損失價值	地點	損失項目	數量	購置年月	價（原置價值）值
貨物	36年12月15日	國幣966元	江都縣教場街	白糖	30包 计重42担	26年6月	每担23元 计币966元
〃 〃	〃 〃	〃1092元	〃 〃	粗砂	25包计重45.5担	〃 〃	〃 〃 计币1092元
〃 〃	〃 〃	〃272元	〃 〃	料糖	17担	〃 〃	每担16元 计币272元
〃 〃	〃 〃	〃91元	〃 〃	蔴油	7担	〃年10月	每担13元 计币91元
〃 〃	〃 〃	〃360元	〃 〃	猪油	12担	〃 〃	每担30元 计币360元
〃 〃	〃 〃	〃126元	〃 〃	秈米	18担	〃 〃	每担7元 计币126元
〃 〃	〃 〃	〃368元	〃 〃	糯米	46担	〃 〃	每担8元 计币368元
〃 〃	〃 〃	〃100.80	〃 〃	炒米粉	24袋	〃 〃	每袋4.20 计币100.80
〃 〃	〃 〃	〃600元	〃 〃	洋麵	250包	〃年9月	每包2.40 计币600元
〃 〃	〃 〃	〃552元	〃 〃	芝蔴、花生米	28担 18担	〃年10月	每担12元 计币552元
〃 〃	〃 〃	〃7200元	〃 〃	茶食	200担	〃年9-11月	每担36元 计币7200元
〃 〃	〃 〃	〃650元	〃 〃	開平煤	26吨	〃年10月	每吨25元 计币650元
〃 〃	〃 〃	〃79元	〃 〃	江柴、木柴	30担 80担	〃年6月	每担.80 .50 计币79元
〃 〃	〃 〃	〃385元	〃 〃	水菓罐頭（波羅蜜、枇杷）	35箱	〃 〃	每箱11元 计币385元
〃 〃	〃 〃	〃640元	〃 〃	肉食罐頭（鴨、魚、牛肉等）	40箱	〃年6月	每箱16元 计币640元
〃 〃	〃 〃	〃126元	〃 〃	听装烟（10 50 / 20 70）	120打	〃年9月	每打1.05 计币126元
〃 〃	〃 〃	〃150元	〃 〃	散裝笋干	5担	〃 〃	每担30元 计币150元
〃 〃	〃 〃	〃253元	〃 〃	糖果	230盒	26年10月	每合1.10 计币253元
〃 〃	〃 〃	〃96元	〃 〃	蜜餞	2担	〃 〃	每担48元 计币96元
〃 〃	〃 〃	〃195元	〃 〃	葡萄干	39箱	〃 〃	每箱5元 计币195元
〃 〃	〃 〃	〃276元	〃 〃	桂圓、圓肉	8箱 150斤	〃 〃	每箱24元 每斤.56元 计币276元
〃 〃	〃 〃	〃1,040元	〃 〃	蜜棗	20桶	〃年4月	每桶52元 计币1040元
〃 〃	〃 〃	〃960元	〃 〃	白蘭地、威司忌酒	15打 10打	〃年7月	每打40元 36元 计币960元
〃 〃	〃 〃	〃864元	〃 〃	巴德文、葡萄酒	24打 30打	〃 〃	每打18元 14.40 计币864元
〃 〃	〃 〃	〃192元	〃 〃	味精	1/2箱	〃 〃	每箱[illegible] 计币192元
〃 〃	〃 〃	〃1500元	〃 〃	西點原料		26年9月	计币1500元
〃 〃	〃 〃	〃300元	〃 〃	帳簿		〃 〃	计币300元
〃 〃	〃 〃	〃200元	〃 〃	生財用俱	一部份	〃年2月	计币200元
合計							币22,568.80

中華民國36年 月 日

廠礦或公司名稱 大華食品商店

填表 負責人 廠長或经理 王楫南 簽名蓋章

大華商店

江蘇省江都縣收復區工礦商業財物損失調查表

損失	損失月日	損失價值	地點	損失項目	數量	購置年月	價(原置價值)價
貨物	36年12月15日	國幣192元	江都[illegible]	麵粉	80包	26年9月	每包2.40 計幣192元
〃〃	〃〃	〃144元	〃〃	糯米	18担	〃年10月	每担8元 〃144元
〃〃	〃〃	〃112元	〃〃	籼米	16担	〃〃	〃7元 〃112元
〃〃	〃〃	〃56元	〃〃	高米	8担	〃〃	〃〃 〃56元
〃〃	〃〃	〃72元	〃〃	芝蔴	6担	〃〃	〃12元 〃72元
〃〃	〃〃	〃368元	〃〃	白糖	16担	〃年7月	〃23元 〃368元
〃〃	〃〃	〃118元	〃〃	蔴油	9担	〃年10月	〃13元 〃119元
〃〃	〃〃	〃63元	〃〃	炒米粉	15袋	〃〃	每袋4.20 〃63元
〃〃	〃〃	〃51.20	〃〃	料糖	320斤	〃〃	每斤.16 〃51.20
〃〃	〃〃	〃150元	〃〃	豬油	5担	〃〃	每担30元 〃150元
〃〃	〃〃	〃36.40	〃〃	蜜棗	70斤	〃年9月	每斤.52 〃36.40
〃〃	〃〃	〃18元	〃〃	黑棗	90斤	〃〃	〃.20 〃18元
〃〃	〃〃	〃50元	〃〃	帘紙		〃〃	〃50元
〃〃	〃〃	〃22.40	〃〃	桂圓肉	40斤	〃〃	每斤.56 〃22.40
〃〃	〃〃	〃14.40	〃〃	桂圓	30斤	〃年6月	〃.48 〃14.40
〃〃	〃〃	〃33.60	〃〃	蜜餞	70斤	〃年10月	〃〃 〃33.60
〃〃	〃〃	〃720元	〃〃	雜貨	20担	〃年〃月	每担36元 〃720元
〃〃	〃〃	〃98元	〃〃	罐頭 菠蘿、魚、雞、牛肉、荸	7箱	26年6月	每箱14元 〃98元
合計							$1,671元

廠礦或公司名稱　順興祥茶食糕餅號　填表 負責人 廠長或經理　王指南

中華民國36年　月　日

簽名蓋章

江蘇省江都縣收復區工礦商業財物損失調查表

損失	損失月日	損失價值	地點	損失項目	數量	購置年月	價(原置價值)值
貨物	26年12月11日	國幣5400元	江都縣[illegible]街	[illegible]茶	150担	26年10月	每担36元 計幣5400元
〃 〃	〃 〃	〃 720元	〃 〃	罐頭(雞鴨鮮菜)	36箱 每箱4打	26年7月	每箱20元 計幣720元
〃 〃	〃 〃	〃 48元	〃 〃	吐波白蘭地葡萄酒	12打	〃 〃	每打4元 計幣48元
〃 〃	〃 〃	〃 520元	〃 〃	糖果	130合	26年10月	每合4元 計幣520元
〃 〃	〃 〃	〃 450元	〃 〃	餅干	45打	〃 〃	每打10元 計幣450元
〃 〃	〃 〃	〃 400元	〃 〃	蜜棗	8担	〃 〃	每担50元 計幣400元
〃 〃	〃 〃	〃 224元	〃 〃	桂圓、荔枝、	2担 3担	〃 〃	每担80元 計幣224元
〃 〃	〃 〃	〃 154元	〃 〃	火腿、香腸、	220斤	〃 〃	每斤.70 計幣154元
〃 〃	〃 〃	〃 165元	〃 〃	[illegible]米	15担 10担	〃年7月	每担[illegible] 計幣165元
〃 〃	〃 〃	〃 94元	〃 〃	[illegible]柴	80担 60担	〃年10月	每担.80 .50 計幣94元
〃 〃	〃 〃	〃 177元	〃 〃	[illegible]油	5担 35斤	〃 〃	每担[illegible] 計幣177元
〃 〃	〃 〃	〃 523.60	〃 〃	台糖	17件	〃 〃	每件[illegible] 計幣523.60
〃 〃	〃 〃	〃 156元	〃 〃	芝蔴	13担	〃 〃	每担12元 計幣156元
〃 〃	〃 〃	〃 252元	〃 〃	炒米粉	18担	〃 〃	每担14元 計252元
〃 〃	〃 〃	〃 154元	〃 〃	洋麵	70包	〃 〃	每包2.20 計幣154元
〃 〃	〃 〃	〃 21元	〃 〃	開平煤	6噸	〃 〃	每噸3.50 計幣21元
〃 〃	〃 〃	〃 5000元	〃 〃	生財全部連同房屋基地被焚		9—20年	計幣5000元
合計							幣14,890.60

中華民國 年 月 日

廠礦或公司名稱 大同[illegible]商店

大同源記

填表 負責人 廠長或經理 李煥 蓋章

224

149

江蘇省江都縣收復區工礦商業財物損失調查表

損失	損失月日	損失價值	地點	損失項目	數量	購置年月	價(原置價值)值
貨物	36年12月14日	國幣169元	江都甘泉街鎮	洋燭	70包	26年9月	每包[illegible] 168元
〃 〃	〃 〃	〃 352元	〃 〃	糯米	44担	〃年10月	每担8元 〃 352元
〃 〃	〃 〃	〃 154元	〃 〃	籼米	22担	〃年9月	〃 7元 〃 154元
〃 〃	〃 〃	〃 132元	〃 〃	麻油	11担	〃 〃	〃 12元 〃 132元
〃 〃	〃 〃	〃 391元	〃 〃	白糖	17担	〃 〃	〃 23元 〃 391元
〃 〃	〃 〃	〃 104元	〃 〃	茶蔴	8担	〃 〃	〃 13元 〃 104元
〃 〃	〃 〃	〃 64元	〃 〃	炒米粉	16袋	〃 〃	每袋4元 〃 64元
〃 〃	〃 〃	〃 50元	〃 〃	料糖	35斤	〃 〃	每斤.16 〃 5元
〃 〃	〃 〃	〃 180元	〃 〃	猪油	6担	〃 〃	每担30元 〃 180元
〃 〃	〃 〃	〃 40元	〃 〃	蜜棗	80斤	〃 〃	每斤.50 〃 40元
〃 〃	〃 〃	〃 60元	〃 〃	帋張		26年8月	〃 60元
〃 〃	〃 〃	〃 90元	〃 〃	罐頭(其牛鷄肉)	6箱(每箱[illegible])	〃年7月	每箱15元 〃 90元
〃 〃	〃 〃	〃 612元	〃 〃	茶食	17担	〃年10月	每担36元 〃 612元
〃 〃	〃 〃	〃 10元	〃 〃	桂圓	10斤	〃 〃	每斤1.00 〃 10元
合計							共2413元

廠礦或公司名稱 廣昌茶食號 （印：廣昌號）

填表
負責人
廠長或經理 鄭廣仁（印）

中華民國36年 月 日

簽名蓋章

226

227

150

江蘇省江都縣收復區工礦商業財物損失調查表

貨物	損失月日	損失價值	地點	損失項目	數量	購置月日	價(原置價值)值
〃 〃	26年12月15日	國幣 42元	江都小東門常府巷	秈米	6担	26年10月	每担7元 計幣42元
〃 〃	〃 〃	〃 76元	〃 〃	糯米	10担	〃 〃	〃〃7.60 〃76元
〃 〃	〃 〃	〃 52元	〃 〃	麻油	4担	〃 〃	〃〃13元 〃52元
〃 〃	〃 〃	〃 112元	〃 〃	洋麵	40袋	〃 〃	每袋2.80 〃112元
〃 〃	〃 〃	〃 176元	〃 〃	白糖	8担	〃 〃	每担22元 〃176元
〃 〃	〃 〃	〃 25.20	〃 〃	炒米粉	6袋	〃 〃	每袋4.20 〃25.20
〃 〃	〃 〃	〃 64元	〃 〃	芝麻	6担	〃 〃	每担12.80 〃64元
〃 〃	〃 〃	〃 33.60	〃 〃	料糖	24斤	〃 〃	每斤1.40 〃33.60
〃 〃	〃 〃	〃 38.40	〃 〃	猪油	12斤	〃 〃	〃〃3.20 〃38.40
〃 〃	〃 〃	〃 36元	〃 〃	木炭	60担	〃 〃	每担.60 〃36元
〃 〃	〃 〃	〃 24元	〃 〃	醬油	50斤	〃年9月	每斤.48 〃24元
〃 〃	〃 〃	〃 40元	〃 〃	蜜棗	80斤	〃 〃	每斤.50 〃40元
〃 〃	〃 〃	〃 5.20	〃 〃	桂圓	10斤	〃 〃	〃.52 〃5.20
〃 〃	〃 〃	〃 2.70	〃 〃	湘蓮	5斤	〃 〃	〃.54 〃2.70
〃 〃	〃 〃	〃 7.20	〃 〃	黑棗	30斤	〃 〃	〃.24 〃7.20
〃 〃	〃 〃	〃 10元	〃 〃	荔枝	20斤	〃 〃	〃.50 〃10元
〃 〃	〃 〃	〃 1.80	〃 〃	冰糖	6斤	〃 〃	〃.30 〃1.80
〃 〃	〃 〃	〃 233元	〃 〃	茶食	9担	〃年10月	每担[illegible] 〃233元
〃 〃	〃 〃	〃 64元	〃 〃	罐頭(魚肉鷄等)	4箱	〃9〃	每箱16元 〃64元
〃 〃	〃 〃	〃 10元	〃 〃	紙張		〃7〃	〃10元
合計							幣848.90

廠礦或公司名稱 三星閣茶食號（印：三星閣） 填表人 廠長或經理 周楚卿（印：周楚卿章） 蓋章

中華民國36年 月 日

225

151

后记

本书编纂工作在《抗日战争档案汇编》编纂出版工作领导小组和编纂委员会的具体领导下进行。

本书编者主要来自江苏省档案馆，江苏省档案馆薛春刚同志审阅了书稿，提出了重要修改意见。

本书在编纂、修改过程中，蔡宜军、夏雪、周红、朱万悦、章建波、张丽萍、申博涵、盖诚、刘倩等同志通过不同方式对本书编纂出版工作给予支持和帮助，夏星宇同志参与了编纂整理与修改工作。中华书局对本书的编纂出版工作给予了鼎力支持。谨向上述同志和单位致以诚挚的感谢！

编者